# 银行业
# 数据治理20讲

银行业数据治理研究课题组　主编

人民日报出版社
北　京

图书在版编目（CIP）数据

银行业数据治理20讲 / 银行业数据治理研究课题组主编. — 北京：人民日报出版社，2023.3
ISBN 978-7-5115-7632-3

Ⅰ.①银… Ⅱ.①银… Ⅲ.①银行－数据管理－研究 Ⅳ.①F830.49

中国版本图书馆CIP数据核字（2022）第239631号

书　　名：银行业数据治理20讲
YINHANGYE SHUJU ZHILI 20 JIANG
主　　编：银行业数据治理研究课题组

出 版 人：刘华新
责任编辑：蒋菊平　李　安
版式设计：九章文化

出版发行：人民日报出版社
社　　址：北京金台西路2号
邮政编码：100733
发行热线：(010) 65369509　65369527　65369846　65363528
邮购热线：(010) 65369530　65363527
编辑热线：(010) 65369528
网　　址：www.peopledailypress.com
经　　销：新华书店
印　　刷：北京盛通印刷股份有限公司
法律顾问：北京科宇律师事务所　010-83622312

开　　本：710mm×1000mm　1/16
字　　数：295千字
印　　张：23.25
版次印次：2023年6月第1版　　2024年4月第2次印刷

书　　号：ISBN 978-7-5115-7632-3
定　　价：68.00元

# 《银行业数据治理20讲》编写委员会

**学术支持**

国家金融与发展实验室金融科技研究中心

立言银行业数据治理研究中心

金融科技50人论坛

**课题组负责人**

**高　峰**　中国银行业协会首席信息官

**杨　涛**　中国社科院国家金融与发展实验室副主任、金融所支付清算研究中心主任

**编写委员**（排名不分先后）

**金　阳**　中国工商银行管理信息部副总经理

**张　辉**　中国农业银行信息管理部副总经理

**刘贤荣**　中国建设银行数据管理部副总经理

**周学张**　交通银行数据管理与应用部副总经理

**蔡　苗**　中国邮政储蓄银行数据管理部资深信息技术专家

**王　磊**　中国光大银行信息科技部副总经理、数据服务中心总经理

**黄　炜**　上海浦东发展银行总行信息科技部副总经理

**万　化**　上海浦东发展银行总行信息科技部副总经理

**易永丰**　华夏银行信息科技部副总经理、大数据服务中心主任

**吴择金**　兴业银行总行数据管理部总经理

**段　锐**　北京银行数据管理部副总经理

**段琳琳**　长沙银行大数据部副总经理

**叶　友**　广西北部湾银行副行长

**商军雷**　上海农村商业银行数据治理部副总经理

**杨　明**　浙江农村商业联合银行科技管理部总经理

**王彦博**　龙盈智达（北京）科技有限公司首席数据科学家

**田　昆**　百行征信研究部总经理

**金　波**　朴道征信有限公司副总经理、朴道征信研究院副院长

**郑保卫**　上海静安国际数据资产管理协会（DAMA）理事

**课题秘书处**　闵文文　崔红蕊　宋泽英　王　倩

# 目 录 Contents

## 行业实践篇

## 数字技术篇

# 序 言 Preface

银行业数据治理研究课题组

数字经济、数据应用、数据要素、数据交易、数据估值等有关数字和数据的名词近年来层出不穷，尤其是最近出台的《中共中央 国务院关于构建数据基础制度更好发挥数据要素作用的意见》（即“数据二十条”），创造性地提出建立数据资源持有权、数据加工使用权和数据产品经营权“三权分置”的数据产权制度框架，强调构建保障权益、合规使用的中国特色数据产权制度体系。这些数据名词、数据制度体系的底层是数据治理，其作为一项非常基础的工作，支撑着数据中上游的应用，乃至整个数据产业的发展，就像大楼的地基和柱子，是整座大楼的基础和支撑。因此，数据治理在数字化转型进程中的重要性显而易见。

实际上，近些年来，随着各行各业数字化转型的加快，提升数据治理能力早已成为监管部门的关注重点，在金融行业也不例外。2018年中国银保监会出台了《银行业金融机构数据治理指引》（银保监发［2018］22号），要求银行全面开展数据治理工作；2021年中国银保监会出台了新的《商业银行监管评级办法》（银保监发［2021］39号），其中数据治理占评级要素权重5%，与盈利状况权重相同；2021年中国人民银行也出台了《金融业数据建设能力指引》（JR/T 0218—2021），提出了金融机构数据能力建设规范和要求。监管机构站在监管和引导行业发展的高度，通过制定和发布政策及相关规范要求，从战略层面引导金融机构重视数据治理，从战术层面要求金融机构加大在数据治理基础设施建设、推广应用、效果评估等体系建设方面的力度，为金融机构加速实现数字化转型、提升风险防控能力、提升监管报送质量、深化数据价值实现夯实基础。

数据治理是一项系统性的基础工作，需要持续推进。因为数据治理工作过于基础，涉及的范围、内容、组织、人员、流程等较多，体系建设难度较大，效果显现周期较长，所以数据治理工作的开展面临一系列挑战，涉及资源持续投入、部门间协调配合、源头管控、系统改造、流程融入、人才培养、考核机制、推广运营等体系建设方面的要求；数据治理工作通常需要三年以上，时间长、见效慢，治理效果传导至数据应用并赋能业务的链路复杂、周期漫长；等等。这些挑战非常考验领导者的战略眼光和决策能力，管理者的规划能力，以及执行者的落地执行能力。

当前多数银行开展数据治理体系建设工作，将提升数据的管理水平和应用价值提上了日程。自2018年以来，国有银行、股份制银行、城商行、农信社等各类银行相继开展数据治理工作。时至今日，已经过去了近五个年头。为了总结过往成功经验，并将成功的先进的经验传递至整个行业，让大家能够少走弯路，快速推进数据治理工作，取得预期效果。如今，银行业数据治理研究课题组组织并特邀中国工商银行、中国农业银行、中国建设银行、交通银行、中国邮政储蓄银行等国有银行，中国光大银行、上海浦东发展银行、华夏银行、兴业银行等股份制银行，北京银行、长沙银行、广西北部湾银行、上海农村商业银行、浙江农村商业联合银行等中小银行和龙盈智达、百行征信、朴道征信以及上海静安国际数据管理协会（DAMA）等机构，共同编写《银行业数据治理20讲》一书，各自从不同的视角归纳总结在数据治理方面积累的成功经验和取得的卓越效果。

数据是数字化转型、数字化经营、监管、征信、数字经济等业务发展的基础和前提，高质量数据是赋能业务高质量发展的保障，数据治理是提升和维持高质量数据的主要技术手段。因此，数据治理必须坚持以业务驱动和解决业务问题为原则，以体现价值为引领，以自动化和智能化手段为主要提效方式，以架构互通和流程融入为保障，坚定不移地走以用促治、治用并举，结合各种场景及数据基础能力建设，适合商业银行实际情况，包括顶层架构设计、体系和机制建设、运营模式推广的闭环式数据治理创新和实践之路。数据治理是数据资产化的基础，治理的成效直接影响数据资产的高质量发展和资产价值的发挥，数据资产管理的理论和实践创新是推动数据交易和流通高质量发展的前提和保障，大中小商业银行是数据交易和流通的领航者，应建立业务、管理、科技共同参与，以提升数据开发效率和业务价值实现为导向，可持续发展的数据资产管理和运营体系。

洞察数据治理内涵，银行业面临新挑战。银行金融机构、金融科技公司和国际咨询机构需要在数据治理领域达成共识，并随着时代变迁，承担更多的使命。银行是数据治理的主要践行者，也是先行者，在推进数据治理工作过程中积累了大量经验，也为数据治理体系的完善做出了巨大贡献，同时也是享受数据治理工作成果的受益者，能够以当事人的视角给各位读者提供大量宝贵的实战经验和建议；科技公司是数据治理的实施者，在为客户提供数据治理产品和服务过程中，积累了大量实施项目的经验，能够以参与者的视角给各位读者提供确保数据治理项目成功实施及风险预防的宝贵经验；上海静安国际数据资产管理协会（DAMA）是数据治理理论体系的研究者和提供者，通过对大量实践的总结归纳和理论研究，提出可以指导实践落地的理论体系，供各金融机构在开展数据治理具体工作过程中参考，以理论指导实践及实践完善理论的视角给各位读者提供数据治理工作开展的理论基础，以及建设可持续发展的数据治理运营机制的宝贵建议。

随着时代的变迁，数据治理也从局部数据管理、统筹数据治理，发展到如今以释放数据价值为核心的数据资产运营，内涵和重要性在不断提升。数据资产化促进商业银行数据价值持续释放。2022年12月，“数据二十条”正式发布。2023年2月，中共中央、国务院又印发了《数字中国建设整体布局规划》，强调深入贯彻党的二十大精神，全面提升数字中国建设的整体性、系统性、协同性，促进数字经济和实体经济深度融合，以数字化驱动生产生活和治理方式变革。2023年3月，根据国务院机构改革方案，将组建国家数据局，负责协调推进数据基础制度建设，统筹数据资源整合共享和开发利用。数据价值释放、数据要素流通、数字经济生态、数字金融服务的高质量发展都离不开数据的支持。做好数据治理工作既是我们的使命，也是我们应有的责任担当。

# 综合探讨篇

# 第1讲　数据赋能业务发展，开启数据治理2.0新征程

高　峰

数据治理是当前银行业面临的最重要挑战。我国最早意识到数据治理重要性的行业之一就是金融业。由于对数据的强依赖，金融业对数据治理的重要性的认识越来越深刻，中国银行业数据治理体系与框架基本形成。随着银行业数字化转型的加快，提升数据治理能力成为监管部门和银行业关注的重点，监管部门将数据治理作为重要监管手段，银行金融机构将数据治理纳入数据资产管理的核心内容。如今，数据治理不再只强调数据的合规性应用，完善的数据治理才是银行业实现数字化转型的重要支撑。

作者系中国银行业协会首席信息官。

## 一、洞察数据治理内涵，银行业面临新挑战

国内外专业组织和研究机构以及监管部门对“数据治理”概念的定义尚未完全统一，作为开展数据治理实践的基础，数据治理的定义与边界需要达成共识。时代变迁赋予数据治理的作用更多使命。一方面，“数据”正式列入生产要素，并通过市场化手段进行要素配置，这一理论突破要求大众对数据治理的概念进行重新认知；另一方面，国家大数据战略在各行业的落地执行，以及各行业结合业务场景的特点，均赋予数据治理不同的含义和作用。

当前银行业数据治理，依据的理论框架主要为DAMA数据治理框架。数据资产管理协会（DAMA）认为“数据治理”是建立在数据管理基础上的一种高阶管理活动，是各类数据管理的核心，指导所有其他数据管理功能的执行。在《数据管理知识体系指南（第2版）》（DMBOK2.0）中数据治理是指对数据资产管理行使权力、控制和共享决策（规划、监测和执行）的系列活动。

2018年，银保监会下发了《银行业金融机构数据治理指引》（以下简称《指引》）把“数据治理”定义为：银行业金融机构通过建立组织架构，明确董事会、监事会、高级管理层及内设部门等职责要求，制定和实施系统化的制度、流程和方法，确保数据统一管理、高效运行，并在经营管理中充分发挥价值的动态过程。简而言之，数据治理是确保数据资产发挥最大化价值的一整套机制、过程和方法。

数据治理的主要目标使数据质量更高、更适合数据分析，实现更好的合规性，帮助确保最优的业务决策。银行业数据治理的核心原则体现在三个方面：第一，没有高层管理人员的全力支持，切勿尝试启动数据治理。数据治

理在很大程度上需要每个人的参与，并始终保持沟通渠道的畅通。在讨论可能出现的潜在问题和挑战时，所有参与者必须诚实。第二，将数据视为最重要的资产。数据具有真实、有形和可衡量的价值，因此必须将其视为跨组织不同层级的有价值的企业资产。数据是组织决策的关键影响因素，要确保以谨慎和流程驱动的方式定义、控制和访问数据资产。第三，数据治理流程应遵循标准化的规则，以避免数据混乱。数据烟囱和数据孤岛现象明显，需要通过数据治理实现一致和协同，必须从一开始就一致地管理数据质量。

过去几年，银行业数据治理工作主要面向监管的需要，在执行过程中存在诸多弊端，面临一些新的挑战。一是数据治理并非纯粹由IT驱动。目标与业务脱节，不考虑治理能怎样为业务赋能，而单从技术角度出发，为了治理而治理；数据治理既是技术部门的事，更是业务部门的事，只有建立多方共同参与的组织架构和制度流程，数据治理的工作才能真正落实到人，不只是浮在表面。二是数据所有权和问责制度不明确。没有建立好一个关于数据认权追责机制的闭环，出现数据问题不知道该找谁；数据治理难以深入各级部门、各业务领域的核心人员和核心环节；数据标准落地难是数据治理中的普遍性问题。三是数据治理不能一蹴而就，数据治理包含组织架构、制度流程、成熟工具、现场实施和运维，这四项缺一不可，数据治理工具不是万能的。因此，在数据驱动的商业时代，迫切需要赋予数据治理更多的内涵。

## 二、监管政策持续升级，促进银行数据治理更为积极主动

近年来，监管机构密集出台与数据相关的管理政策，监管要求数据朝着全面覆盖、服务业务的方向发展。当前多数银行均开展数据治理体系建设工作，将提升数据的管理水平和应用价值提上了日程。

2018年，银保监会下发的《指引》，从数据治理架构、数据管理、数据质量、数据价值、监督管理五个方面对数据的管控与应用做出了明确要求，其目的是更有效地实现金融机构的新时期业务战略。《指引》为商业银行搭建完善的数据治理体系提供了指导。2021年，银保监会发布《商业银行监管评级办法》，将“数据治理”纳入了评价体系，权重占比5%，商业银行应将数据质量评估结果纳入全行绩效考核体系，明确其在全行考核体系中的目标与定位。

2022年初，银保监会印发的《关于银行业保险业数字化转型的指导意见》(以下简称《指导意见》)，对银行提出了健全数据治理体系、增强数据管理能力、加强数据质量控制、提高数据应用能力四个方面的要求。加强数据治理建设，构建企业级数据治理能力已成为商业银行数字化转型的必经之路。银行亟待结合监管明确的数据应用方向，建立与业务战略相匹配的数据应用规划，制定切实可行的实施路径。

中国人民银行印发《金融科技发展规划(2022—2025年)》。针对银行数据能力建设从数据要素价值、数据分级分类、数据治理体系三个方面提出了要求，深刻认识数据要素重要价值，制定企业级数据规划和发展战略；对数据进行分级分类，明确数据使用权限、适用范围、应用场景和风险控制措施；涵盖数据全生命周期的数据治理体系，建设企业级数据字典和数据资源目录，运用数据分析技术手段增强数据可信溯源和校核纠错能力，提升数据准确性、有效性和易用性。

2021年2月，中国人民银行制定并发布《金融业数据能力建设指引》，覆盖数据战略、数据治理、数据架构、数据规范、数据保护、数据质量、数据应用、数据生存周期管理等8个能力域，29个能力项，要求金融机构将数据能力建设纳入自身的中长期发展战略，并进行定期评估。

传统数据治理工作以数据管理组织架构、数据管理制度流程、监管报送、数据标准建设、数据质量评估等工作为基础开展，重在基础隐蔽工程的建设，而这些领域的工作与业务部门以及数据实地应用场景相对较远，数据价值的直接体现有待进一步挖掘。整个银行业的数据治理现状并不乐观，存在的典型问题：一是部分银行的数据治理体系成熟度不足，数据治理体系建设在组织、职责和手段上并没有落到实处；二是数据质量管理体系建设仍不完善，数据质量存在缺陷，对数据处理和数据流动的安全管理不到位，重要数据泄露、数据质量违规事件时有发生；三是数据能力建设与数据应用明显不足，数字技术与业务的深度融合仍不到位，数据支持业务创新的能力不足。

有效的数据治理必须随着时间进行调整和改进，积极的数据治理可以增强数据文化。各家银行在数据治理领域都有自己的实践，进一步提升了对金融机构数据治理的要求，从传统数据治理转向主动数据治理，体现在以下几个方面。一是主动发现和管理数据策略。银行越来越依赖数据治理来管理数据策略。主动数据治理使企业能够将治理工作集中在最关键的数据资产上，以便对业务产生最大的影响。二是积极吸引业务部门使用数据。主动数据治理不仅限制业务线用户使用数据，还将治理、协作功能直接放入他们的日常工作流程中，以鼓励准确、合规的数据驱动决策。三是帮助用户主动降低风险。主动数据治理平台提供数据血缘，可帮助用户了解数据的来源、使用者以及使用方式。通过影响分析报告，用户可以全面了解变更的下游影响，主动降低风险。

## 三、数据赋能业务发展，数据治理从1.0走向2.0阶段

随着银行业数字化转型的深入，数据已成为银行经营管理的关键生产要

素。数据由业务产生，又服务于业务，还能创造新业务。用大数据、人工智能等技术，提升数据治理效率，为数字化转型的业务数字化注入新动能。近年来，商业银行在业务经营管理中积累了海量数据，还有从行外获得的外部数据，对各业务部门来说，要让一些业务人员能够把数据有效使用起来，如何有效利用这些数据，正成为越来越多银行的现实选择和价值创造路径。数据治理是提高数据质量、发挥数据价值、提升经营绩效的前提。

传统数据治理由于孤立、不协作的性质，缺乏对商业成果的关注，因此领导层面很难看到它的价值。数据往往不完整，质量差，使得有效的数据驱动业务不可能实现。传统数据治理我们称之为1.0阶段，存在的主要问题如下。

（1）数据标准、数据质量与数据开发严重脱节，规范只能停留在字典层面，无法融入数据生产的流程中，不能有效地落地执行和监督；

（2）不同厂商、不同工具之间严重割裂，缺少对不同平台的统一管理，不同计算、存储引擎，增加了用户找数据、理解数据、用数据的成本；

（3）对数据价值和成本评估不足，忽视了数据开发过程中的效率、质量问题，导致反复做数据治理，没有从根本上去解决问题；

（4）没有解决烟囱式的数据开发，烟囱式的数据开发会造成指标口径不一致，数据重复开发带来的效率问题，以及数据重复计算带来的资源使用问题；

（5）数据治理的过程缺少持续反馈的闭环，元数据缺少持续改进的闭环，数据质量缺少持续改进的闭环，资源精细化管理缺少持续反馈的闭环。

在银行数据应用能力建设过程中，也伴随着挑战与制约，主要体现在：一是不同业务间数据未能打通与整合，限制数据应用场景；二是数据分析建模能力积累不够，降低数据应用的精度，数据驱动业务能力不足；三是对非结构化数据处理能力不足，制约银行对影像等数据分析与应用能力；四是未建立能够快速共享整合的大数据处理及分析平台，影响数据应用效果。

数字化转型依托于数据治理。有了更强大的数据治理基础，正在进行数字化转型的组织将获得长足发展，包括更好的决策、更高的运营效率、更好的数据理解和传承、更高的数据质量和更高的收入。为了实现这一目标，组织必须从旧的、无效的数据治理1.0阶段转变为协作的、结果驱动的数据治理2.0阶段。一是面向业务系统的数据治理：解决企业核心数据跨业务、跨系统、跨流程的问题，确保数据的一致性、权威性和正确性。二是面向数据分析的数据治理：解决的是数据分析过程中的效率、质量、安全、成本、标准、价值问题。数据治理2.0阶段应具备如下的新特征。

（1）数据治理赋能金融科技。随着人工智能和物联网数据的不断扩展，特别是非结构化数据增加到几乎无法想象的程度，非结构化数据的种类也在增加，因此需要实施有效的数据治理。

（2）数据治理提升数据的价值。数据作为生产要素，作用与技术变革同等重要，商业银行应借力于有效的金融科技工具和手段，充分挖掘并利用数据价值，使数据真正成为有价值的资产。

（3）数据开发与治理一体化。把数据治理的整个过程融入数据开发的全链路上，在设计之前先做数据的标准化，然后再做数据建模，围绕数据标准去做数据质量和数据安全以及数据资产，实现了整个开发治理一体化的数据治理场景的落地。

（4）数据治理在金融场景中的应用。商业银行可以凭借丰富的场景挖掘创新经验，积极开拓数据应用场景、提供数据开发和资产类服务。商业银行利用数字化技术，在保障数据合规的情况下创新业务场景，构建差异化竞争力。商业银行重视不同业务场景的相互融合，形成一体化产品体系，更好吸引客户使用更多的金融服务。

## 四、推动数据资产管理，促进银行业高质量发展

数据治理的发展也随着时代的变迁，从局部数据管理、统筹数据治理发展到如今的以释放数据价值为核心的数据资产运营。数据要素时代，金融机构以数据治理为基础，积极推动数据资产化，释放数据新价值，支撑数据在业务创新、运营优化、改善客户体验等领域的应用，不断提升银行数据能力，挖掘企业数据资产价值，加快形成新的金融商业模式。

数据资产化促进商业银行业数据价值持续释放。数据是国家的基础性、战略性资源，是驱动数字经历发展的“石油”。2020年4月，中共中央、国务院发布《中共中央国务院关于构建更加完善的要素市场化配置体制机制的意见》，将数据列为与土地、劳动力、资本、技术并列的第五种生产要素，要加快培育数据要素市场。“十四五”规划也提出要迎接数字时代，激活数据要素潜能，推进网络强国建设，加快建设数字经济、数字社会、数字政府，以数字化转型整体驱动生产方式、生活方式和治理方式变革。推动数据资产管理已然成为国家数字化进程和行业发展的必然趋势。

2022年底，中共中央、国务院发布了《关于构建数据基础制度更好发挥数据要素作用的意见》（以下简称《意见》），又称“数据二十条”。《意见》指出，数据基础制度建设事关国家发展和安全大局。为加快构建数据基础制度，应充分发挥我国海量数据规模和丰富应用场景优势，激活数据要素潜能，做强做优做大数字经济，增强经济发展新动能，构筑国家竞争新优势。

数据资产化要求挖掘其巨大的内在价值。但并非所有的数据都可以作为数据资产，数据资产要素化一般要经历资源化、资产化和资本化三个阶段。按照《信息技术服务　数据资产　管理要求》（GB/T 40685—2021）的定义，

数据资产是指合法拥有或者控制的，能进行计量的，为组织带来经济价值和社会价值的数据资源。同时数据资产还具有以下特征：一是可增值，数据自身的价值具有很大的外部依赖性，实效性，应用场景、应用算法和网络效应都会决定数据的结构、规模和价值，数据资产的价值随着应用场景、用户数量和使用频率的增加而增加；二是可共享，数据资产在权限可控的前提下，数据资产可以复制，能被组织内外部的多个主体共享和应用，数据资产复制的边际成本几乎趋近于零；三是可控制，为了满足风险可控、运营合规的要求，数据资产需要具备权限可控制、行为可追溯等要求。任何组织在国内进行数据处理活动，都必须遵循《数据安全法》等相关法律法规，加强数据资产风险监测，管控数据出口，保护个人信息；四是可量化，只有高质量的数据，才能形成数据资产，并且数据资产的成本和价值也必须具有可计量、可评估的特征，这样才能保障成为真正可交易的资产。

数据治理是数据资产管理和运营的基础。对于银行业而言，全行业数据治理基础体系的构建初步完成后，实现数据赋能业务的目标还有多远的距离，数据治理工作下一步路在何方？如何以数据资产运营的方法理念处理传统数据管理“不知、不懂、不会”的问题是数据资产时代的新课题。由于业务规模、业务特点、管理模式的不同，银行在开展数据治理工作时，最好将现有成果进行研究整合，结合企业自身的特点，建立符合现状和需求的可落地的数据治理框架，指导数据治理工作的开展。只有这样，才能形成数据治理的驱动力，有效发挥数据资产的价值，引领银行在数字化转型的道路上不断前进。

数据资产管理作为数据资产化道路上最重要的管理抓手，各大金融机构、咨询机构、厂商均投入“重兵”深入研究，形成了各具特色的数据资产管理发展道路。10多年来，从数据资源管控到数据资产价值化，金融机构数据管理模式发生了很大转变。但是，无论如何改变，满足数据的可用、好用仍是前提，而数据治理则是其中的关键环节，是实现数据资产管理的基础工程。数据治理是实现数据资源化的一套完整的管理框架，业界已有非常成熟的数据治理理论体系。数据治理的核心目标是解决数据可用性和数据安全性的问题，既要追求数据广泛高效流通，又要保证数据安全和保护个人隐私。

面对数据价值挖掘以及资产化要求日益高启的现实需求，在数据资产确权难的现实制约下，数据治理尤为重要。没有数据治理体系作为保障，数据不但不能转变为银行资产，还很容易让银行陷入“数据沼泽”的陷阱。一个良好的数据治理体系，将为数据资产管理打下坚实的基础，是新形势下银行数字化转型的基石。

构建高质量数据资产，还需要建立健全数据治理体系，全方位提升公司金融数据质量，主要工作包括：一是进一步完善数据管理与治理框架，完善各部门的数据管理与治理职责，优化数据管理与治理流程，切实做到所有数据“有人管、有人治”；二是优化数据标准体系，建立外部数据的评估框架体系与外部数据供应商管理体系，并将外部数据纳入全行的数据标准体系，提高基础数据标准覆盖的广度与规范的精细度；三是建立数据质量评估与监测指标体系，开发自动化的数据质量监测工具，在及时发现数据质量问题的基础上，实现数据的高效修复。

## 五、数据列入资产负债表是数据要素市场化的迫切需求

数据资产的核心要义在于通过对业务过去已发生、将来要发生和应该怎么做等与业务经营相融合的数据应用来发挥其价值，机构结合其自身的业

务应用、管理分析等视角丰富数据的使用场景，这对数据资产的“可见、可解、可查、可得和可用”提出了需求。中国信息通讯研究院发布的《数据资产管理实践白皮书（4.0）》（2019）对数据资产下了定义，即数据资产是企业拥有和控制的，能够为企业带来未来经济利益的，以物理或电子方式记录的数据资源。正是由于这种资产不同于传统意义，我们更需要通过业务应用的场景，结合数据供应端、数据中介机构、数据消费端等不同角色的视角，对数据资产进行讨论，通过讨论与实践对相关的概念和关系做进一步的厘清。

金融是数据密集型行业，具有天然的数据禀赋，商业银行关注的数据价值主要聚焦在三个方面：一是数据资产估值，直接量化体现数据价值；二是数据资产会计核算，作为企业的核心资产进入资产负债表；三是多角色参与数据要素生态，进入数据要素流通的大循环中，获取数据资产价值。

推动数据资产入表恰逢其时。2022年12月22日，为加强企业数据资源管理，规范企业数据资源相关会计处理，强化相关会计信息披露，财政部印发的关于征求《企业数据资源相关会计处理暂行规定（征求意见稿）》意见的函（财办会〔2022〕42号）提出，对数据资源相关会计处理问题日益关注，主要集中在数据交易双方如何进行会计处理、数据资源是否可以作为资产入账等。制定数据资源相关会计处理暂行规定，将有助于进一步推动和规范数据相关企业执行会计准则，正确反映数据相关业务和经济实质。同时强调，制定数据资源相关会计处理暂行规定，对数据资源进一步细化披露、强化披露，合理反映数据要素价值，将有助于积极引导企业加强数据资源管理，并为监管部门等相关机构完善数字经济治理体系、加强宏观管理提供会计信息支撑，也为投资者了解企业价值、提升决策效率提供有用信息。

实现数据资产入表具备良好的外部环境。从国际层面来看，将数据作为资产列入资产负债表的呼声日益高涨。2016年，财务会计准则委员会（FASB）

召集有关人员，研究更新会计准则，考虑将数据记录列为资产。从国家层面来看，近几年，监管部门在数据相关立法方面逐步完善，《中华人民共和国网络安全法》《中华人民共和国数据安全法》《中华人民共和国个人信息保护法》等法律法规的出台，使得数据资产的确权，包括定价、流动、价值的实现，都有了法律的保障。从银行业层面来看，银行业始终走在数据相关技术应用领域前列。在行业监管规定与市场需求双重动力的推动下，银行业数据资产管理水平得到快速提升。

数据资产入表契合银行业数字化转型趋势。近几年，金融科技在赋能银行业数字化转型方面发挥了积极作用，但是随着转型进入深水区，技术的局限性日益凸显，转型动力逐渐转向了数字金融，数字金融成为未来银行业数字化转型的驱动力。那么，数据要素释放新的价值，以及衡量金融科技对数字化转型的质效，都应聚焦于数据价值。所以说，数据资产入表符合银行业数字化转型趋势。

数据资产也是数字化转型的创新驱动。对于如何评价银行业数字化转型的质效，很多专家、学者、金融机构从业人员都很困惑。如果数据资产能够入表，一方面能作为银行业数字化转型投入产出的绩效评价；另一方面能帮助银行找到业务转型的第二增长曲线。通过对数据资产进行价值评估和衡量，能够发现数据在业务创新、运营优化、客户体验改善等方面发挥的作用，意义深远。

数据资产会计核算为数字化转型按下了加速键。以用户为中心，以解决用户数据需求为导向，强调数据资产管理从“管好数”转变为“用好数”，促进数据价值最大化，赋能业务数字化转型。通过数据资产管理平台建设，实现内部数据和外部数据、结构化数据和非结构化数据、基础数据、加工数据和管理数据的多维度、全方位管理并以此为基础支持全行数据资产全景视图的构建，为全行数据共享渠道的建立奠定数据基础。

未来，数据资产作为生产要素需进一步市场化，主要关注如下几个关键点：一是法律角度的数据资产确权；二是行业领域的数据资产估值；三是基于安全和技术交易流通。银行业正加速推进数字化转型，未来将积极推进数据资产估值的研究，通过对区块链技术、多方安全计算，端上边缘计算等技术的应用，在保证数据信息安全的前提下，积极拓展数据应用场景，为推动数据资产要素市场化贡献一份力量。

数字化转型的核心是释放数据价值，实现数据驱动业务的转变，最终推动业务创新发展与新模式增长。在银行业数字化转型中，如果数据是“石油”，那么数据管理能力就是“管道”。充分发挥资源优势，释放数据的最大价值，是数字化转型成功的关键点。一方面，数据成为银行的核心资产，这对战略制定和运行决策机制、产品创新、营销和风控都提出了基于数据的、与从前截然不同的要求；另一方面，由数字化业态带来的海量、多类型、多维度的数据归集和整合方式、数据分析和使用模式，以及基于数据的商业创新，是银行业数字化转型中必须考量的重点内容之一。因此，作为数据管理能力深化与延展的数据资产管理，成为数字经济发展数据要素市场和推动数字化转型下的新要求。

对于商业银行而言，将数据转化为资产并计入资产负债表，一方面有利于强化银行对数据的归集、存储和管理能力，以及对数据的挖掘、利用、分析和交易能力，加速形成以数据资产为核心的创新商业模式，从而极大程度上提高银行的核心竞争力。另一方面有利于提高商业银行的会计信息质量，丰富商业银行资产的信息表内容，缓解资本市场信息不对称程度，推动资本市场深入挖掘商业银行价值。

# 第2讲　数字化转型视角下的银行数据治理

杨　涛

## 一、银行数据治理的政策背景

### （一）问题的提出

近年来，数据治理成为商业银行发展中的关键问题之一，也是监管层关注的焦点。回顾历史，监管部门在2011年颁布了《银行监管统计数据质量管理良好标准（试行）》，2018年发布了《银行业金融机构数据治理指引》。在此阶段，针对银行的数据监管政策，逐渐从数据质量考核结果导向的监管，演变为对管理层面上的数据治理全方位要求。面对监管要求与同业创新压力，银行业逐渐从数据治理成熟度的视角，来认识和应对相关问题，众多银行开始积极行动和探索布局，迈出深化数据治理和数字化转型发展的重要一步。

---

作者系中国社科院国家金融与发展实验室副主任、金融所支付清算研究中心主任。

此后，伴随着数字化上升到国家战略，仅服务于监管数据治理的发展思路，不能够满足经济金融数字化的大势所趋。我们看到，2020年4月中央发布《关于构建更加完善的要素市场化配置体制机制的意见》，首次将“数据”与土地、劳动力、资本、技术等传统要素并列为要素之一，提出要加快培育数据要素市场。2022年1月印发《“十四五”数字经济发展规划》，指出“鼓励银行业金融机构创新产品和服务，加大对数字经济核心产业的支持力度”。2022年第2期《求是》杂志刊发习近平总书记重要文章《不断做强做优做大我国数字经济》，提出“要充分发挥海量数据和丰富应用场景优势，促进数字技术和实体经济深度融合”。12月19日，《中共中央国务院关于构建数据基础制度更好发挥数据要素作用的意见》（“数据二十条”）对外发布，从数据产权、流通交易、收益分配、安全治理等方面构建了数据基础制度。至此，银行数据治理被赋予了更高的历史使命，成为银行数字化转型、银行服务经济数字化转型的重要切入点，也是推动银行业由高速增长向高质量发展转变的主要“抓手”，真正促使银行拓展新业务，挖掘新动能，提升服务能力，提高经营管理质效。

### （二）从近期两份政策文件看银行数据治理

2022年1月，央行发布《金融科技发展规划（2022—2025年）》（简称《规划》）、银保监会发布《关于银行业保险业数字化转型的指导意见》（简称《意见》），这两份重要文件进一步突出了在金融机构数字化转型过程中要发挥好数据要素的核心价值，也厘清了新形势下银行数据治理的战略视野与原则。

在《规划》中有93次提到“数字”，把“数字驱动”作为四项基本原则之首，“金融业数字化转型更深化”作为首要发展目标，“充分释放数据要素潜能”“打造新型数字基础设施”“激活数字化经营新功能”作为重点任务。其中指出要“深刻认识数据要素更要价值，制定企业级数据规划和发展战略，明确数据工作机制、基本目标、主要任务、实施路径等，推动数据工作高效有序开展，稳妥推进业务由经验决策型向数据决策型转变，增强经营管理前瞻性和精准性”。在《意见》中，则把数据能力建设作为重要部分，强调要从健全数据治理体系、增强数据管理能力、加强数据质量控制、提高数据应用能力等四个方面提升数据治理与应用能力，尤其指出“确立企业级的数据管理部门，发挥数据治理体系建设组织推动和管理协调作用；完善数据治理制度，运用科技手段推动数据治理系统化、自动化和智能化”。由此综合来看，数据能力将成为金融数字化转型的重要驱动力。

## 二、银行数据治理的目标选择

为了更好地推动银行数据治理的完善，需要全面厘清这一改革的战略目标。

首先，从商业银行个体角度来看，一是为了提升机构核心竞争力。《规划》提出要力争到2025年实现金融科技核心竞争力跨越式提升，在此背景下商业银行面临的挑战更加突出。当前影响银行业的周期性因素，包括经济周期、技术周期、政策周期、利率周期、人口周期、行业周期等，未来银行经营失败或许成为常态。即便在美国，据统计2001—2020年，美国银行机构总体数量从9614家减至5001家。相比在我国，截至2022年6月末，全国银行业金融机构法人共4599家，未来大中小型银行，都会面临“百年未有之大变局”，拥有突出核心竞争力的银行才有可能生存乃至发展壮大。而众多国内外成功经验都表明，依托数据要素、开展数字化转型，是激烈竞争中多数

“亮点银行”的经验与选择。

二是更好地满足数字经济需求。当前数字经济产业已经成为实现经济高质量发展的新驱动力，其中数字产业化是指提供数字技术、产品、服务、基础设施和解决方案，以及完全依赖于数字技术、数据要素的各类经济活动。产业数字化则指应用数字技术和数据资源为传统产业带来的产出增加和效率提升，是数字技术与实体经济的融合。这些都从需求端给银行带来数字化变革压力，从而实现经济、金融数字化的供求匹配。尤其是需要推动银行以数字化转型来改善客户体验、提高运营效率、搭建金融场景等，更好地弥补产业数字化的“短板”。

三是应对风险与挑战。截至2022年末，商业银行不良贷款余额3.8万亿元，较年初增加1699亿元。不良贷款率1.71%，同比下降0.09个百分点。从过去几年的走势来看，不良资产余额上升的趋势已经得到遏制，资产质量改善明显。但是，虽然大型银行和股份行的不良率持续改善，城商行和农商行不良率依然较高且存在较高反复性。特别是农商行由于前期增长过快，到2022年仍然处于3.22%的高位。应对风险虽有多种手段，但是通过强化数字化管理、数据治理，努力健全自动化风险控制机制，实现事先、事中、事后的风险管理智能化，也是题中应有之义。

其次，从行业角度来看，一是促使整个行业提升全要素生产率。基于实证研究表明，近年来我国银行业全要素生产率呈现出“波动大、异质性强、周期性”等特点。通常来看，对于发展时间久、规模实力较强、经营模式较为成熟的商业银行来说，技术进步对其生产经营效率的提升具有促进作用；而中小银行的组织架构、管理模式、技术应用等方面存在较多的问题，整体的投入产出效率较低，技术进步还未影响部分中小银行的具体生产经营过程。实际上，以数据治理为起点，银行数字化转型能够给诸多中小银行带来新的变革机遇。

二是助力国家重大战略目标。经济高质量发展、实现共同富裕、绿色低碳经济转型等都构成当前的战略重点，而金融科技与数字金融创新都越来越密切地与国家战略相吻合。在《规划》中，尤其提及小微金融、农村金融、供应链金融、绿色金融四大场景，说明这些领域的金融科技渗透与合理应用，正是当下规划的聚焦之处。商业银行仍然是金融支持实体经济的核心主体，银行数据治理不仅是为了更好地应用数据资源、推动自身数字化转型与盈利能力提升，更是为了履行国家战略责任与社会责任。

## 三、银行数据治理的重点举措

### （一）完善机制

所谓数据治理，按照国际数据管理协会（DAMA）的定义，是对数据资产管理行使权力和控制的活动集合，包括组织、制度、流程、工具。在国内实践中，通常会统筹考虑数据治理和数据管理。近年来，许多大型银行纷纷在顶层设计层面布局数据治理，而大多数中小银行的数据治理则基本处于萌芽期，还未开展有效的数据治理工作。要促使银行数据治理工作走上新台阶，需要做好以下几方面的工作。一是战略先行。数据治理不能漫无目的，或者一味“照搬照抄”，需要根据银行综合发展战略的要求，来“量身定制”数据战略。例如，零售业务为主的银行，相应的数据战略应聚焦于此，包括整合管理零售客户数据、提升服务水平、强化精准营销等；对公业务为主的银行，则可在供应链金融等创新业务发展中，着力探索数据链、数据生态的优化整合；以金融科技为特色的银行，则应该着力关注如何通过数据治理来提升开放能力、服务生态。二是找到数据治理的“痛点”，从问题入手进行战略设计。例如，数据治理与管理是一项系统工作，涉及工作繁杂，如何能够有效规划、体系化推动，如何通过新技术应用来减少数据治理的成本费用，如何通过内控和审计来规范数据治理工作的开展，诸如此类，应该融入数据治理的战略制定与落地中。三是完善组织架构与权责分担机制。数据治理能否成功，关键在于高效的组织架构支撑，尤其是建立体系化、职责分明的协调配合。实际上，银行业务链非常复杂，普遍存在数据治理不佳、利用低效的现象，这也是因为责权模糊、动力缺失、IT建设完善周期太长等，这就需要真正完善数据共享共赢、创新驱动的承载机制。

### （二）技术驱动

数据治理本质上是管理与技术的结合，因此在银行数据治理创新与优化中，既需要充分关注各细分领域，如数据标准、元数据、数据模型、数据分布、数据存储、数据交换、数据生命周期管理、数据质量、数据安全以及数据共享服务等，更需要把数据治理与新技术应用广泛融合，体现在数据治理与应用的全流程中，真正发挥新技术带来的“正效应”。例如，《规划》强调以关键核心技术为突破点，新提出了一系列前沿技术，包括场景感知、增强现实（AR）、混合现实（MR）、数据多源比对、快速校核、血缘关系分析、联合建模、图计算、数据可视化、数字孪生、匿踪查询、去标记化、可信执行环境、巡检机器人、分段路由、软件定义网络、第五代移动通信技术（5G）、窄带物联网（NB-IoT）、射频识别（RFID）、量子技术、机器人流程自动化（RPA）、智能字符识别（ICR）、移动物联网、卫星遥感、电子围栏等。银行数据治理的过程，恰恰是合理利用新技术，全面推动大数据时代的数据、技术与业务功能有效融合。

(三)助力业务

银行数据治理必须与业务创新有效结合，稳健的数据治理也是提高创新效率的前提，可以通过深入分析挖掘客户数据，更精准地了解客户需求，实现业务、产品和服务创新，全面提升客户服务质量和服务水平。优化数据治理和应用，有助于打破金融科技场景落地的难题。目前，无论是金融机构的数字化转型，还是新技术企业为金融机构提供技术支持，普遍存在技术和业务“两张皮”的问题。如果只根据业务需求匹配相应技术，则局限于现有商业模式逻辑，可能使得业务难以跟上数字化变革大势。要突破这一点，需要从基础环节入手，涉及数据、技术、人才、共识和监管等，其中数据是关键生产要素。恰恰是通过使数据要素更好地融入技术与业务协调创新的主线，更好地促进创新场景落地。事实上，《规划》也在更高层面上强调了数据应用，如“推动金融与公共服务领域系统互联和信息互通，综合电子政务数据资源，不断拓展金融业数据要素广度和深度，为跨机构、跨市场、跨领域综合应用夯实多维度数据基础”。而《意见》则更加聚焦地指出“全面深化数据在业务经营、风险管理、内部控制中的应用，提高数据加总能力，激活数据要素潜能。加强数据可视化、数据服务能力建设，降低数据应用门槛。挖掘业务场景，通过数据驱动催生新产品、新业务、新模式。提高大数据分析对实时业务应用、风险监测、管理决策的支持能力。加强对数据应用全流程的效果评价”。

(四)安全可靠

近年来，在金融科技与数字金融的变革中，金融业既取得大量成功经验，也存在许多教训。促进金融科技创新与数字化转型，需避免粗放式扩张，防止泡沫积累，处理好创新与安全的边界，守住不发生系统性风险的底线，防范非系统性风险的积累，明确创新的底线与负面清单。同样在优化银行数据治理过程中，也应该以安全稳健为生命线，有效防范各类潜在风险。一是加强数据源头管理，既要努力打破数据孤岛，更好地利用行内外数据，也要加强隐私保护；同时，有效降低数据清洗中的风险，全面提升数据基础质量。二是在技术安全方面，能够高效应对针对金融服务行业的数据攻击，更好地保障业务的连续性。三是在数据管理和数据建模中，制定完善、规范的数据管理流程并强化管理执行力，优化数据建模标准，并转变只建模不落地，或随意落地的传统思路。四是在数据应用方面，真正做好数据安全保护，借助安全多方计算、联邦学习、可信区块链等隐私计算、可信区块链、标记化等技术，确保数据可用不可见、可用可计量、最小够用、专事专用。四是在数据交换方面，构建规范、标准的数据分发机制，打造统一的数据交换平台，突出数据难以互联互通、共享共赢的潜在阻碍。

（五）合作共赢

正如开源成为技术发展的重要趋势，生态共建、合指成拳也成为数字化转型与数据治理建设的首选路径，跨部门、赛道、厂商而提供综合解决方案的商业模式成为主流。如《规划》就强调要“发挥大型金融机构带动作用和示范效应，加强金融科技共性技术、资源和服务的开放合作、互惠共享，联合高等院校、科研院所、高新技术企业等搭建专业化金融科技产用对接平台，依法合规参与数字技术开源社区等创新联合体”。一方面，数据治理可以与开放银行建设更好地结合起来。众所周知，缘于海外的开放银行最初就从数据共享入手，通过应用程序编程接口（API），以实现数据流在不同系统之间的实时流动和功能的无缝集成。实际上，多年前商业银行就已经开始应用API接口，后来随着大数据、人工智能、区块链等技术的快速突破，同时众多金融科技企业、互联网金融企业带来“金融脱媒”挑战，使得银行在开放银行视角下再度重视API，并把其作为提升零售客户和对公客户服务质量的重要手段。当然，中国特色的开放银行创新受到数据开放的更多监管约束，但仍然可以在合规前提下充分探索边界与空间。另一方面，“数字化+生态圈”也是银行变革的主要路径，基于移动端和互联网平台，国内银行已经开始引入数字化生态合作，打造创新业务模式。在数据治理方面，尤其对于中小银行来说，可以依托外部技术企业的数据模型快速建立数据建模能力，然后在各业务部门配置数据管理与分析资源，再把大数据分析结果在业务领域全面应用，从而为获客、风控及运营等提供有效数据支持。

## 四、银行数据治理的环境保障

除了从商业银行自身角度加强和完善数据治理工作，还有许多因素需要从政府与监管层面着手，努力创造更好的外部环境保障。

一是推动数据治理的规则完善。例如，从数据要素在整个社会再生产中发挥的作用来说，离不开数据生产、交换、分配、消费等环节，作为重要起点就需要考虑数据要素的确权问题。再如，个人信息保护、国家安全信息保护等问题，也始终贯彻在数据应用中。此外，数字治理也离不开对ESG的关注，即企业环境、社会和治理绩效的发展与评价理念，因为在数据应用中可能也存在算法黑箱和信息不对称，即便体现出高效的商业模式价值，也可能忽视金融科技与数字伦理。当然，在银行业数据治理中有更加具体的监管约束，尤其是数据安全与隐私保护方面，这些都需要在实践中进一步完善。

二是以数据治理的标准化为支撑。央行目前已发布《金融标准化

“十四五”发展规划》，提出以标准化引领金融业数字生态建设，尤其是稳步推进金融科技标准建设、系统完善金融数据要素标准等。客观地看，现有银行数据治理探索也存在标准化意识缺失、管理职责不到位、关键数据标准研制和贯彻流程不畅等问题，亟待以推动标准化来解决矛盾。

三是强化专业人才保障。央行《规划》突出强调金融科技人才的重要性，数据治理也离不开行业人才能力的提升。银行业普遍缺乏大数据相关人才，包括：精通业务且懂数据治理的数据业务人才，主要负责业务应用场景分析和设计；专业的数据分析人才，主要负责数据分析和建模；数据技术人才，负责数据处理和系统平台建设。如果不能尽快从全行业推动中高端人才的培育和提升，数据治理就成为“无源之水、无本之木”。

# 第3讲　大型商业银行数据治理的方法论与实践

金　阳

## 一、数据治理的背景

### （一）国家及监管层面要求

当前，数字经济深刻融入国民经济各领域，为我国经济发展提供了新动能，在优化经济结构、促进产业转型升级等方面的作用日益凸显，我国正在从“数据大国”向“数据强国”大踏步迈进。党的二十大报告强调“加快发展数字经济，促进数字经济和实体经济深度融合，打造具有国际竞争力的数字产业集群”。作为数字经济的基础与核心，数据已成为一种新型生产要素，并与土地、劳动力、资本、技术等共同构成要素市场化改革的重要组成部分。《中共中央关于制定国民经济和社会发展第十四个五年规划和二〇三五

---

作者系中国工商银行管理信息部副总经理。

年远景目标的建议》提出推动数据资源开发利用，加强个人信息保护，完善数据要素交易规则和服务体系等数字化发展建设的相关规划内容。数据要素在我国经济发展新时期被赋予更加重要的使命与意义。

银行作为数据密集型企业，是现代社会经济运转的重要枢纽，承载着推动国民经济结构转型调整的重要使命，在数据要素市场中具有十分重要的地位。银行业很早就意识到数据治理是确保数据要素价值发挥的重要前提和基础保障，自2011年原银监会发布《银行监管统计数据质量管理良好标准（试行）及实施方案的通知》以来，各银行纷纷启动监管数据治理体系建设。2018年，银保监会在《银行业金融机构数据治理指引》（以下简称《指引》）中首次明确了数据治理的定义，"数据治理是指银行业金融机构通过建立组织架构，明确董事会、监事会、高级管理层及内设部门等职责要求，制定和实施系统化的制度、流程和方法，确保数据统一管理、高效运行，并在经营管理中充分发挥价值的动态过程"。

《指引》发布后，银保监会、人民银行等又出台多项相关政策文件推进银行业数据治理工作走深走实，涉及数据治理体系评价、治理能力提升、治理体系构建等多方面内容，银行业数据治理监管不断升级。2021年2月，中国人民银行制定了《金融业数据能力建设指引》，将金融数据管理能力划分为数据战略、数据治理、数据架构、数据规范、数据保护、数据质量、数据应用、数据生存周期8个能力域。2022年1月，中国人民银行印发的《金融科技发展规划（2022—2025年）》指出，要坚持"数字驱动"的发展原则，以加强金融数据要素应用为基础，全面加强数据能力建设，加快金融机构数字化转型，注重金融创新的科技驱动和数据赋能，从而推动我国金融科技发展，在未来实现整体水平与核心竞争力跨越式提升。同年，银保监会在《中国银保监会办公厅关于银行业保险业数字化转型的指导意见》中强调，在数据能力建设中，要健全数据治理体系、增强数据管理能力、加强数据质量控制、提高数据应用能力。

（二）银行内部转型发展需要

随着数据的内涵与外延不断丰富，如何打通从数据到价值的链条，推动数据资源向数据资产转化，成为银行业新时期高质量发展所面临的巨大挑战。具体而言，要释放数据潜能，就要依次跨越“业务数据化、数据资产化、资产要素化、要素生态化”四个阶段。一是银行业务数据化，扩大数据要素的采集基础、覆盖范围，理解、掌握数据要素的技术特征，扩大数据要素基座的深度和厚度。二是业务数据资产化，通过数据治理和资产管理，促进数据资源向数据资产转化，深入挖掘数据内在价值，打造数据产品，赋能业务应用，开展数据资产价值评估。三是数据资产要素化，资产向要素的转型需要确权与市场化流通两大前提，基于数据要素的市场特征制定恰当、审慎、合法合规的外部流通机制与策略。四是数据要素生态化，数据要素的内部应用与市场化配置核心依旧在于实现商业银行的本源目标，站在商业银行的社会责任、经济责任及历史责任角度，数据要素的市场化配置需要以生态建设为手段、最大化发挥金融作为现代经济血液的作用。

## 二、国有大型商业银行数据治理方法论及实践

（一）商业银行数据治理能力框架

商业银行应建立涵盖战略规划、组织架构、制度体系、数据平台和人才培养“五位一体”的数据治理能力框架。

**1.战略规划**

为适应商业银行发展战略需要，用好数据要素资源，全面赋能经营转型与改革创新，落实《银行业金融机构数据治理指引》《中国银保监会办公厅关于银行业保险业数字化转型的指导意见》等监管要求，商业银行应建立企业级数据治理战略规划，为全行数据治理与智能应用明确战略目标与实施路径，并按年度设定具体工作任务，定期开展任务进展的跟踪评价，确保战略落地实施。

**2.组织架构**

商业银行应建立组织健全、职责边界清晰的数据治理架构及多层次、相互衔接的运行机制，并规定董事会、监事会、高级管理层、业务部门等各方的数据治理职责；通过成立全行数据治理议事机构，对全行数据治理工作进行全面领导和开展重大事项决策，在企业内推动数据分类及认责，确保各类数据都有明确的管理部门；设置数据治理综合管理部门，牵头数据治理体系的规划、建设和评价，依托数字技术支撑相关的体系建设；设置数据治理专职与兼职岗位，提高数据管理与智能应用能力。

**3.制度体系**

商业银行应建立健全多层次数据治理制度体系，涵盖规定、办法、细则和手册，覆盖各个数据管理职能域，保障全行数据管理与应用有规可循。制定数据治理工作总纲，统领全行数据治理工作，明确集团数据治理的目标、原则及数据治理架构与职责分工，对数据认责、数据标准、数据质量、元数据、数据分布、数据生命周期、数据安全、数据价值、监督与审计等方面提出总体要求。

**4.数据平台**

商业银行应建立大数据平台，支撑企业级的数据治理、整合、共享、应用。一是应建设基于数据湖、数据仓库为底座的企业级数据中台服务体系，实现全域数据的汇聚、整合、加工、应用，并对外提供多种数据服务方式，满足业务部门对各类数据资产的系统调用和穿透式访问需求。二是应建设企业级数据资产管理平台，为数据资产的管理和运营提供“一站式”服务，确保数据资产建设过程中，落实标准、质量、安全等数据治理要求，并确保业务属性、技术属性和管理属性登记的完整、准确，支持数据资产的全景展示和价值评估。三是应建设企业级数据治理平台，实现数据标准、数据质量、主数据和数据安全的全行统一管控，实现数据问题的闭环管理，提升数据治理的智能化水平，实现数据治理由“人治”向“智治”转变。

**5.人才培养**

商业银行应建立健全“跨专业、进阶式”的数据分析师队伍培养体系，全面覆盖银行各专业条线、境内境外各分支机构。坚持目标导向、问题导向、需求导向、价值导向，将数据分析师培养与业务发展深度融合，提升数据分析师的数据建模应用能力。强化分析师队伍管理，建立数据分析专业资格认证体系和成果评价机制，打造一支高水平、高技能的数据分析师队伍，为企业数字化转型提供人才支撑。

### （二）商业银行数据治理基础建设

**1.数据治理**

（1）数据标准管理

国内大型商业银行应构建适用于集团的数据标准管理制度体系，搭建覆盖集团的系统平台，定期发布和规范集团数据信息标准，明确数据信息的定义、口径、名称、来源、参照、分类、编码等统一规范标准，并落实各部门、人员的职责分工以及业务流程和机制等，强化业务需求编写、业务需求审核、系统投产应用等关键环节的数据贯标系统刚性控制，探索应用人工智能技术提升数据贯标自动化水平，确保各类经营管理信息的完整性、有效性、一致性、规范性、开放性和共享性。以工商银行为例，截至2022年，工商银行已发布集团基础信息标准超过3500项，指标信息标准超过10万项，其中遵循并对接国家标准265项、金融行业标准1059项。制定《全行统一指标库管理办法》，将指标体系分为综合统计指标和专业统计指标，其中综合统计指标体系已正式发布包括九大类共计4万余项指标，专业指标统计体系包括20个大类总计7万余项指标。

（2）数据质量管理

数据质量是业务对数据特性明确或隐含的要求。商业银行应从闭环管理、资产沉淀、智能管控三个方面“多措并举”，持续加强数据质量管理。一是构建数据质量闭环管理流程。商业银行应逐步建立涵盖事前预防、事中监测、事后评估改进的数据全生存周期治理流程，保障高质量数据源源不断产生。其中，事前预防是依托数据质量相关管理制度和技术规范，由业务和技术质量规则专家根据外部监管要求、业务用数需求、数据标准约束条件、重要数据质量保障清单等多视角识别数据质量要求，定义数据质量校验及监测规则，并将数据质量要求延伸至业务系统，将数据质量要求延伸至业务系统，建立并贯彻质量标准规范，通过准入环节的系统硬控制，实现数据规范录入，在第一时间发现并调整录入错误。事中监测是在数据纳入数据湖或数据仓库时进行多重校验，强化数据流转质量控制，将发现的数据质量问题及时反馈到业务系统和业务部门，限期整改；事后评估改进是在数据日常分析、应用、监管报送与检查时发现数据质量问题，直接反馈到业务部门、分支机构并限期整改。二是沉淀数据质量管理资产，建立“自顶向下与自底向上”相结合的数据质量规则设计方法论：自顶向下推演，从业务场景出发，结合业务流程梳理数据质量需求；自底向上归纳，以内部数据应用及外部监管要求为驱动，经过问题及需求调研、数据溯源、质量探查，形成数据质量检核规则。以工商银行为例，截至2022年，已积累数据质量规则7万余条，全面覆盖银行主要业务领域与信息系统，有效保障数据的清洁、可信。三是提升数据质量监测智能化水平，如通过机器学习对手机号码规范性进行判定，时序数据的数据量偏离即时报警，RPA实现监管回执问题数据自动处理等，在稳步提升全行数据质量的同时释放数据治理人力。

（3）主数据管理

主数据是跨部门、跨系统共享的关键数据，是银行的“黄金数据”，商业银行应从制度、系统两个方面，持续强化主数据管理。一是建立健全制度，根据各商业银行实际情况，在业务上确定涵盖客户、产品等关键领域的主数据项，并制定相应的信息管理办法，明确职责分工；技术上，编制企业级主数据与参考数据规范性文件，实现主数据和参考数据的统一管理，确保关键数据的完整、一致和可追溯。二是建立相关业务领域的企业级主数据管理系统，并将主数据调用要求嵌入研发流程，确保客户等核心领域的主数据符合规范要求。

（4）数据架构

商业银行通过持续完善数据模型设计、元数据管理、数据集成，为数据治理提供强大的技术支撑。在数据模型设计方面，商业银行应基于企业级架构，实现业务领域实体模型与信息系统数据模型对接，有效承接业务战略。例如，工商银行制定《数据架构管理工作手册》，明确数据模型管理工作流程，规范数据全生命周期管理。在元数据管理方面，商业银行应对元数据从业务、技术、管理属性等方面进行精细化管理，如数据血缘、数据资产价值评估等，通过元数据管理系统实现自动化管理，对各类元数据进行统一的采集、存储、管理和应用。在数据集成方面，商业银行应建立数据集成共享规范及平台，实现系统间的数据交换共享，整合结构化、半结构化、非结构化数据的集成、加工和挖掘分析。

**2.数据资产管理**

（1）开展数据资产盘点

有序开展数据资产盘点工作，厘清数据资产内容与管理现状，持续推动核心工作数据资产管控与资产运营，商业银行应建立数据资产盘点长效机制。一是结合数据资产应用需求与银行数据资产现状，梳理了数据资产盘点的业务、系统、组织范围；二是细化各类数据资产的具体盘点内容，从业务、技术、管理等维度设计数据资产凭证，形成统一规范的数据资产“身份证”；三是整合并继承原散落在各数据治理领域的成果，根据数据资产属性的可获取性自动完善资产凭证。通过不断细化数据资产管理目标，发布数据资产盘点成果，为银行数据资源向数据资产转化奠定坚实基础。

（2）建设数据资产视图

商业银行通过建立企业级大数据资产视图，重点解决银行数据资产“有什么、在哪里、怎么用”的问题，实现全行数据“一图尽览”。数据资产视图的建设原则包括：一是视图建设要覆盖银行主要数据系统，并按照业务领域、数据主题、境内境外、内部外部等多个维度对数据进行分类和索引；二是支持用户通过关键字搜索以及业务流程查询的方式快速定位数据表、字段、数据标准、质量规则等信息；三是能够全面整合并落实业务、技术和管理上对数据资产建设的要求；四是支持可视化展示数据资产，帮助数据使用者及数据管理者全面了解各类数据资产的全景状况。

（3）强化数据资产运营

当前，商业银行应围绕内在价值、业务赋能和生态赋能三方面强化数据资产运营能力。其中，“内在价值”重点强调通过数据应用、规模、质量等维度，评估数据资产基座的整体状况，以工商银行为例，从数据健康、数据规模、数据使用和数据赋能四个角度设计了数据资产价值评估体系，推动数据资产的定价、流通和促活。“业务赋能”重点围绕商业银行决策、风控、营销、产品、运营等业务板块，以价值导向贯通“洞察、决策、行动、反馈”全流程，实现数据驱动的智能化业务模式。“生态赋能”重点聚焦数字普惠、数字扶贫、数字政务、数字人才，展现数据资产对外部生态的有效赋能。

**3. 数据安全**

（1）健全数据安全治理体系

商业银行应建立组织架构健全、职责边界清晰的数据安全治理体系，构建决策、管理、执行、监督四位一体的数据安全组织架构，搭建完善的数据安全制度规范体系，持续加强客户信息安全管理和个人隐私保护，并定期开展信息安全检查，从制度、机制、技术、监督等方面夯实信息及数据安全管理基础。

（2）扎实提升安全防控能力

商业银行应从治理机制、管控措施、技术支撑三个层面强化数据安全管控。制定印发个人信息保护和数据分类分级相关制度，开展数据和客户敏感信息的分类分级，结合业务场景细化控制措施。建设数据安全技术平台，加强隐私计算等新技术研究，全面提升数据安全防控能力。

（3）协同推进相关领域工作

商业银行的内控部门、数据部门和技术部门应联合定期开展信息安全与科技风险检查评估，组织对分行进行现场检查，并对重点风险环节开展全行非现场排查，督促落实整改，分析查找薄弱环节。以工商银行为例，内控部门和数据部门配合，持续加强个人信息保护，连续两年推进“遏制侵犯个人信息案件专项行动”，推动相关业务主管部门对所辖业务系统强化个人客户信息管控能力。内部综合管理部门牵头完成全集团商密换装等一系列工作，推进工商银行商业秘密信息保护达到国内领先水平。

### （三）数据治理业务赋能

#### 1.对内数据赋能

深化数据智能化应用，提升数据要素价值创造能力是商业银行数据治理业务赋能的重要目标。一是商业银行应以应用效果良好的数据分析成果和成熟业务系统为基础，将推广价值高、应用性强的数据分析成果封装成“端到端”的数据产品，并逐项形成简洁易用的《产品说明书》，便于基层管理者和营销人员使用；此外，商业银行通过数据产品模型研发、试点应用，上线部署、成效监测、优化迭代全流程闭环管理，以精准营销系统为依托，将模型产出结果对接至业务执行渠道，并自动反馈应用进展及成效，让数据价值可回溯、可追踪、可量化。二是锻造智能、开放、移动、敏捷的核心应用能力，深入推进大数据智能应用，促进数据与业务的全面深度融合，形成数据要素生产力。商业银行应基于自身业务赋能需要，可主要围绕营销赋能、风控赋能、产品赋能、运营赋能、决策赋能五大板块展开，通过贯通“洞察、决策、行动、反馈”全流程，锻造智能、开放、移动、敏捷的核心应用能力，有效实现数据对业务的即时赋能和数据驱动智能化决策。

近年来，工商银行深入推进大数据智能应用，依托数据资产赋能业务应用，并取得显著成效。

## 案例1 信用卡领域支撑

工商银行在信用卡电话调查环节，利用行内外数据自动生成差异化的调查核实问卷，应用AI智能外呼技术对客户开展电话核实，提高调查工作效率。在信用卡电话调查交互过程中，工商银行利用声纹识别技术在非接触、易用性方面的突出优势，快速无感完成团伙欺诈识别，提升风险管控效率。

## 案例2 智慧手机银行建设

工商银行依托数据中台，助力智慧手机银行建设，在新智能、新模式、新运营、新生态、新体验、新安全等方面焕新升级。在客户行为分析方面，一是实现“路径分析”模型，通过对客户页面访问次数的分析，挖掘出频繁访问路径，引导客户走向最优或期望路径。二是实现“漏斗分析”模型，通过分析业务运营过程中各关键环节转化率，支撑业务对低转化率环节进行改进。在智能推荐方面，打造智能推荐服务，并应用到“数字人”场景，为客户打造贴心服务，从而提升客户黏性。智能推荐服务在融e行产品推荐中效果显著，日均调用、点击购买率、购买转化率、购买金额均有显著提升。

## 案例3 建设全行经营情况监测大屏

工商银行为全面展示业务发展成果，及时监测全行经营管理动态，依托“数据中台”为核心的大数据云平台的数据集成及计算能力，融合大数据分析、可视化技术、流计算等多种数字科技手段，采用直观、动态的图形化方式，打造了数据经营情况监测大屏，多方位、多角度、全景化展现数字化经营管理全貌。大屏基于集团战略、经营效益、存贷业务、客户分析、资金流向、人力资源、数字银行、金融科技、风控安全、经营业绩、股东信息等主题，选取了客户数、跨行资金流量、全球业务交易量、数据访问量等千余个核心指标，涵盖境内外机构视角。数据经营情况监测大屏已成为展示工商银行形象的重要窗口，充分体现了工商银行的数字化经营管理能力。

### 2.数据服务生态

国家《第十四个五年规划和2035年远景目标纲要》提出“发展数据要素市场”“激活数据要素潜能”，为新时期数字化转型指明了方向，在国家战略和产业政策的支持下，数据要素市场也在快速发展。当前，部分国有大型商业银行已提前布局并积极融入数据要素市场，并在要素市场建设中承担起买方、卖方和数据商多种角色。以工商银行为例，自2020年以来分别加入北京国际数据交易联盟，并与上海数据交易所签订战略合作协议，深度参与深圳数据交易所筹建，在数据服务生态建设方面取得了一系列成果。

#### 案例1　数据撮合

工银科技有限公司作为工商银行独资的金融科技子公司，同时也是深圳数据交易所和上海数据交易所数据商，在依法合规的前提下，积极参与数据交易相关工作，撮合集成市场优质数据，以API、数据集形式面向金融同业输出数据产品，配合完成数据质控、数据测试、数据接入等，助力金融机构提升外部数据应用能力，进而提升风险控制能力。

#### 案例2　数据治理

依托于工商银行成熟的数据治理方法论和工具体系，工银科技提供数据治理咨询、工具平台落地和监管数据集市建设等服务，赋能同业。一是提供数据治理咨询及平台工具。在数据治理咨询项目上，对体系框架设计、实施路线图和重点核心领域进行专项规划设计，推动客户数据应用过程中组织建设、规章制度、管理办法落地。二是提供监管数据集市咨询服务。为满足监管机构日趋严格的数据治理要求，帮助金融机构提高报送数据质量，全面提升机构内数据治理水平，构建高效的数据集市体系，形成数据集市有效分层，与银行各数据源系统接口密切贴合，同时满足外部监管机构的监管接口要求，帮助银行实现全行监管指标口径统一，不同报送系统之间数据共享，满足多样化的监管要求。

### 案例3 数据建模

工银科技作为模型加工方，结合机构客户需求，在信用卡、普惠等多种业务场景，提供模型开发、策略应用、模型监控等综合的建模服务。在模型开发过程中，工银科技发挥数据商身份优势，进一步深入了解建模需求，撮合优质数据加入建模，有效扩展模型数据维度，更加全面地进行风险识别。同时，工银科技提供的定制化建模服务产品，更加贴合实际业务特征，相比第三方标准化产品的效果更好。在模型应用过程中，工银科技依靠集团深厚的业务经验积累，为客户提供模型应用策略指导，有效降低试错成本，更快发挥模型产品价值，切实提升模型业务表现。在模型应用过程中，可配合业务部门提供模型监控服务，降低模型性能衰减风险，实现模型保鲜。

### 案例4 数据产品

一是工商银行结合金融同业实际诉求，基于数字风控体系建设成果，构建形成涵盖“信用风险”“市场风险”“反洗钱”“风控大数据服务”四大板块风险管理平台的“融安e”系列（包括“融安e盾”“融安e防”“融安e控”“融安e信”等）风控产品，产品着眼于不同的功能定位进行建设，各具特色，逐步树立起工行风险管理品牌，助力国家大金融生态系统建设，切实支持同业提升风险管理和监管合规水平，打造“风险同业共治”新格局。二是建立Saas金融生态云，有效支撑了诸如“双11”、纪念币预约等突发业务高峰，成为工商银行数字化转型的一项重要驱动力，精心打造涵盖政务、产业、生活、普惠、乡村等多个领域的开放式智慧服务生态。三是打造API开放平台，建立了1700个互联网场景，涵盖了信息、生活、消费、旅游、教育、金融投资、公共服务等生产和生活领域，通过构建场景信息、场景金融、场景生态有机结合的互联网金融生态圈，引领行业走向更和谐广阔的金融领域。

## 三、银行业数据治理问题及建议

### （一）面临的形势及挑战

#### 1. 内部数据共享与内外数据融合面临挑战

国内银行业经过长期发展，已经形成了规模庞大、分工明确的业务部门体系，各业务部门之间通常会形成一个个信息孤岛，导致部分银行内部的数据暂未实现充分共享互联。同时，随着《网络安全法》《数据安全法》《个人信息保护法》等法律法规的健全，数据安全和个人信息保护成了数据领域重点关注问题，如何在确保数据安全和落实个人信息保护要求的前提下，促进数据要素流通，建立多方共识的数据价值认定和交换机制，也是对数据价值发挥的重要挑战。

#### 2. 数据开发应用与产品管理能力面临挑战

随着数字技术全面融入社会的生产经营，数字技术与实体经济深度融合，赋能传统经济，从过去的单一场景化向未来的多场景全产业链的数字生态化发展。由于技术改造成本高、相关人才缺乏等原因，部分银行并未在当前业务环节中大规模采用数据智能决策方案，导致大量数据未被充分开发和应用。此外，银行随着应用规模的不断扩大和力度的不断深化，各类平台、产品重复建设、缺乏管控的新问题逐渐露出端倪。

**3.业务闭环管理与数据运营能力面临挑战**

尚未建立起数据驱动的运营体系与“以数治数”的治理闭环体系。银行业在线下业务向线上业务转型过渡阶段面临数据持续运营支撑能力不足的问题，线下业务流程中通常缺少充分的标记信息，业务变化难以回溯到数据决策。线上业务在数据驱动下各专业条线运营分析的成果，尚未形成标准的方法指导和持续的评估机制，进一步加大了线上决策与线下执行结果之间的差异，造成了业务难以闭环管理。

**4.监管统计要求与数据质量管理面临挑战**

为加强监管统计管理，提升监管统计质效，监管机构对银行业数据质量管理提出更高要求，要求明确归口管理职责边界，落实管理责任，确保数据的真实性、准确性、及时性、完整性以及同一指标在监管报送和对外披露之间的一致性。银行业需全面提升对数据治理工作的重视程度，扎实推进基础数据治理，将监管要求转化为企业内部数据治理的驱动力和基线。

## （二）下一步重点工作方向及建议

**1.总体要求**

以习近平新时代中国特色社会主义思想为指导，深入贯彻党的二十大精神，面对数字经济发展的新机遇、新形势、新挑战，商业银行应坚持金融工作的政治性、人民性，坚持科技自立自强，以数据为关键要素，通过数据治理加快推动银行业数字化转型，促进数据与金融业深度融合，为数字经济的高质量发展提供有力支撑。

**2.重点方向**

（1）强化数据治理能力，夯实银行数字化转型的基础

深化数据治理，进一步健全数据治理体系。完善考核机制，加强对数据治理工作的检查、监督与问责。扩大数据治理与服务人才队伍，着重提升人员能力。提升数据治理与智能应用水平，建立健全数据资产管理体系，持续提升数据质量，优化数据架构，保障数据安全，提高数据的应用能力。

（2）丰富数据供给来源，加强集团数据共享与整合

加强外部数据引入，推动政务数据合作，扩充外部数据来源，做好外部数据资产的盘点，推动集团数据入湖，建立统一开放的数据入湖机制，在依法合规前提下，不断提升全集团数据共享与集成整合能力，实现内、外部数据从源头到数据中台的数据全流程管理。

（3）提升数据服务能力，赋能智慧应用

完善以企业级数据中台为核心的数据服务体系，构建企业级数据共享服务区，促进集团内机构间数据的依法合规共享。建立健全数据运营机制，提升数据资产管理能力，加强数据创新应用能力，拓展数据应用场景，促进数据、技术与业务深度融合，赋能智慧应用。

（4）加快技术创新应用，升级优化数据平台

技术推动行业进步，新的技术会不断对业务、行业产生新的影响，要积极将大数据、人工智能、云计算、区块链、云平台等技术应用于银行业务中，赋能业务发展与创新。不断完善大数据平台体系，优化数据资产管理平台，降低数据管理难度，提升数据资产价值挖掘效率；完善模型管理体系，规范模型应用流程，提升模型应用水平，实现高价值模型扩展、共享；升级大数据分析应用平台，提升数据分析、服务与运营能力。

（5）融入数据要素市场，促进行业数据流通

集成市场优质数据资源，解决对外数据服务的合规和授权问题。以工商银行为例，充分利用工银科技作为独立法人和持牌数商的身份，围绕同业诉求，加强行司联动，依托工商银行系统平台、工具算法对外提供产品化服务。通过数交所和数据交易中心，推动行业数据聚合、数据治理、数据管理、数据应用等标准产品的研发，实现数据对外赋能，满足中小银行数据服务需求，打造银行业数据合作生态。

3.保障措施

（1）完善数据治理决策机制

根据企业数字化转型总体安排和集团数据治理战略目标，进一步完善数据治理决策机制，推进全集团数据共建、共维、共治、共享。推进数据认责，明确数据治理各环节、各领域的主责部门，确定数据资产权责归属与数据质量问题责任主体，保障考核问责充分落实。

（2）保障人才的供给与培养

积极引入具有科技和数据背景的专业人才，持续对现有人员在数据治理的业务管理方面与技术提升方面进行培训，重点培养一批金融、技术、数据复合型人才。打造“数据人才孵化基地”。推动以工代训、以赛促学，培养业务人员数据视野，拓宽数据人员业务视角，激发数据人才形成众智、众享、众创的创新氛围。

（3）提升数据服务能力

建设完善企业级数据中台，优化数据资产管理平台，构建数据管理体系与数据服务体系，提升数据资产管理能力、数据服务能力。加强内外部数据的采集、存储、加工、分析、挖掘、共享能力，建立从云平台到客户端的高效数据服务通道，快速响应数据服务需求。

（4）构建数据要素流通机制

探索金融业数据要素流通标准、机制和流程，推动金融业数据要素流通基础设施建设。完善数据资产价值评估体系，积极同数据交易所、政府机构、研究机构及相关企业深度合作，开展数据交易机制、交易技术的研究与交流，探索数据交易与金融领域的创新融合。

（5）强化数据安全保护

完善数据安全管理机制，加强数据安全保障体系建设，提升个人客户信息安全管理能力；强化集团数据安全“事前、事中、事后”三重防控体系；加强数据安全文化宣传和培训，建立全员数据安全保护意识，提升集团各类重要、敏感数据的安全防护能力。

# 第4讲　基于价值引领的商业银行数据治理体系探索与实践

张　辉

数字经济时代，随着大数据、物联网、人工智能、云计算、区块链等新兴技术不断取得突破性发展，数据作为新型生产要素的作用和重要性日益凸显。掌握数据并释放数据资产价值已成为各行业特别是数据密集型的银行业构筑竞争新优势、实现高质量发展的新动能新引擎。

本讲结合中国农业银行数据治理实践，探讨企业级数据治理体系建设的思路、内容和方法。本讲从逻辑上分为三个部分：第一部分从国家、监管、组织层面阐述银行业数据治理实践开展的背景、内生动力和外在推力。第二部分介绍银行业数据治理的基本概念、研究现状，以及数据治理实践的难点痛点和可供借鉴的建设策略，以便在统一的认知框架下展开具体内容的分享。第三部分以农业银行数据治理实践为示例，阐述商业银行数据治理建设

作者系中国农业银行信息管理部副总经理。

思路与框架，在此基础上分领域地介绍数据治理的建设内容和机制方法。

## 一、银行业数据治理实践开展背景

### （一）国家加快推进大数据战略布局

当前，社会发展进入以数字革命为主要标志的第四次科技产业变革新阶段，国家深刻洞察这一时代特征，牢牢把握数字化浪潮带来的历史机遇。早在2014年，大数据首次写入政府工作报告；2015年，中共中央、国务院发布《促进大数据发展行动纲要》，首次明确提出“数据已成为国家基础性战略资源”；2016年，“十三五”规划将大数据战略上升为国家战略；2017年，政府工作报告首次明确提出“数字经济”；2020年，中共中央、国务院发布《关于构建更加完善的要素市场化配置体制机制的意见》，首次将数据定义为新型生产要素；2021年，“十四五”规划明确提出“以数字化转型整体驱动生产方式、生活方式和治理方式的变革”，数字化转型上升成为国家战略。2023年，中共中央、国务院印发《关于构建数据基础制度 更好发挥数据要素作用的意见》和《数字中国建设整体布局规划》，将建设数字中国作为推进中国式现代化的重要引擎，进一步明确了数字中国建设的整体布局和制度安排；同时国家拟组建数据局，负责统筹推进国家大数据战略规划与组织实施、数据基础制度建设以及数据资源整合共享和开发利用等。

### （二）金融监管部门强化银行业数据治理方向引领

以人民银行、银保监会为代表的金融监管部门，落实国家大数据战略，紧锣密鼓地推出一系列数据治理政策制度和专项行动，为银行业加快数字化转型提出了政策要求和指导框架。银保监会于2018年出台《银行业金融机构数据治理指引》；2019年成立数据治理高层专家委员会；2020年开展银行业监管数据质量专项治理行动；2021年、2022年将数据治理分别纳入商业银行监管评级和公司治理监管评估指标体系；2022年出台《银行业保险业数字化转型指导意见》等。人民银行于2021年发布《金融科技发展规划（2022—2025年）》《金融业数据能力建设指引》等。

### （三）银行机构依托数据治理寻求发展转型新出路

在全球经济放缓、金融脱媒和互联网金融的冲击下，推动以数据治理为基石的数字化转型，实现精细化智慧化经营和管理，成为各银行机构打造新赛道新优势的必然选择。而近两年受疫情影响，传统金融业务向线上化、智能化方向加快发展，商业银行数字化转型正在迈入全面升级的新阶段。在此背景下，以大型银行和部分股份制银行、城商农商行等为代表的头部银行数据治理建设进程加速迭代，正在由数据资源化、资产化1.0版本向数据资产服务化、价值化、要素化2.0版本演进。

## 二、银行业数据治理基本概念和总体现状

### （一）数据治理的基本概念

近年随着数字经济的蓬勃发展，“数据治理”逐渐成为社会广泛关注的热词。下面针对数据治理的定义列举部分具有代表性的观点，同时将数据治理与数据管理、数据资产管理和数据质量治理等类似概念进行比较辨析，以便读者对数据治理的内涵和外延形成更清晰的认知。

**1.数据治理的定义**

根据数据管理协会（DAMA国际）发布的《DAMA数据管理知识体系指南》，数据治理是指对数据资产管理行使权力和控制的活动集合（规划、监控和执行）。根据银保监会发布的《银行业金融机构数据治理指引》，数据治理是“通过建立组织架构，明确董事会、监事会、高级管理层及内设部门等职责要求，制定和实施系统化的制度、流程和方法，确保数据统一管理、高效运行，并在经营管理中充分发挥价值的动态过程”。北京大学王汉生教授认为，数据治理不是对数据的治理，而是对数据资产的治理，是对数据资产所有相关方的利益协调与规范。

综合上述观点可见，数据治理具有如下特点：从层级来看，数据治理从战略视角、更高层次出发指导和控制数据管理，是公司治理的重要组成部分；从内容来看，数据治理将数据视为资产，内容涉及多个领域，是系统化、体系化的数据管理框架；从建设来看，数据治理不是一次性的项目，而是一个持续推进的系统工程；从机制来看，数据治理注重标本兼治，形成长效机制；从目标来看，数据治理旨在保障数据安全的情况下充分发挥数据价值。

本讲主要遵循银保监会《银行业金融机构数据治理指引》中有关数据治理的定义。

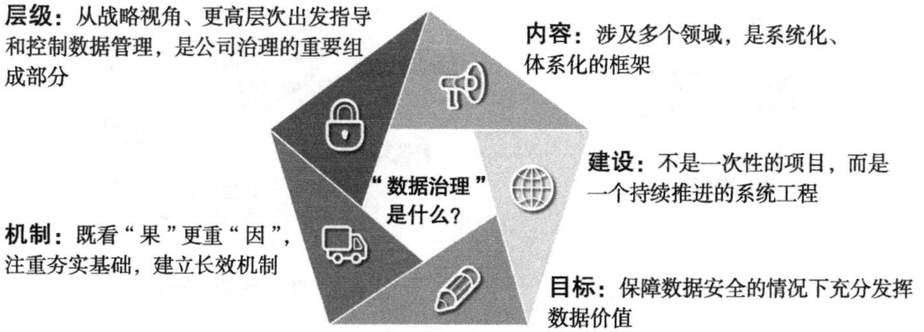
层级：从战略视角、更高层次出发指导和控制数据管理，是公司治理的重要组成部分
内容：涉及多个领域，是系统化、体系化的框架
建设：不是一次性的项目，而是一个持续推进的系统工程
“数据治理”是什么？
机制：既看“果”更重“因”，注重夯实基础，建立长效机制
目标：保障数据安全的情况下充分发挥数据价值

图4-1　“数据治理”是什么？

## 2. 数据治理与数据管理

自数据治理兴起，“数据治理”（Data Governance）与“数据管理”（Data Management）即成为一对最易混淆的概念，两者存在一定的区别和联系。

内容范畴上，目前主要有三类不同观点：一是认为两者是完全不同的概念。数据管理侧重操作实施，是做数据架构、建模、集成等真正接触数据的事情，而数据治理侧重规划和控制，关注谁管什么、怎么管、用什么标准去管。二是认为数据管理的范畴大于数据治理。数据管理是为了交付、控制、保护并提升数据和信息资产的价值，在其整个生命周期中制订计划、制度、规程和实践活动，并执行和监督的过程；而数据治理是其中对数据资产管理行使权力和控制的部分，如DAMA数据管理罗盘等。三是认为数据管理是数据治理的组成部分，数据治理既包含数据标准、数据安全、数据质量等领域的数据管理，还包括治理架构、运转机制、保障要素、数据服务与应用等其他内容，如银保监会《银行业金融机构数据治理指引》等。

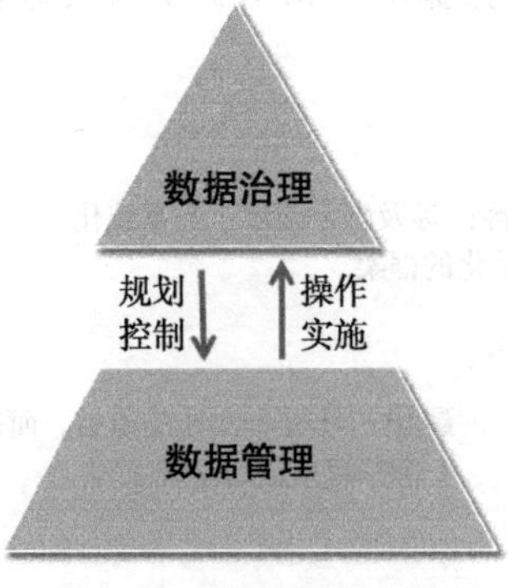


图4-2 第一类观点示意图

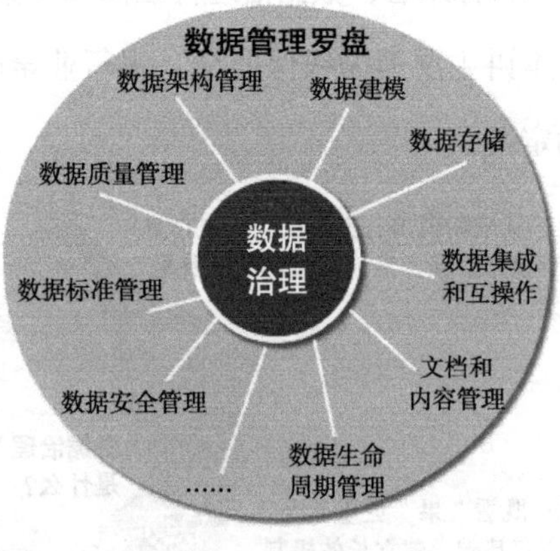


图4-3 第二类观点示意图

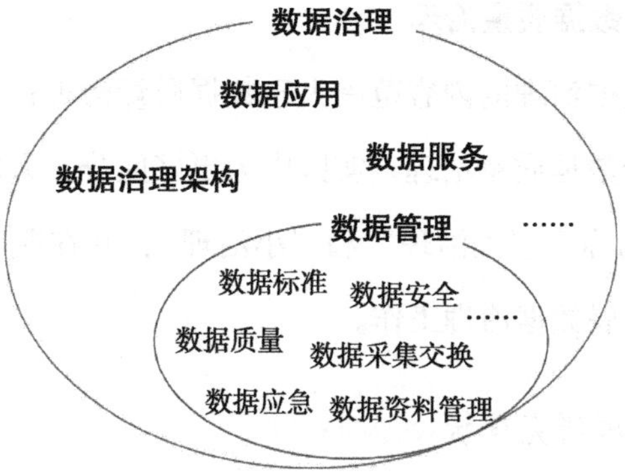


图4-4　第三类观点示意图

工作理念上，数据治理是从更高视角出发、由多方主体共同参与、按照共同遵守的契约对数据进行管理，正如2014年习近平总书记在参加上海代表团审议时指出的，“治理和管理一字之差，体现的是系统治理、依法治理、源头治理、综合施策”。

本讲主要基于“数据治理从数据管理演进而来，内容范畴大于数据管理，是更高视角的数据管理；数据管理是数据治理体系的重要组成部分”的观点，展开下面内容的阐述。

**3.数据治理与数据资产管理**

从目前相关研究实践来看，数据治理与数据资产管理各有侧重：数据治理侧重于搭建完善的数据治理体系框架和运转机制，并把数据质量摆在突出位置；而数据资产管理则侧重于数据资产的运营、流通、价值评估等，并重点关注数据资产的价值变现。同时两者之间又存在着天然的联系：数据治理的核心是对数据资产的治理，而数据资产管理需要通过更高阶的治理才能最大限度地发挥价值。

#### 4.数据治理与数据质量治理

广义而言，数据治理的内容范围大于数据质量治理；而狭义的讲，数据治理有时被等同于数据质量治理。实践中为更好区分，人们常将数据治理和数据质量治理分别称为“大治理”和“小治理”，并在明确数据治理范畴的前提下，探讨和开展数据治理工作。

### （二）数据治理研究现状

目前，国内外数据治理研究主要从数据能力成熟度、数据治理体系建设、数据资产管理等三类视角切入。国际方面，主要聚焦于数据能力成熟度研究。国内方面，监管机构、全国信标委和中国信息通信研究院、中国银行业协会、中国金融杂志等行业组织通过发布标准、白皮书、举办专题论坛等形式，对三类视角均做了有益探索。

#### 1.数据能力成熟度研究

主要构建包含数据管理职能域和支撑要素的数据能力评估模型，提供标准化结构化的评估框架、标准和结果等级，帮助企业了解数据能力现状，定位优势和差距，在专业咨询公司的参与下明确数据管理能力提升的改进建议和方向。国际代表性研究有：DAMA协会DMBOK数据管理知识体系、CMMI协会DMM数据管理成熟度模型等。国内代表性研究有：DCMM数据管理能力成熟度评估模型（GB/T 36073—2018）、人民银行《金融业数据能力建设指引》（JR/T 0218—2021）等。

#### 2.数据治理体系建设研究

主要探索数据治理的基本概念、原则和方法，搭建数据治理标准化体系和实践框架。具有代表性的研究有：银保监会《银行业金融机构数据治理指引》、中国通信标准化协会《数据治理标准化白皮书》等。

**3.数据资产管理研究**

强调数据的资产属性，重点关注数据资产的运营、确权、定价、交易、流通等议题。具有代表性的研究有：中国信息通信研究院《数据资产管理实践白皮书》系列等。

### （三）银行业数据治理的痛点和建设策略

在数据治理具体实践中，银行机构常常遇到数据底子薄、管理组织弱等诸多类似的困境。而面对数据治理这项复杂的系统工程，明确数据治理的总体建设策略是开展具体工作、破解难点痛点问题的重要前提。

**1.数据现状之困**

信息孤岛现象突出，由于缺少统一的数据底座规划和大量系统重复建设，导致数据标准不一、系统无法连通，数据、算法、工作流、系统工具无法有效共享和复用；数据质量基础薄弱，随着数据规模的快速增长，历史数据问题包袱沉重，新增数据质量管控难度加大；数据安全问题频发，随着数据管理向计算机集中化、网络化方向发展，信息泄露事件频发，危及客户、机构、行业乃至国家利益，与此同时，为满足贯穿生态链更加多元的金融业务场景需求，跨机构数据共享和联合挖掘的诉求日益增长，由此带来更多数据隐私性、安全性风险；数据价值密度低，数据少、找不到、不会用、不好用，使企业累积的大量数据不能充分发挥价值和有效赋能业务经营管理。数据价值转化周期长，许多基础性的数据治理工作需要投入大量的人员、时间和成本，无法实现快速见效，使企业继续加大数据投入、支持数据工作的动力不足。

**2.管理机制之困**

数据意识薄弱，实际工作中被重点关注和投入资源的往往是直接产生价值的数据应用，大量的基础性工作无人问津或少有人做，话题之热和工作之冷形成数据治理领域的冰火两重天；部门推诿扯皮，业务部门对数据的潜在价值无感或只用数不管数，将数据治理工作和问题全部视为数据管理部门的责任；找不准切入点，数据治理工作千头万绪，不知从何处抓起；缺少工具、方法和人才支撑，头脑中的蓝图完整清晰，因缺少必要的资源支撑，无法转化为实际工作成果。

**3.数据治理建设策略的选择**

数据治理建设的常见策略一般包括两种：一是顶层设计，从供给侧出发，基于全局视角进行整体规划，由面及点进行任务分解，并系统化推动落实。二是以用带建，从需求侧出发，以数据应用需求或数据问题为驱动，由点及面驱动数据治理迭代提升。

从实践效果看，将两种策略相结合、以小步快跑的方式推进数据治理工作是一种较优选择，特别是对于数据治理起步晚、基础弱的中小银行机构，既可以推动数据治理工作快速见效，同时避免缺少方向的盲目乱建和成本风险较大的彻底革新。

## 三、商业银行数据治理建设方法与实践

农业银行作为有着悠久历史沉淀的大型商业银行，在规模、资金、人才、管理等方面较之中小银行存在一定优势，但也面临着系统多、条线多、历史负担重的实际困境，以及信息孤岛现象突出、数据质量薄弱、海量数据应用不足等同业共性问题。下面尝试以农业银行实践为例，介绍具有一定普适性的数据治理建设思路和方法。

## （一）数据治理建设思路与框架

### 1.数字化转型思路

农业银行数字化建设大致经历了三个阶段：2006年以前，以业务数据整合为特征，依托核心业务系统重构实现了全行核心业务数据的物理大集中；2006年—2018年，以数据统筹管理为特征，推进数据仓库建设和数据管理的早期探索，2016年完成大数据基础设施的框架搭建，同时将数据资源上升为全行战略资源储备，持续累积海量数据，并初步建立了数据统筹管理机制；2018年以来，以大数据管理与服务应用为特征，推进数据治理体系化建设，2019年，顺应国家大数据战略实施发展大势，启动数字化转型工程，并明确了大数据建设实施思路。

从数据角度看，数字化转型的本质是通过数据的流动，来化解大数据时代企业经营发展所面临的复杂性和不确定性，打通和激活企业价值链。重要任务是在企业级业务、数据、技术架构的指引和支撑下，深化数据应用，发挥数据价值破解业务领域应用难题；做强数据能力，按照业务数据化、数据资产化、资产服务化、数据价值化的路径，通过高标准组织数据、高效能管理数据和高水平数据服务，有效盘活海量数据资源，打造标准化高品质的数据资产，并持续提升数据价值创造能力；夯实科技基础，保障系统支撑的稳定性、安全性、连续性，最终形成业务–数据–业务的价值转换闭环，实现从传统经营模式向数字化经营模式的转型。

### 2.数据治理建设框架

农业银行以银保监会《银行业金融机构数据治理指引》监管要求为准绳，在本行数字化转型战略的指导下，以最大限度发挥数据价值、推动高质量发展为目标，围绕数据资产这个核心要素，遵循“顶层设计、以用带

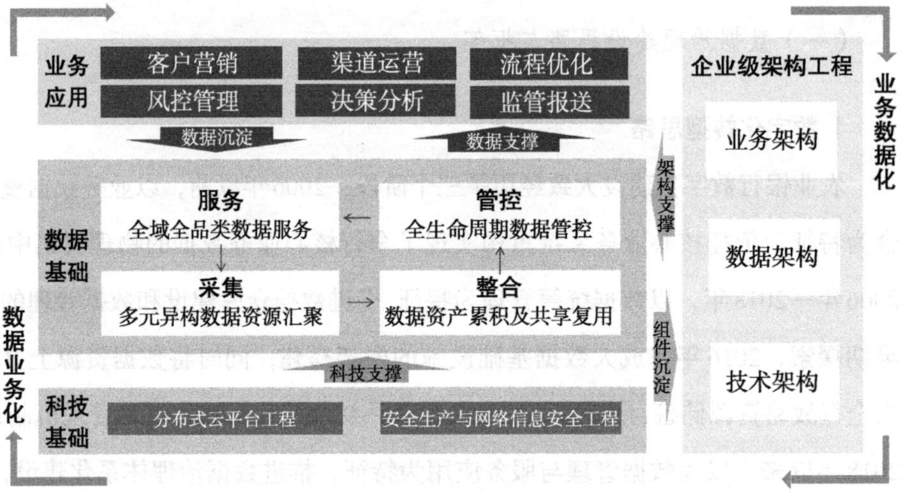


图4-5 数据视角下的数字化转型框架

建、价值引领、迭代提升”的总体思路，构建了贯穿数据汇聚、整合、管控、服务和应用全链路的数据治理体系和迭代优化闭环，面向通用数据应用、高阶数据分析、监管数据报送三类领域的内外部应用，提供更全、更快、更优的数据服务，赋能业务经营和管理决策，助力高质量发展和服务实体经济。

其中，数据采集域，以云计算、数据湖等技术为基础，实现全行内外部数据资源的集中存储和统一管理；数据整合域，以用带建，持续沉淀基础性公共数据、指标、标签、模型等各类数据资产，提升企业级数据资产的共享复用和供给能力；数据管控域，以数据标准、数据质量、数据安全管理等为核心领域，对数据资产全链路进行持续监测和管控，保障数据准确、规范、一致和安全；数据服务域，为全行用户提供全面、高效、敏捷、智能的数据服务和产品，全方位满足各类用户不同层次的业务分析需要；数据应用域，业技数深度融合，推动数据在业务经营、案防风控、管理决策等各领域各场景的广泛应用与价值转化，实现从数据资源到数据资产再到数据价值的持续优化闭环。保障体系，从本机构实际出发建立科学完善的组织职责、制度规范、流程机制、系统支撑，形成推动各项数据治理工作的强大保障。

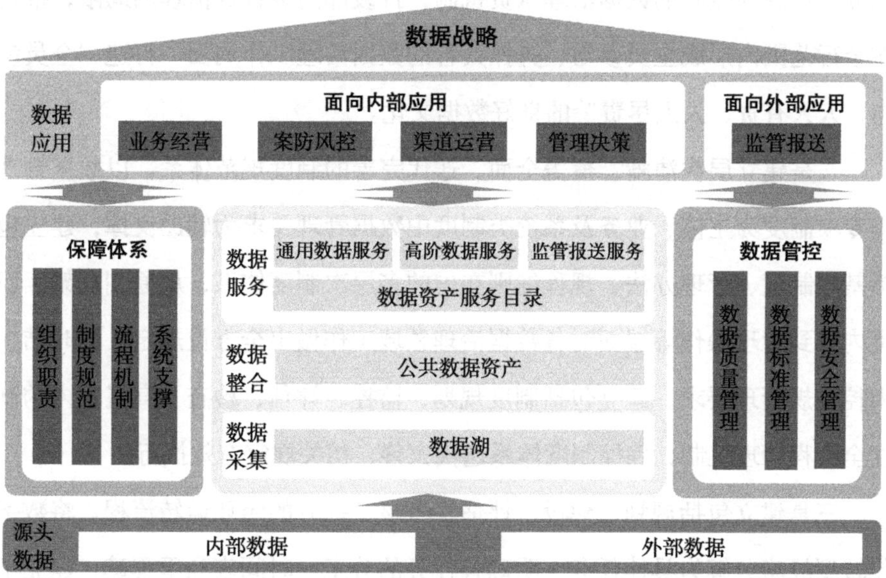


图4-6　数据治理建设框架

## （二）数据治理建设方法与实践

### 1.数据治理保障体系

以“一把手工程”为重要推手，从人控、制控、机控和技控等方面健全数据治理保障体系，在全行范围内明确数据治理“谁来做”“做什么”“如何运转”“系统支撑”的问题。

一是建立自上而下、业数技分工负责的组织架构。搭建覆盖两会一层、归口部门、业务科技部门、分支附属机构的企业级数据治理组织架构，依托基本制度明确相关各方职责；决策层高度重视，及时了解数据治理工作情况并给予指导，并指定委员会或领导工作小组，协调督导跨部门事项；成立数据治理专门处室，并扩充专职人员队伍，协调推进数据工作；以数据治理监管政策宣贯、监管明细报送整改、内部数据应用等为重要推手，推动建立以业务责任制为核心的数据治理认责机制，打破部门级数据治理的局限，推动在全行范围内形成全员参与、齐抓共管的数据治理工作局面，打造“全员参与，人人有责、人人尽责”的良好数据文化。

二是建立层次清晰、覆盖全面、迭代完善的制度规范体系。以数据管理类专项制度为主体、业务及系统类制度中数据管理要求为辅助支撑，建立包括基本制度、管理办法、规程细则在内的多层次制度体系，从原则框架、职责内容到管理操作等层面对各数据治理领域工作做出全方位规定。同时结合内控合规管理要求，建立包括制度规划、监控、评估、检查、宣贯在内的制度全流程管理机制，确保制度体系迭代完善，相关规定有效执行。

三是建立包括规划、建设、评估、考核、提升的闭环运转流程。将数字化转型战略分解为具体任务，明确各任务的分工、时间表和里程碑，建立工作台账由高管层亲自督办。对标监管政策指导框架定期组织开展数据治理自评自查和监督检查，及时发现和补足数据及治理工作短板。建立横向到边、纵向到底、覆盖全集团的数据治理考核体系，纳入内控考评，用好考核“指挥棒”，促进全行数据治理质效提升。通过规划、建设、评估、考核过程的多轮迭代，形成数据治理体系运转的良性循环。

四是建立满足大数据采集存储、计算查询、分析挖掘和敏捷运营需要的系统技术支撑。优先考虑国产化基础设施，提升信息技术安全自主可控能力。如农业银行在启动大数据平台建设工程之初，基于GBASE国产数据库搭建了国内首套“MPP+Hadoop”混合式数据仓库架构。积极应用与需求相匹配的多元化关键技术和理念，如数据底座建设上，构建湖仓融合架构，面对大量多元异构数据，在保持低成本优势基础上形成统一的数据存储计算和管理能力；计算分析能力优化上，积极应用云原生、分布式数据库、知识图谱、隐私计算、联盟链、联邦学习等新兴技术，以分布式、服务化理念建设大数据分析、数据交换管理、数据安全共享等平台设施，提供离线计算、实时计算、数据挖掘、数据流通、隐私保护等功能，为海量数据高效处理、数据融合有序共享提供坚实技术支持；数据资产敏捷运营上，面对数据应用需求猛增、交付时效要求不断提高的挑战，基于DataOps（Data Operations）和DevOps（Development Operations）先进理念和方法，从数据内容和平台功能建设两方面提升数据交付质量和研发效率，打造覆盖数据开发、测试、部署、运维和监控的组织级数据服务功能和数据交付流水线，实现数据研发运营的一体化、敏捷化、标准化、自动化，满足规模化、高时效的系统开发诉求。

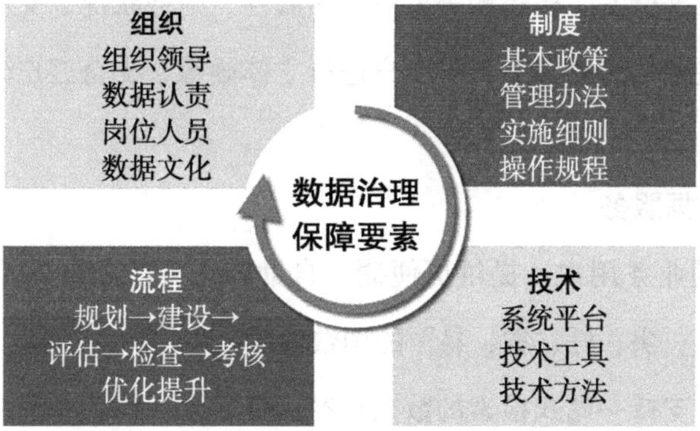


图4-7　数据治理保障体系

**2.数据资产建设**

2019年，与数字化转型同步，农业银行启动了数据中台建设。依托数据中台，按照“以用带建”的思路，汇聚和整合多元异构的内外部数据资源，持续沉淀形成标准化的数据资产，提升数据供给和共享复用能力。

一是汇聚内外部数据资源。内部数据方面，基于湖仓融合架构推进数据集中，实现多来源、多类型、多结构数据资源的自助入湖和集成共享，从物理上打破“数据孤岛”。外部数据方面，持续引入相对成熟的金融评级数据、资讯机构基础数据，以及工商、司法、税务、海关、社保等各类重要场景外部数据。

二是推进各类数据资产累积。在数据资产体系总体规划下，持续累积公共基础数据、指标、模型、标签等各类数据资产，采取“以用带建、边建边用”的策略，加快数据资源向数据资产的转化。其中，公共基础数据，按照业务主题对数据进行关联整合，在数据底座平台中实现全域数据的互联互通和共享复用；指标数据，建立经营管理通用指标体系，满足总分行核心业务监测、综合绩效考核等业务需要；分析模型，从数据分析应用中沉淀面向各类应用场景的共性数据特征或分析算法模型，帮助分析师提升数据分析挖掘建模效率；数据标签，构建涵盖客户自然属性、财务状况、交易信息、行为特征等多维主题的标签体系，对客户进行立体画像，支持客户分群和精准营销等应用。

**3.通用数据服务**

面向普通业务用户，提供更便捷、自助式、智能化的数据平台工具服务，实现“多、快、好、省、易”的用数体验。

一是建设支持一站式检索的数据资产服务目录。构建企业级数据管理和服务目录，推动各类数据资产自动纳入目录进行统一管理，完善业务及技术元数据；打造全域数据资产一站式检索服务，让用户更便捷地了解数据有什么、在哪里、怎么用。

二是打造服务客户精准画像的标签应用平台。建立面向总分行用户的企业级标签应用平台，支持以简单拖拽方式快速筛选客群，敏捷响应获客、留客、活客等不同业务场景下的标签应用需求。

三是推出智能化AI和自助式BI数据服务。以AI（人工智能）为核心构建智能推荐决策引擎，综合利用标签、指标及用户行为、环境等数据，通过算法和策略实现客户与产品的智能匹配，支持营销策略的快速投放与敏捷迭代。以BI（商业智能）为核心搭建灵活查询中心，支持明细级数据多维度钻取分析，实现经营管理数据自助消费、灵活定制。

四是建设支持敏捷分析的经营管理指标服务。建设经营管理平台，基于层次化指标框架，实现经营指标的统一加工、统一管理，面向总分行各层级业务管理人员提供业务看板、多维分析、灵活报表等便捷指标服务，大幅提前每日指标发布时间，及时满足日益提高的指标应用时效性需求。

**4.高阶数据服务**

为进一步满足特定业务场景下复杂应用需求，面向高阶用户，建立以平台、队伍、项目和产品建设为核心的大数据分析挖掘服务框架，助力业技数协同深入开展大数据分析挖掘，以及挖掘成果向应用价值的快速转化。

一是打造分析挖掘服务平台。基于数据、模型、算法、标签等资产，为分析师提供便捷的一站式数据分析服务，支持可视化、可拖拽分析，优化线上化运营流程，实现集模型训练部署、服务调用监控为一体的智能化数据应用支撑。

二是建设数据分析师队伍。在规模建设方面，采用统分结合模式建设数据分析师队伍，业技数部门通过多种灵活形式开展协作，最大化分析挖掘工作效能；增设数据分析师专门岗位序列，持续扩充全行分析师队伍规模。在能力提升方面，建立“学、训、赛、战、享”一体化的人才培养机制，通过跟班实习、专题培训、分析师大赛、项目实战、知识共享等方式，多措并举打造懂数据、懂业务、懂算法的复合型金融科技人才队伍，培育良好的数据分析应用氛围。

三是孵化示范分析项目和数据产品。面向智慧网点、智慧营销、智慧风控等重点领域应用，业技数部门联合打造多个全行级重点示范分析项目，带动全行各业务领域大数据分析深入应用。同时，在成熟的数据分析项目基础上从给服务向给产品升级，封装面向业务一线特定营销场景的数据、算法和模型，孵化一系列拳头数据产品并形成品牌效应，有效赋能基层行数字化营销。

**5.监管报送服务**

围绕“报、管、治、建”，在守牢监管报送底线的基础上，推动“重报送，轻治理”向“报送与治理并重”工作模式转变。

一是坚守“报”的底线。围绕监管要求解析、规则制定、采集加工、监测审核、监管沟通报告等重要环节，建立规则定期评估、双人交叉复核、多人联审等机制并加强管理，保障各类监管数据平稳报送。

二是健全“管”的手段。针对集团机构强化统筹管理，通过下发要求、制度培训、检查评估、定期考核、领导约谈等方式加强日常督导和管控；建立统计事项报备、问题快速定位解决等机制，提高对监管报送风险的敏感性、先判性和应急处理能力。

三是夯实“治”的基石。针对数据强化监测和治理，建立新人、新业务、新指标等风险点监测和化解机制，加强分维度结构性监测和跨报送一致性核对，利用外部数据比对等新方法和NLP自然语言处理等新技术，推动实现数据监测校验的系统化和自动化；从监管数据问题出发推动源端治理，形成监管数据与源端数据治理相互促进的良性闭环。

四是强化“建”的支撑。组织建设上，以EAST等监管明细数据报送和问题整改为推手，压实业务部门数据报送及治理主体责任，在全行形成“总体有统筹、报表有人管、数据有人治”的监管数据工作认责机制，并在监管统计作业规则中加以规范落地；队伍建设上，通过建立“老带新、传帮带”机制，优化统计人员结构，配强统计队伍，培育新生力量，同时面向总分行统计和业务条线的负责人及骨干，开展多种形式的培训交流活动，促进全行监管数据合规及质量意识提升；数据自动化建设上，充分运用外部数据及关联识别等大数据技术提高数据自动化加工水平，开发程序工具实现同业数据自动交换和分析报告自动生成，每月初及时向高管层呈报同业最新经营动态；系统建设上，统筹建设集数据治理、统一报送管理、监管数据集市三位一体的监管数据管理系统集群，围绕监管数据工作全流程提供稳定、连续、高效的系统支撑。

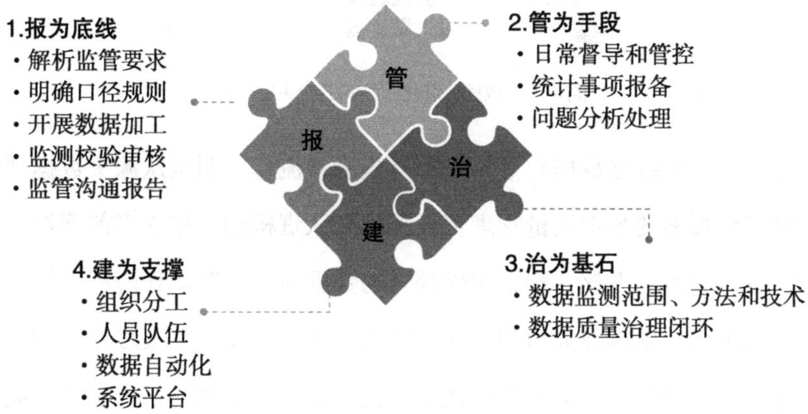
1.报为底线
·解析监管要求
·明确口径规则
·开展数据加工
·监测校验审核
·监管沟通报告
2.管为手段
·日常督导和管控
·统计事项报备
·问题分析处理
管
报
治
建
3.治为基石
·数据监测范围、方法和技术
·数据质量治理闭环
4.建为支撑
·组织分工
·人员队伍
·数据自动化
·系统平台

图4-8　监管报送服务机制

### 6.数据管控能力建设

坚持以用促治、用治结合，以数据标准、数据质量、数据安全为核心领域，持续夯实数据管控基础，提升数据的规范性、准确性和安全性。

一是依托企业级架构工程加快数据标准化建设。围绕定标、贯标、控标三个关键环节持续开展数据标准化建设。结合顶层设计和业务需求，持续完善包括基础数据、指标数据在内的数据标准体系；针对贯标难问题，依托企业级业务架构工程项目建设，制定机构、客户、产品等主题千余项数据规范，采用“短期中台映射+长期源头改造”的策略推进贯标落地；针对控标难问题，结合系统项目建设主要环节，建立需求评审、上线验收、入湖监测的全流程贯标控制机制，实现数据标准执行的系统监测和管控。

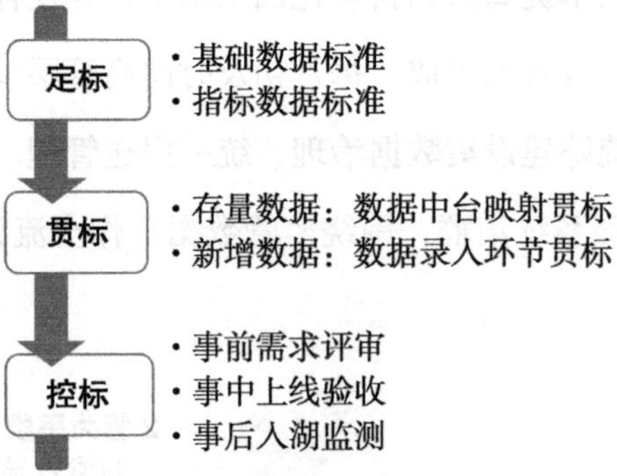


图4-9　数据标准化建设的三个关键环节

二是建立全链路数据质量控制闭环机制和流程。明确从源头数据到统计项再到统计报表的数据质量管理责任部门和认责机制。建立事前管控、监测分析、源头整治、考核评价、迭代提升的数据质量控制闭环流程。搭建数据质量管理平台，支持数据监测、问题发现、任务分发、整改跟踪和结果评价全流程自动化。针对数据质量管理阻力大、效能低的难题，重点以“监管数据+数据标准”为双轮驱动开展覆盖数据采集、整合、应用环节的全链路管理，借力监管问题整改和企业级项目实施，有效拉动数据质量提升。其中：针对录入控制难，结合企业级架构工程建设，将数据质量要求嵌入数据标准中，依托业务系统贯标强化录入管控；针对监测弱，借助数据标准在数据中台映射落地契机，完善数据质量监测规则，定期发布监测报告；针对治理难，以监管数据问题为切入点，推动业务源端数据问题治理。

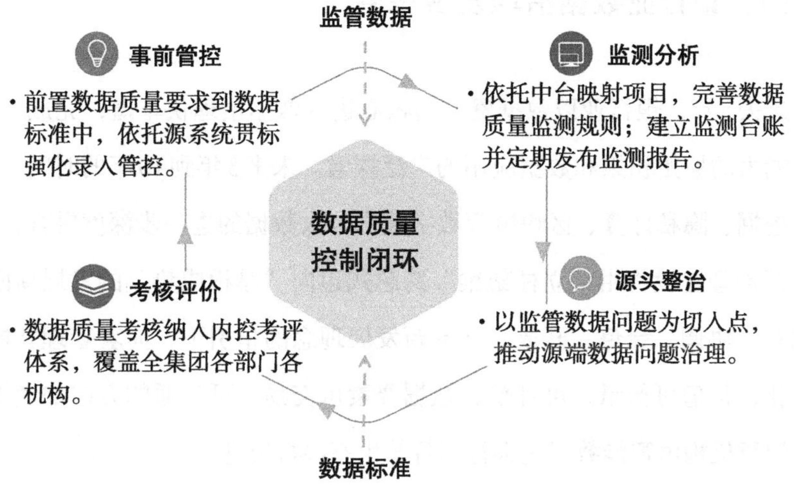


图4-10　数据质量控制闭环

三是构建以体系建设为基础、以重点任务为抓手的数据安全管理机制。建立以制度规范和分类分级为基础、以重点任务为抓手、以培训考核为控制手段、以科技为支撑的数据安全保护体系。发布数据安全管理办法及配套的系列工作规范，明确数据安全管理的内容、职责和要求。推进数据分类分级，编制全数据域敏感数据目录。依托终端数据防泄露系统和“扫描－通报－核实－清理”闭环流程，常态化开展办公终端敏感数据管控。加强业务系统数据及跨机构共享数据的安全保护，采用NLP内容识别和机器学习等大数据分析技术开展系统敏感数据标识，大幅节省人力时间成本；借助关联图谱、联邦学习等隐私计算技术，在敏感数据不出域的前提下完成跨机构数据的联合计算建模和共享应用，实现数据“可用不可见”。将数据安全纳入内控考评体系，明确数据安全违规行为处理机制。多层面多形式开展数据安全培训，促进全行数据安全意识提升。

## 四、银行业数据治理发展展望

过去5年，银行业以数据资产为核心进入数据治理快车道，完成了基础数据能力的原始积累和数据应用的广泛探索。未来5年到10年的时间，随着分析挖掘、隐私计算、区块链等数字技术与大数据的进一步深度融合，银行业数据治理建设将由“立柱架梁”跨越式迈向“厚积成势”的发展新阶段，在创新、协调、绿色、开放、共享新发展理念的指引下，向着管理智能化、共享化，价值可衡量、可计价，数据要素可交易、可流通的方向加速嬗变，助力银行机构由智能数字化银行向智慧生态银行迈进。

（中国农业银行信息管理部郝媛媛对本讲内容亦有较大贡献。）

# 第5讲 适应严监管和数字化经营要求的银行数据治理逻辑

刘贤荣

党的十九届四中全会首次明确数据为生产要素，作为数字化经营的基础、数字经济的关键，数据从资源向关键生产要素的转变，将决定数字经济发展的高度、数字化发展的速度以及国民经济新格局的广度。作为对数字化技术和数据要素依赖程度最高的行业之一，商业银行在数字化经营过程中，基于数据和技术两轮驱动，在数据技术底座、数据治理工具、数据应用等方面做出了一系列的探索努力，提倡发挥数据促进连接、改善决策、促进信任的优势作用。中国建设银行对数据能力建设做了明确的安排，秉承“业务数据化，数据资产化，资产要素化、要素价值化”的基本逻辑，勾勒出从业务到数据、再从数据到业务的数据价值链，以“数据智能”为驱动力推进数据价值的产生与释放，并积累了一系列支撑以上逻辑实现的“数字化治理”方

作者系中国建设银行数据管理部副总经理。

法和系统工具。

商业银行数字化转型，本质上是利用数字化技术先进生产力和数据要素对银行客户经营、风险管控、产品创新、流程管理等进行优化，持续提升银行经营效率。随着数据在经营管理中的作用越来越重要，银行数据治理组织体系一定要适应数字化技术的发展，适应新形势、符合新逻辑、支撑新能力，对照数据采集、处理、运用全生命周期对组织架构重检优化。

## 一、商业银行数字化转型与数据治理

### （一）深刻商业银行“数据智能”内涵，推进完善数字化治理的基础与条件

数据作为与土地、劳动、资本、技术并列的生产要素，是一种非常特殊的生产要素。第一，数据具有虚拟性，数据不是自然界的本有，人利用数据建立现实世界的虚拟镜像；第二，数据具有非竞争性，不会因为已经被使用而减少，而可以无成本地扩大共享的规模；第三，数据具有规模报酬的递增性，会随着规模增大、种类丰富而产生更多价值。近年来，移动互联、大数据、云计算、AI等新技术的广泛应用，极大地促进了数据发挥生产要素价值，催生出新的商业模式和生态：商业过程不再是简单的产品售卖，而是一种与客户的全方位互动，通过连接促成交易，连接持续进行，不断沉淀数据，数据积累后可发掘出商业智能。未来商业竞争将主要表现为生态圈之间格局的竞争，商业银行需要充分发挥“数据智能”，从客户视角出发，以提供客户极致体验为第一原则，设计能够满足客户价值主张的产品和服务；以“极简及心”理念设计并打通内部各生态圈和流程，将金融服务的竞争延伸到客户

的整个生命周期。

近年来，以提升数据治理能力、建立数据职能为目标，建行持续完善数据管理体系。一是明确战略方向，大数据战略、金融科技战略、“十四五”规划的更迭实施和数字力建设工程的落地推进，为加强数据治理，构建技术与数据双轮驱动的金融科技能力，以数据为关键生产要素深化新金融行动，打造企业级“数据与分析”（DnA）智能中枢等，提供了确切的战略推进方向，也为建设银行数字化转型奠定了基础和条件。二是建立数据治理技术底座，实施了全行信息架构和系统应用重构的颠覆性工程——新一代核心系统建设，通过基于一套业务模型的组件化、平台化、面向服务（SOA）的企业级工程方法，统一了全行的数据理念，构建了业界比较先进的数据管理体系和数据应用体系。在新一代系统建设期间，累计制定了8万余项数据规范，建立了数据规范管理、数据质量管理、元数据管理等基本管理流程；随着大数据应用，以数据仓库为载体，实现了企业级结构化公共数据的集成整合与共享应用基础，建立了企业级数据应用、慧视、大数据智能平台、外部数据平台等多层次的数据应用支撑体系。这些知识积累与经验沉淀，成了我行快速启动数字化转型、开展数字化经营的良好基础。

### （二）以数据为关键生产要素，提升银行数字化治理能力

建设银行多年以来遵循“业务数据化，数据资产化，资产要素化、要素价值化”的基本逻辑，形成数据价值链，推进数据价值的产生与释放。业务数据化就是通过信息系统建设，将业务中的数据进行采集、汇总、加工、挖掘，服务于银行经营决策。数据资产化是把数据当成生产要素，作为一个独立的资产对象和战略资源来管理，进行统一规范、集中、加工，让数据可见、可及、可管理。资产要素化，是通过大数据技术挖掘数据，萃取数据价

值，将复杂的数据加工过程封装成可以直接面向业务用户的数据产品或服务，降低用户门槛。要素价值化，是将承载着知识经验、分析结果的数据模型、数据智能，以API接口等方式，嵌入业务流程和经营管理过程当中，起到倍增其他生产要素的效果。

数字化治理既包括获得数据，并将数据转化成关键要素的数据生产过程，也包括激活数据要素价值，将数据嵌入业务经营管理过程中进行赋能的数据应用过程。数据的生产和应用，就像基因的双螺旋结构，持续融合、并进。因此，银行应该设计数字化治理的双模体系，即传统模式和数字化模式。这两种模式在服务对象、数据需求和典型场景等方面都体现出了截然不同的特点，但他们都是银行在经营管理过程中必不可少的。在传统模式下，数据以服务监管和内部管理为主，强调数据的准确性，而非高时效性，典型的应用场景有监管报送、管理会计等。在数字化模式下，数据以客户、用户、生态伙伴的个性化数据应用为主要需求，对数据的丰富度、时效性均提出了高要求，并在生态场景经营、实施反欺诈等场景中应用效果显著。两种模式任缺一种，都无法支撑银行数字化转型，唯有将两者有机结合，融合互补，方能在数字化转型中最大限度地释放数据的价值。

### （三）银行数字化治理重点工作

提升数字力建设能力。在体系化重构基础数据能力底座后，商业银行应全面考虑制定数字力建设总体方案，提升数字力水平，打造现代银行的“数字力”，建设全域数据供应网，完善数据治理与应用体系，实现数据“随处可得、即时赋能、可信安全”。具体工作包括以下内容：以数据内容管理为核心完善数据治理体系，释放数据要素连接、融合、驱动、赋能的潜能；建设数据中台，承载数据资产化、资产要素化和要素价值化主要目标，打造统一数据基础、智能数据产品、即时数据服务、数据资产管理和数据中台运营机制，与业务前中后台连接形成数据闭环，输送数据价值，优化决策、支持创新；开展数字力赋能工作，搭建业务需求与数据能力共建共享、融通融智的工作平台，设立包括业务、数据、技术人员尖兵作战的工作团队，以一套完整的数据逻辑支持前台多变的业务需求，以建带用，以用促管，形成业务经营管理与数据能力互融互促、同频共振的良性循环，服务新金融实践、三大战略和数字化经营等重大业务战略，建立起与数字经济时代相适应的数字化综合能力。

建设大中台体系。大中台应包括业务中台、数据中台和技术中台，是银行开展数字化经营和转型新型基础设施，它将通用业务功能、数据、技术服务加以标准化封装，敏捷、高效地支持生态场景建设运营。其中“业务中台”为前台提供可共享复用的业务功能，打造企业级生态场景经营底座。“数据中台”关联整合全域数据，以数据产品的形式封装数据分析挖掘结果，以数据API提供业务中、前台调用，实现数据嵌入业务。“技术中台”建设基础技术供给能力，提升集团研发效能，实现公共服务敏捷供给，形成以技术服务运营带动场景平台建设应用的良性循环。

发挥数据要素价值，支持业务创新发展。一是乡村振兴方面，建设银行相比其他的大行，县域、乡村网点偏少，业务基础较弱，依托金融科技支撑和内外部数据融合的创新应用，近两年来在乡村布设了51万个裕农通服务点，为超过4800万农户提供了金融服务。二是普惠金融方面，建设银行创新了移动互联网+科技加金融的模式，创立惠懂你品牌，借助内外部数据融通，还有强大的数据分析能力，用创新的方法，更为准确地判断小微企业和个体工商户的真实信用情况，研发云税贷、云电贷等小微快贷的适配产品，支持小微企业线上贷款，最高达到500万元的额度，最快一分钟就能到账，有效解决了小微企业融资难、融资贵的问题。三是智慧政务方面，利用本行多年形成的金融科技和数据治理能力，参与各省的互联网+政务，互联网+监管等这个建设中，促进政融数据的共享应用，支持社会信用体系的建设。四是科技成果评价改革试点方面，基于各类数据对科技企业的特点、评价难点等进行了全面分析，形成了“科技企业核心价值在于专利，对科技企业的评价应围绕专利价值展开”的结论，而要落实这个评价体系，需要收集大量外部非金融数据，并结合金融数据来进行分析，落地评价指标体系。

## 二、银行数据治理面临的主要挑战

### （一）适应严监管和数字化经营需求的数据治理组织体系优化问题

由于客户个性化需求越来越多，企业经营管理面临的不确定性大幅增加，决策的难度越来越大，需要更大范围、更广领域，全流程、全生命周期、全场景的数字化转型。只有全局的优化，才能创造更多的价值，才能赢得资源优化配置效率的竞争。然而，几乎所有企业在数字化过程中都面临着企业全局优化的需求与当前碎片化供给之间的矛盾，原有的技术架构和解决方案与今天商业系统的复杂性、支撑能力和差距越来越大，需要构建一个能支撑全局优化需求的开放的技术供给体系，从基于传统的IT架构和桌面端的数字化转型1.0向基于边缘计算、云计算、移动端、物联网为代表的数字化转型2.0迈进。

在数字化转型过程中，商业银行数据治理的主要挑战包括数据质量难以满足监管机构要求、数据供给能力无法满足用户要求、数据安全保护挑战巨大、数据价值在各业务条线间差距明显、数据治理专业人才稀缺等。实际工作中，大家普遍感觉到数据治理的巨大投入和用数时的艰难形成很大反差。以监管数据处理为例，从2003年实施1104工程，到后来的新资本协议实施、EAST、国家金融基础数据库等，一代代“表哥表姐”在工作中花费巨大精力解决报表处理问题，到现在仍没有得到很好解决，以至于一位报表人员发出“到底是数据治理了我，还是我治理了数据”“报表自动化生成是不是虚无缥缈的梦想”这样的感叹。

总结数据治理理论和实践存在的“冰火两重天”，问题主要来自三个方面。一是数据治理各项专业工作的理论工具在实践中存在困难。元数据、数据集成、参考数据和主数据管理、数据规范、数据质量和数据安全等是商业银行数据治理的核心专业内容，相互之间虽有专业上的分工，但应该协同一致，尤其在满足监管等数据质量高要求的目标下更是如此。但在实际工作过程中，各项专业工作一般归属不同团队和系统，大家存在各自的工作目标和方法，难以进行统一协同。如何统筹协调开展各项数据治理工作，形成合力，实现数据成效最大化，是摆在大型商业银行面前的一个重要课题。二是如何将数据治理责任落实到各业务部门、系统组件和分支机构，如何定期评估数据治理工作成效。数据治理不只是技术和数据部门的事情，需要在业务流程中严格落实治理要求，客观上需要清晰划分责任权利。数据治理工作价值与传统业务指标有较大不同，不仅要从宏观机制层面评价数据治理，更要从各领域的数据应用成效来评价。数据治理工作的最终目标是提高数据质量、发挥数据在业务经营管理中的价值，同时兼顾数据安全和处理成本。银行虽然普遍建立了数据认责机制，但如何解决部门横向间的质量考核、效益评价，如何将数据质量和数据安全要求落实到业务流程，并评价数据应用成效，当前仍面临较大挑战。三是银行内部的数据管理部门、业务部门、金融科技部门能否有效协作，以确保数据治理工作高效开展。大型商业银行数据采集、加工、管理、使用往往都分布于不同部门不同条线，数据链路长且交互复杂，如何明确数据管理部门、业务部门、金融科技部门的职责分工，共同促进数据治理工作的高效开展是数据治理工作的关键问题。

商业银行数据治理组织架构没有最佳模式，关键在于适应经营管理需要。首先，从保障数据质效、提升数据搜集能力的角度看，要着力解决系统研发中数据规范执行不到位、对数据需求完整性缺乏整体规划、线上线下渠道数据协同不够、数据需求论证不充分、缺乏从数据贡献角度来设计优化产品的意识。为此，一是加强数据的源头治理；二是加强线上线下数据搜集功能点的规划与部署，统筹物理网点、自助设备、客户经理、网上银行、基于互联网的各种APP、场景、平台和生态、手机汽车等各种终端等数据入口，保证各类数据的一致性；三是加强对不同渠道数据价值贡献的评价。其次，从数据共享、提升数据分析处理能力的角度看，要着力破解各类“数据烟囱”“数据竖井”“数据孤岛”，实现不同系统之间的数据共享使用，将不同系统数据放入大数据基础平台上的数据库、数据湖中。

### （二）监管职能化和数字化水平提升对数据治理提出的严要求

随着监管数字化和智能化水平的提升，对监管数据的要求越来越严，数据治理“强监管”已成为常态。据统计，2022年第一季度人民银行和银保监会因数据治理缺陷向金融机构开出了384张罚单，总金额达4.1亿元，尤其是银保监会因EAST数据质量向所有全国性商业银行开出的罚单，对银行数据管理工作者造成了重大冲击。银保监会已经将数据治理纳入银行监管评级，持续加强管理，并给予数据加大非现场稽核力度。

客观判断，监管数据严要求已经成为商业银行加强数据治理的第一推动力。在国家宏观治理层面，已经形成了以人民银行金融综合统计、国家金融基础数据库，银保监会1104报表、EAST为代表的监管数据报送体系，不同监管机构对银行的业务监管范围可能重合，但在监管数据要求上并不完全一致。为了提高报送数据的质量，银行不但要建立符合监管统计框架的内部报送体系，最重要的工作是要保证向不同的监管机构提供一致、可信的数据基础。银行必须建立跨业务条线的数据治理组织、完善数据管理机制、改善业务系统数据质量，满足监管机构的数据治理要求。监管数据质量要求的提升正在倒逼银行不断改进提升数据治理能力，客观上也成了银行数字化转型过程中的主要外部驱动力。同时，随着《数据安全法》《个人信息保护法》等法律法规的实施，银行数据安全已经成为合规管理中的重要内容，对银行提升数据治理能力提出了更高要求。

## 三、商业银行数据治理能力框架

银行数据治理是一个复杂工程，从参与者看，有董事会、高管层、业务部门、技术部门、数据部门、分支机构；从工作内容看，有数据架构、数据模型、元数据、主数据和参考数据、数据集成和商业职能、数据质量等；从工作目标看，有数据质量、数据应用、数据合规等。数据治理能力框架要适应银行的组织架构、信息技术现状、企业文化等，并基于实际情况研究制定数据治理能力框架，以建设银行等大型银行数据治理工作实践为例，主要包括以下几方面的工作。

一是建立适应严监管和数字化经营新要求的数据治理体系，夯实数据管理基础。近几年来，建设银行根据业务需求不断完善企业级数据规范，并结合数字化经营新要求探索建设差别化治理体系。传统的数据治理体系主要是满足监管报送、管理信息报告、风险管理等，特点是对数据完整性、准确性要求高，时效性相对较低，往往是基于全量交易核算基础上的数据处理。随着数字化转型的深入，数据在业务流程中需要实时发挥价值，对埋点数据、行为数据等新型数据和生态数据的需求越来越大，时效性要求越来越高，需要建立与传统管理能力有所区别的新型治理体系。

二是择机制定数据战略，加强“业务数据双治理”，实现数据驱动业务发展。建设银行2015年制定了大数据战略，将数据视为关键生产要素和经营变革的主驱动力，确定了数据和技术“双轮”驱动的金融科技发展体系。通过建设数据中台这一“新基建”，让数据要素像水一样融入业务经营。建设全域数据供应网，加强数据资产的建设与运营，持续沉淀共享、复用的数据能力，构建“智能敏捷、安全稳定、质量可靠”的数据产品服务体系，赋能业务创新，释放数据红利。在全行范围内坚持“一切用数据说话”，数据团队从传统的支撑角色逐步向企业运营支持角色转变。目前，银行为支持数字化经营，建立了数据资产管理体系和全行数字化经营指标体系，实时展现数字化经营成果；积极运用机器学习等技术，深挖客户需求商机，为前台提供准确的火力支援；着力推动成效数据回流促进数据闭环。同时，通过关联银行内部数据与工商、税务、海关、司法等外部数据，基于大数据挖掘，实现智能化风控，创新普惠金融服务方式，引导金融资源更为精准的投放，提供了破解小微企业融资难题的可行路径，成为数据要素催生金融服务创新的典型案例。

三是完善数据需求管理框架，从数据价值角度不断扩充数据源。通过数据需求管理，确定所需要采集的各类内外部数据，准确理解业务经营对数据的要求，使治理工作能够目标清晰。在梳理本行实际工作流程的基础上，制定数据需求统筹管理办法，规范企业范围内数据需求提出、分析、分派、实施和跟踪交付的流程。数据主管部门对数据需求进行统筹管理，管理内容包括数据需求接收和登记，区分数据规范需求、数据服务需求和数据分析挖掘需求等不同类别，建立相应的数据需求处理流程，并跟踪评估需求实现的效果。要加强数据需求人才的统筹，考虑数据需求管理的不同能力要求，建立处理业务术语、数据标准、商业银行级数据模型和衍生数据视图的数据规范管理团队，处理日常业务数据报表和临时统计数据的专业数据服务团队，以及专门处理数据分析挖掘的数据分析中心。

四是强化企业级数据规范管理，通过规范提升数据质量和数据可用性。长期以来，银行各业务条线普遍存在各类数据竖井，在数据整合过程中面临巨大的挑战，关键问题就是不同系统间存在不同的数据规范，难以有效打通。为此，建立数据规范体系、严格将数据规范落地到业务流程和系统开发，达到“书同文、车同轨”，是银行数据治理中最重要的一环。银行数据治理工作过程中，要从企业级角度建立包括业务术语、数据模型、数据标准等在内的基础数据规范，对银行所有业务涉及的基础数据的业务含义、格式和取值进行规范化定义，并通过设计工艺将这些数据规范在系统中落地执行，保证源数据质量和数据在系统间的共享。例如，按照参与人、产品、合约、账户、事件、渠道等分类，制定企业级数据标准体系；建立企业级数据模型，对全行业务信息进行规范化、概括性的描述，完整定义数据实体、属性及数据项间关联关系。

五是高度重视数据安全管理，坚守数据风险合规底线。商业银行掌握了客户的金融数据，这是全社会关注度最高、价值密度最大的一类数据，很多都是敏感信息。过去十年，在互联网金融等冲击下，包括征信数据等在内的银行数据成为一些新型金融机构的购买对象，客观上造成了系列数据泄露案件。随着《数据安全法》的实施，数据安全正成为银行数据治理的最核心目标。未来，银行必须要像管理客户资金安全一样，管理客户的数据安全和数据隐私，将重要业务数据作为银行核心业务资产，围绕重要业务数据的安全管理，持续完善数据安全管理体系。银行要建立数据安全等级划分标准，制定全行层面的数据分类分级原则和要求，针对具体关键业务场景制定数据分类分级保护实施细则。建立以数据安全为核心的动态数据保护机制，对数据采集、传输、存储、处理、使用、销毁等各个节点加强管控，实现对数据资产的全生命周期保护。要严格落实业务经营管理中数据保护的首要责任，在数据采集、应用中保证数据安全合规。

# 行业实践篇

# 第6讲　商业银行数据治理实践之机制建设

周学张

随着数字经济的蓬勃发展，数据被明确为社会重要生产要素和战略性资源，党中央多次在深化改革委员会上强调要构建数据基础制度体系，促进数据高效流通使用、赋能实体经济；在《关于加快建设全国统一大市场的意见》中进一步明确，要加快培育数据要素市场，建立健全数据安全、权利保护、开放共享等基础制度和标准规范。这一系列战略部署表明，数据制度建设已上升到推动数字经济发展的突出位置。监管机构也集中发布了金融科技发展规划、金融标准化等重要文件，指出应完善现代化治理结构，强化金融科技治理顶层设计，建立健全“稳妥发展金融科技，加快金融机构数字化转型”的企业级统筹协调机制。

商业银行数据治理的机制建设，既要立足长远、久久为功，更要以用带建、问题导向，同时还必须从业务经营和用户服务角度出发，推进价

作者系交通银行数据管理与应用部副总经理。

值驱动，持续、稳定、高质量地释放数据价值。为此，交通银行编制了《“十四五”时期金融科技发展规划》及《“十四五”时期数据治理规划》，提出了“业务新动能、数字新基建、治理新格局”的三大建设目标，以及“价值引领、开放共享、全面覆盖、安全合规”的四大基本原则，聚焦数据与业务的深度融合，推动形成统筹规划、协同共进的机制优势，为数字化转型提供数据驱动力。

## 一、顶层规划，绘制数据治理战略蓝图

数据战略是指导数据治理与数据管理的最高原则，数据管理的各项活动应围绕数据战略开展。商业银行应制定全面的数字化转型战略，强化科技引领作用，全面赋能业务转型。通过推进数据治理体系建设，发挥数据治理组织架构、制度体系和系统平台的基础作用，不断加强数据规范化管理、分析应用能力、智慧化服务能力建设。

为建设数字化竞争优势，交通银行提出了“十四五”金融科技的发展愿景“POWER”，即P（platform平台）、O（open开放）、W（wise智能）、E（enterprise企业级）、R（reinvent重塑），旨在提升自主、可控的科技能力，建设行业领先的新技术平台，深挖数据资产价值，通过金融科技实现价值释放。同时，交通银行制定了“十四五”数据治理规划，确定了四个重要发展目标：

一是规范化治理。建立覆盖数据生命周期的管理体系，统一全行数据标准，完善数据质量闭环管控，提升系统化、流程化的数据管理能力。强化数据安全管理和技术防护。

二是智慧化服务。深挖数据应用场景，以用户为中心，建设数据服务市

场洞察、客户拓展、产品创新、运营风控、分析决策的能力，形成一批具有引领性的智能化数据应用，推动优化业务流程、重塑经营模式。

三是平台化支撑。建成统一的数据底座，构建技术先进、算力充裕、安全稳定、敏捷高效的大数据基础设施，以干净、准确、便捷的数据供给助力全行实现数字化经营，通过提供多样化的数据服务，实现数据“找得到、看得懂、用得好”。

四是协同化组织。强化全行数字化发展理念共识，建立权责清晰、总分联动、多方协同的数据管理架构，形成一体化治理的长效机制，提升协同作战能力。

商业银行数据战略的制定应围绕三个方向。

一是突出战略规划的问题导向，形成需重点突围的问题清单。这里的问题是指企业经营管理者与执行层在战略规划中最期待被解决的事项。了解问题的过程需要对企业整体的数据管理现状进行调研及访谈，调研对象可包括数据管理体系涉及的业务部门、开发部门以及数据部门的执行层及领导层等。常见的反馈问题如：如何明晰数据职责和权利、如何进行内外部数据的整合与共享、如何明晰数据需求、如何进行数据标准化体系的丰富和完善、如何推进组织和团队资源配置的优化、如何统一规划数据有关技术和工具等。问题解决路径的思考通常也是战略规划逐步成型的过程。

二是突出战略规划的价值导向，应紧紧围绕监管政策、业务价值与管理价值，服务企业整体大局。在战略制定过程中，应充分研究监管机构的要求、业务已有的发展战略，规划设计出一套适用于实际情况的，包括完整的数据管理和数据治理以及大数据应用的目标蓝图，特别是对影响监管报送、业务经营管理的问题，要资源聚集、优先突破。“价值导向”是对内部问题的梳理，但战略的眼光也需要由内向外，实现对标先进同业、超出先进同业的目标，如多集群间数据共享、EB级数据云存储、云化数仓、非结构化数据处理、数据平台动态运维监控等新型数据技术组件布局研究。在规划过程中，应充分借鉴行业在数据治理和大数据应用方面的先进经验，以现有的数据能力为基础，使整体蓝图既超出现有能力，又避免对现有数据服务、业务活动产生特别大冲击。

三是突出战略规划的执行导向，以“KPI+OKR”的形式进行价值衡量与任务分解。所谓KPI，即价值衡量的量化度量；所谓OKR，即较为关键的、阶段性的、具备高价值的、可操作的目标。战略规划的目标通常是方向性的、宏大的，只有将宏大目标分解为具备可行性与操作性的小目标，并根据重要优先级排序组成实施路线图，才能保障战略的实际落地。在优先级排序方面，一方面是对于实施前提条件已经具备的，则应该考虑优先启动；另一方面是基础性项目优先实施，项目基础性越高的项目，越应该尽早实施，如数据盘点等工作应放在第一优先级。

## 二、强基立柱，建立数据治理体系的三大支撑

### 1. 搭建分层式、“1+1+N”的数据治理制度体系

“十四五”数据治理规划是商业银行数据工作的战略性指导文件，实施数据治理应进一步细化形成由一个政策总纲、一个主体办法、N个关键领域管理规范组成的“1+1+N”数据治理制度体系，确保全行数据治理工作依法合规、科学有序推进。通过制定《数据治理政策》和《数据治理办法》，明确总分行在业务、数据、技术三方的职责分工，强化全行数字化发展理念，推进建立权责清晰、总分联动、多方协同的数据管理架构，让数据部门、业务部门以及技术部门形成矩阵化、交叉化的融合工作机制，使得数据治理的

方法、理念、策略深入人心。

与此同时，建立覆盖总行部门、分支机构、海外行及子公司的数据治理及应用的考核体系，制定《省直分行数据治理考核细则》，并在《员工违规行为管理办法》中强化数据质量违规问责要求，建立面向数据质量、数据应用等激励约束、问责处置机制，增强全行数据治理理念认同和责任担当。

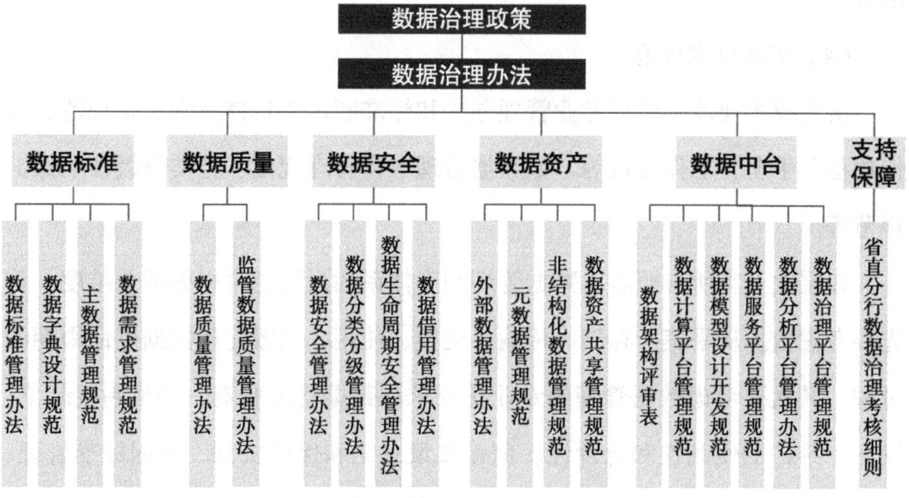


图6-1　数据治理“1+1+N”制度体系

数据管理的制度体系一般可以依据其作用层级、作用效力，进行分层，依次为纲要政策、基本管理办法、专业管理办法和实施技术规范。

（1）纲要政策

纲要政策是对涵盖全行范围的数据管理行为做出的框架性安排和原则性要求，是最基本、最重要的规范性文件，名称可以是规划、政策、策略等，如数据治理发展规划、公司数据治理政策等。

（2）基本管理办法

基本管理办法是适用多部门或多分行，对数据管理活动做出全面、综合、系统规定的规范性文件，名称可以是管理办法、规定等，例如数据治理办法。

（3）专业管理办法

专业管理办法是基于基本管理办法，对某一项特定的数据管理事项做出的详细规定，如数据标准管理办法、数据质量管理办法、数据安全管理办法等。

（4）实施技术规范

实施技术规范是根据专业管理办法和标准制定的具体技术实施规范、操作规程和手册、工作模板等，如数据治理平台管理规范、分类分级技术保护规范等。

在层次上有所参照后，数据管理制度体系的设计通常根据两个维度：首先要考虑数据从采集、存储、传输、交换、使用、销毁完整数据生命周期的过程；其次要考虑数据管理的专业化要求和数据管理职责，平衡制度起草、发布、维护的便利性和合理性。覆盖政策总纲和保障机制、数据标准管理、指标管理、数据质量管理和数据安全管理等数据治理的基本领域。

与此同时，应重视制度的全面性和可操作性。对已制定完毕的制度，应统一归档、定期维护、及时更新，确保制度的可落地性。站在全行的角度，对全行所有涉及数据有关的业务制度和安全制度进行统筹管理，既能够汇集各业务部门的数据管理要求，丰富数据制度体系，也能通过制度体系发挥对业务部门关于数据管理上的指导作用。

**2. 打造赋能型、业技融合的治理和应用组织**

数据治理工作不是靠某一个部门的推动和执行，必须充分调动业务部门、管理部门以及支持保障部门的参与积极性，因为数据治理往往涉及多个条线、多个部门间的沟通协调工作，如果这个过程中缺少了管理层对数据治理的重视和支持，其治理效果必将大打折扣。成立最高级别的数据治理决策机构，使管理层承担数据治理战略制定职责，建立数据治理基层与决策层的汇报机制，是保证数据治理在全行上下贯彻执行的有效手段。

此外，实施数据治理是手段而不是目的，为实现数据与业务的有机融合，充分体现数据价值，不同于常见的数据管理部门职责，交通银行的数据管理部门设置在金融科技板块，职责范围兼顾数据管理与数据应用两方面，既统筹全行数据治理体系建设，又支持业务部门开展数据挖掘和分析应用，从组织架构上最大限度地保证对业务的支撑。整体职责体系如下所示。

（1）高级管理层负责建立数据治理体系，确保数据治理资源配置，制定和实施问责和激励机制，建立数据质量控制机制，组织评估数据治理的有效性和执行情况，并定期向董事会报告。

（2）高级管理层通常下设数据治理领导小组，对数据治理工作的日常开展进行指导、协调、决策和监督，具体职责包括：统一领导、组织推进数据治理工作，对数据治理重大事项进行统筹协调和决策；审议数据治理规划，明确数据治理总体目标和具体任务，统筹推进数据治理规划的执行；审议数据治理相关政策和重要规章制度，明确各部门职责分工；听取各业务领域数据治理工作推进情况及其他相关事项报告；对数据治理工作所需资源给予支持。

（3）数据治理归口管理部门应牵头数据治理制度体系和系统建设，具体职责包括：统筹数据治理制度体系建设，健全数据治理制度以及与监管数据相关的监管统计管理制度，并根据监管要求和实际需要，持续评价及更新；负责全行数据标准体系、数据质量体系、数据资产体系、数据安全体系的建设和管理，统筹管理全行数据架构规划，牵头建设全行级数据平台，推进数据需求整合，组织推进数据分类分级和安全管理；统筹管理全行内外部数据，组织推动跨板块内部数据整合，牵头外部数据系统对接、整合、协调、共享和应用评估等；推动各部门对数据的深入挖掘、主动分析、积极应用；牵头组织数据治理自我评估工作；组织开展全行数据治理培训工作。

（4）业务部门负责在数据治理框架下开展本业务领域的数据治理工作，具体职责包括：按照全行统一的标准要求，明确定义并规范使用本业务领域的业务术语；支持开展数据资产盘点、数据架构管理；结合自身业务管理需要，细化制定本业务领域数据标准、质量、安全管控要求和管理规范；在业务管理和使用数据的过程中，落实数据安全管理要求；对本业务领域的数据质量负责，持续加强本业务领域数据质量管理，确保数据与业务真实情况相符。对本业务领域数据质量进行持续监测、分析、反馈和纠正；推动本业务领域数据质量问题整改；持续完善本业务领域信息系统，提升数据采集、加工的规范性及自动化水平；对本业务领域的数据进行梳理、整合及管理，在安全合规的前提下，积极支持本业务领域数据纳入全行数据共享体系；加强数据应用，将数据应用融入本业务领域经营管理过程中，促进数据价值的实现。

（5）IT部门负责为数据治理工作的开展提供必要的技术支持，确保数据治理需求在技术实现过程中的落地执行，具体职责包括：在软件设计、开发、测试过程中执行数据标准的规范要求；支持数据资产盘点；遵循全行数据架构规划，进行系统设计和实施；支持开展数据需求整合；支持实施元数据管理；依据数据分类分级、生命周期安全管理要求，制定并落实相关安全技术措施，并在使用数据的过程中，落实数据安全管理要求；在技术开发过程中贯彻落实全行数据质量控制要求，推进数据质量问题的整改。

（6）分行是数据治理的执行单位，具体职责包括：明确本分行的数据治理归口部门，落实总行数据治理要求，按需制定辖内数据治理配套实施细则，积极组织开展本分行的数据治理工作；参照总行要求，推进本分行特色业务的数据标准编制、数据资产盘点、数据分类分级工作；制定本分行数据安全管理细则，实施数据安全管控措施；建立本分行的数据质量监控机制，推进数据质量问题的整改；加强数据应用，将数据应用融入本分行经营管理过程中，促进数据价值的实现；做好本分行数据治理的自我评估工作，检查数据安全措施落实情况。

虽然分配职责的过程较为清晰，但数据治理中很多固有的形式和规则对于许多部门和机构来说都是全新的，对于制度和治理项目的新的方法、职责和措施，可能会面临不同程度的抵制、学习积极性不高，或采取消极态度等不同的行为情况。因此需要组织文化的转变和持续的变革管理，文化包括组织思维和数据行为，变革包括为实现未来预期的行为状态而支持新的思维、行为、策略和流程等。

**3.培育全栈化、复合型的数据人才队伍**

数据人才队伍的建设不限于数据管理部门，业务部门和各级分行也是开展数据治理的重要土壤。数据治理人员应具备复合型的背景：在专业背景上，优先为计算机、信息管理、统计、金融工程、数理金融等相关专业，并应获取数据治理工程师（CDGA）、数据治理专家（CDGP）、数据管理专业人员（CDMP）以及项目管理（PMP）等资格认证；熟悉业内常见的数据库产品，如MySQL、Redis、HBase等，具备一定的数据开发能力。

在业务背景上，因为数据治理与业务有着天然的结合关系，应具备良好的业务感知和理解能力，即“数据素养”。可具体释义为：针对业务场景理解、描述和沟通数据的能力，包含对数据来源和数据结构的理解，对分析方法、技术的了解以及对相关业务场景和目标价值的理解，以数据说话、用数据决策，形成数据生产和数据消费的循环。数据素养，是数字化转型所需的基础能力和关键成功要素，能促进数据成为企业的核心能力。

数据类岗位设置的参照一般如表所示。

表6-1 数据类岗位职责示意

| 岗 位 | 工作职责 |
|---|---|
| 数据标准管理 | 建立企业级数据标准的流程与规范并推动方案落地实施；盘点、评估和管理数据资产；推动数据标准相关系统平台的建设与完善等 |
| 数据质量管理 | 建立企业级数据质量的流程和规范、质量规则库等；制定各部门数据质量规则与监控指标，持续监控跟踪数据质量问题；推动相关平台建设与完善等 |
| 数据安全管理 | 实时跟进国家、行业及同业的数据安全动态；推进企业数据安全分级分类，制定安全管控策略并落地实施；推动相关平台建设与完善等 |
| 数据架构管理 | 参与公司总体数据架构、数据模型设计，确保项目建设满足架构原则、规范和标准，为项目建设提供数据架构设计的支持；负责各类数据治理管理办法技术层落地工作；参与平台建设的需求编写与评审、系统优化等 |
| 数据建模 | 负责企业级数据仓库主题模型与各领域数据集市的设计，跟进数据仓库模型及数据集市的实施落地和结果评估，维护数据仓库及数据集市模型，为数据应用需求方提供支持培训 |
| 数据分析应用 | 负责开展数据分析挖掘工作，推进建立客户经营、风险预测、精准营销等各类数据模型，并持续优化提升；协助业务部门实施数据集市和数据应用的规划设计工作，负责核心指标挖掘以及日常报表开发；根据业务需求输出各类分析报告，支持经营决策，协助业务部门提升数据应用智能化水平 |
| 数据需求管理 | 负责与业务部门沟通，完成数据需求的调研编写，参与数据需求的评审、整合工作；在数据需求的实施落地过程中承担与技术架构、实施团队沟通；负责数据需求的测试验收，生产数据验证及问题解决工作；协同支持业务人员完成数据探索、分析、提取等日常工作 |
| 外部数据管理 | 建立外部数据管理制度；整合评估公司级外部数据需求、收集同类数据供应商情况、沟通采购需求、开展POC验证、出具采购意见等；推动相关平台建设与完善等 |

## 三、问题导向，聚焦数据治理核心领域和管理流程

**1.数据标准：字典规范、口径清晰**

由于商业银行业务活动及系统开发的复杂性，可能出现不同生产者、不同系统甚至不同时间产生的同一语义数据有不同的定义规则，给数据整合和应用带来困难，制约数据价值的创造与发挥。因此，迫切需要一致而准确的规范化约束，数据标准管理应运而生。

在管理体系建设上，交通银行构建了“两套标准、一套规范”的企业级数据标准体系，包括基础数据标准、指标数据标准、数据字典规范，分别针对跨业务领域公用和关键数据的管控需要、业务统计分析口径的统一管理需要，以及覆盖业务活动、跨IT项目组的建模需要制定。以此为基础，将数据标准的管理工作嵌入应用系统的数据架构评审、需求扎口管理中，以制度和流程保证“基础数据跨系统一致、指标数据跨报表一致”。

在数据标准的实际落地方面，则需要与开发系统建立关联，将数据字典规范管控工作落实到软件开发的全流程中，覆盖设计、开发、测试、上线、维护等环节，在开发阶段由模型设计人员进行落标，数据标准管理组进行评审和核准，确保跨系统间数据定义的一致性。如图所示。

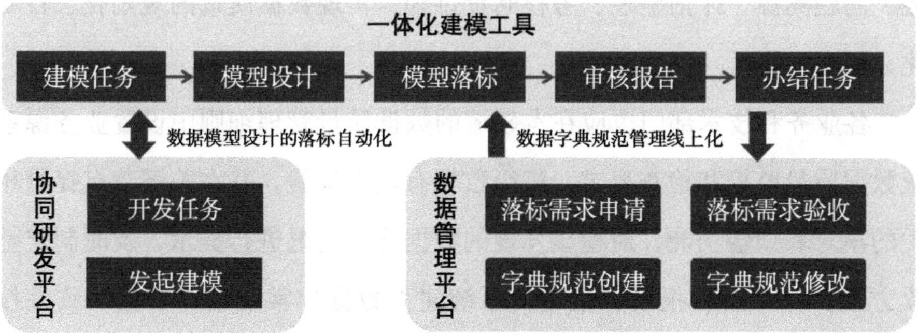


图6-2　数据标准落地管理流程

数据模型设计向上承接业务语义，向下实现物理数据，它不但包含了数据字典规范，更重要的是包含了业务的主题、业务主对象、数据关系，以及数据标准的映射。所以模型及其工具的运用不但是企业数据管理是否成熟的重要标志，也是数据标准落标的重要依托。通过模型工具，在开发阶段，自动管理数据字典和模型，实现以下落标操作。

（1）建立标准和数据的映射，在模型设计期间，设计者可以通过筛选的方式直接引用数据标准，或者利用智能匹配算法进行标准推荐，提升模型设计效率和规范。

（2）模型对象规范化命名，基于数据字典规范，通过自动化建模工具实现模型对象的自动按规范翻译，实现数据模型的命名规范，提供模型物理化的质量。

**2.数据质量：定、测、析、改、控的全量化管理**

良好的数据质量是发挥数据价值、赋能业务应用的前提，这就需要处理数据问题源头定位、责任划分、堵点排查、解决效果评估等一系列问题。交通银行以监管数据质量提升、业务发展、经营管理为重点，针对各类数据应用场景逐步建立健全了全行统一的数据质量规则库，打造质量问题“定、测、析、改、控”的管理闭环，以系统化、平台化的机制持续完善规则监控、问题溯源、评估整改、考核问责过程，实现数据质量的规则化、自动化、智能化管理。

各业务和技术部门也应在本领域的数据质量管理细则中设置业务源系统数据质量监控和检查要求，进行数据有效性检验，并在关键节点提供相关的核对和预警功能，对检核发现的数据异常情况进行提示，及时制定整改方案；针对后台报表、报送类系统建立数据异常变动、数据一致性校验、数据错误情况检查的自动预警机制，主动对数据问题进行校验。同时进一步加强数据质量日常监控，梳理数据质量检查规则，推动数据质量的监测和问题发现，对重大问题及时报告并按流程实施整改，整合形成数据质量检核报告，并对问题整改的效果和效率进行定期通报，不断提升数据质量。

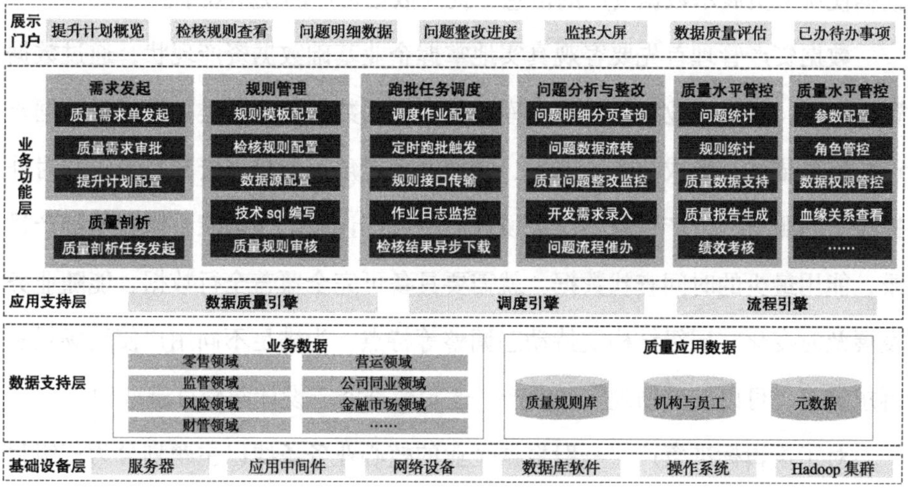


图6-3　数据质量管理系统示意

数据质量的检核依托于数据质量管理平台，实现质量规则的配置化、质量报告的自动化生成，同时支持在线发起数据质量问题单，并以问题单作为问题整改和责任划分的依据，实施质量问题的分析、整改、监控的流程化管理。形成“以单为锚”的管理方式，当发现数据质量问题后，由业务部门发起质量需求，形成质量问题单，数据管理部门承接需求并明确质量问题出现的系统、问题影响范围和严重程度，设立质量提升目标，制订整改计划。不同于开发需求单，质量问题单只针对数据质量问题，它由业务部门或用数人员发起，由发起人确认问题解决后关闭，真实反映问题解决的流程和进度，以及问题解决的时效性。

3.数据资产：权属清晰、开放共享

在组织中，能够产生价值的数据资源才能被称为数据资产，面对业务人员提出的数据哪里有、找谁要、怎么取的问题，商业银行应加快推进数据资产管理，有序管理及呈现“可信、好用、可得”的数据资产，直观全面地向数据使用人员展示数据资产的信息，提高数据资产的使用效率。

数据资产管理首先要客观真实地掌握企业基础数据资产现状，通过数据资产盘点，形成企业级的元数据库；其次根据数据资产分类，做好对数据资产的信息描述，形成业务、技术、管理等多视角下的数据资产目录，并对外提供访问服务。资产目录的层级设计应尽可能让每个人都能看懂数据资产目录，能用最少的时间查找数据，就需要具备可完全覆盖全行数据、能随业务发展及时变化、层级结构支持动态调整等特点。为满足不同用户使用场景和诉求需要，可以按照物理实例资产、逻辑标准资产设计两套目录结构。

对于逻辑标准资产，一般根据企业的核心业务条线以主题划分为三级目录结构。一级目录可以分为：客户、产品、渠道、交易、地域、资产、财务、营销、公共等。不同的银行划分方式可能有所不同，确定核心业务板块后，根据业务需求逐步细化划分二级目录、三级目录，最后细分到管理资产项。对于物理实例资产，目录设计可以参照银行信息系统条线，同样划分为三级目录结构。一级目录可以根据全行系统架构大类划分，如基础服务、账务核算、业务处理、渠道服务、办公管理等。二级目录可以具体到系统层级，如风险管理系统、贷记卡系统、账务系统、手机银行、数据中台等。根据资产属性再次向下划分三级目录，最后细分到物理资产项。

数据资产管理体系需要依托数据资产管理平台实现管理，无论是数据资产的采集盘点、资产属性的关联映射，还是资产服务的访问、资产的全生命周期管理运营，都需要借助线上化的手段实现管理服务功能的落地。

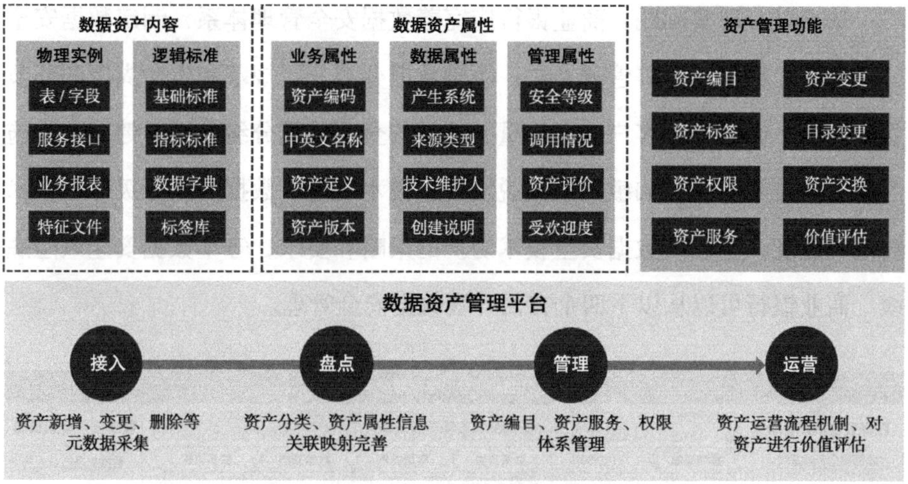


图6-4 数据资产管理体系

数据资产管理平台的功能模块一般需要包括两个部分：资产内容的采集处理和资产的对外访问服务。资产内容采集处理在内容层面主要是完成技术元数据、资产标准信息的采集与处理映射；在功能层面主要是搭建灵活的平台组件，为线上化管理提供基础。资产的对外访问服务是由数据管理人员运营维护资产目录管理、识别注册、属性维护、资产价值评估，并面向全行业务及技术人员提供资产的概览分析、目录检索、口径查阅、血缘分析、数据预览的应用服务。

### 4.数据安全：平衡业务创新和安全管控

在数据开放共享、快速迭代的背景下，商业银行通过数据分析实现客户服务升级、推进产品迭代。创新发展和安全保护是相辅相成、辩证统一的，在数据的采集和使用过程中，商业银行应高度重视数据的安全保护，合理、合法、规范地使用数据，实现数据使用和安全管理的动态平衡，但商业银行体系复杂、数据规模庞大、业务场景丰富，传统的数据管理模式往往无法满足商业银行差异化场景下数据安全的灵活管理。

基于以上现实问题，商业银行应完善数据安全管理体系，制定数据安全分类分级、数据安全等管理办法，明确数据分类分级规范和生命周期各环节管理要求，保障个人客户信息等重要数据的全面分类分级。同时健全并实施数据安全技术规范，如敏感数据脱敏实施技术规范、数据安全分级保护技术规范等制度，明确对数据安全技术防护的策略和要求，守牢数据安全风险底线。商业银行可以从以下四个方面开展数据安全管理。

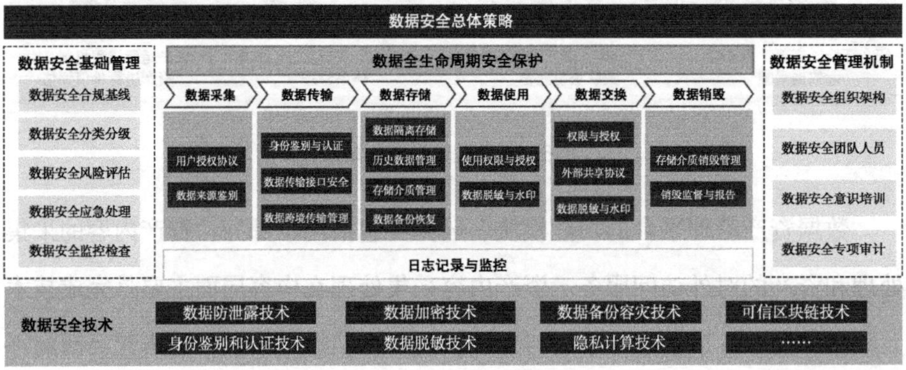


图6-5 数据安全管理体系

一是数据安全基础管理是数据安全的基础性工作，包括建立数据安全合规基线、实施数据安全分类分级、数据安全风险评估、数据安全应急处理和数据安全监控检查。

二是数据安全管理机制是数据安全的保障性工作，包括建立数据安全组织架构、组建数据安全团队、进行数据安全意识培训和数据安全专项审计。

三是数据安全技术是数据安全的措施性工作，包括数据防泄露技术、数据加密技术、数据脱敏技术、隐私计算技术、数据备份容灾技术等。

四是数据全生命周期保护是数据安全的主体工作，指在开展业务和进行经营管理的过程中，数据在采集、传输、存储、使用、交换、销毁整个过程的保护。对数据生命周期的安全防护，要结合商业银行数据业务规则及数据特点，建立覆盖数据生命周期全过程的安全防护机制。

针对商业银行经营管理中需重点关注的数据活动，还应开展数据活动合法合规性及安全管理有效性评估，以保证该项活动对个人、公众、机构的合法权益，具体流程包括发起、判断、复核、提交四个阶段。各级机构在进行数据处理活动前，发起IT需求立项，判断是否涉及重点数据活动场景，同时对相应的重点数据活动场景进行数据基本信息项和数据活动项目的合规性自评估。针对其中重要数据或个人信息出行、公开或出境、应用个人信息进行自动化决策、与第三方合作建模分析、新增或优化自主批量导出或下载明细数据功能的场景，需要进行复核评估。

此外，还应定期开展信息安全审计，关注个人金融信息保护，明确个人客户信息收集权限、使用范围和安全保护技术规范，并在全行范围内开展数据安全理念的培训宣导，推进数据安全管理的统筹规划。

## 四、对标对照，建立持续改进的管理闭环

“一张蓝图绘到底”是企业战略执行的理想状态，但在实际工作进行的过程中，项目落地的“动作变形”也会时有发生，为更好地完成数据战略的调整与纠偏，企业应定期进行自评估，在了解自身所处阶段的同时，也能更好地为下一步计划做准备。

在参照国家标准《数据管理能力成熟度评估模型》（GB/T 36073—2018）的基础上，结合监管数据要求，以及商业银行在数据应用、数据基础设施建设方面的关注，商业银行可以结合自身特点对模型进行调整。一般来讲，商业银行的数据管理能力成熟度评估包括以下十一项维度：基础领域有数据标

准、数据质量、数据架构、大数据应用、数据安全等，保障领域有数据战略、治理组织、政策制度、治理流程、数据生存周期和数据基础设施等。

表6-2 数据管理能力成熟度评估能力项

| 能力域 | 能力项 |
|---|---|
| 数据标准 | 业务术语 |
| | 参考数据和主数据 |
| | 数据元 |
| | 指标数据 |
| 数据质量 | 数据质量需求 |
| | 数据质量检查 |
| | 数据质量分析 |
| | 数据质量提升 |
| 数据架构 | 数据分布 |
| | 数据集成与共享 |
| | 数据模型 |
| | 元数据管理 |
| 数据应用 | 数据分析 |
| | 数据开放共享 |
| | 数据服务 |
| | 外数引入 |
| | 外数管理 |
| | 外数应用 |
| 数据安全 | 数据安全策略 |
| | 数据安全管理 |
| | 数据安全审计 |
| 数据战略 | 数据战略规划 |
| | 数据战略实施 |
| | 数据战略评估 |

续表

| 能力域 | 能力项 |
| --- | --- |
| 治理组织 | 数据治理组织 |
| 政策制度 | 数据制度建设 |
| 治理流程 | 数据治理沟通 |
| 数据生存周期 | 数据需求 |
| | 数据设计和开发 |
| | 数据运维 |
| | 数据退役 |
| 数据基础设施 | 数据基础平台规划 |
| | 数据基础平台建设 |
| | 平台底座的技术先进性 |

实施自评估应尽量形成一个独立工作组，并进行以下工作：一是调研问卷设计，针对各部门业务范围和特点设计相应的访谈提纲，以便能够有效地、全面地调研数据治理现状；二是访谈与调研，对相关业务部门展开面对面的访谈和调研，一方面宣讲与解读数据治理的内涵、目标与价值；另一方面收集与了解各部门在日常工作过程中面临的数据问题和困难，以及数据治理的期望，为数据治理建设规划提供必要的证据和决策依据；三是分析资料与文档，对相关资料进行深入解读和分析，与行业先进进行对比，识别差异要点；四是探查系统数据，分析IT系统调研过程中所采集的数据问题和系统状态，抽样探查数据的实际情况，分析数据标准化程度以及数据质量水平。

为更好突出量化评估，应为每一项能力设置权重与分值。在实际的打分中，各领域的分数可进行权重设置，以权重来表达能力项目在整个成熟度中的重要程度和影响，并结合评价对象的工作重心和实际情况进行调整。

数据治理机制建设是搭建数据治理体系的重要基础和前提，在前期实践过程中，各家商业银行各层级各部门充分发挥自身优势，从规划、制度、流程等角度对数据治理的实施进行了有益的探索。未来，随着商业银行数字化转型的逐步深入，数据量将指数级扩张，业务种类和场景复杂度将阶梯式上升，一个体系完善、架构稳定、流程完备的治理机制将帮助商业银行在数据管理能力提升的道路上行稳致远，实现数据价值的充分释放。

# 第7讲　构建基于场景的闭环数据治理体系

蔡　苗

近年来，国家全面实施大数据战略，推动国内大数据产业快速发展。2020年，国务院发布《关于构建更加完善的要素市场化配置体制机制的意见》，“数据”正式列为新型生产要素。2021年，“十四五”规划着重突出了数据在数字经济中的关键作用，强调加强数据要素市场规则、大数据相关基础设施建设。同时，人民银行、银保监会相继出台文件完善金融业监管规定，强化银行业数据治理工作指导。2021年2月，人民银行发布《金融业数据能力建设指引》，建立了全面的金融数据治理能力评价体系；2021年9月，银保监会发布《商业银行监管评级办法》，新增数据治理维度的监管评级内容，占比5%。

打造先进的银行数据治理能力，既是贯彻落实国家监管政策的必然要求，也是构建数字化时代银行差异化竞争优势的必经之路。邮储银行拥有近

作者系中国邮政储蓄银行数据管理部资深信息技术专家。

4万个营业网点，服务个人客户超6亿户，定位于服务“三农”、城乡居民和中小企业，依托“自营+代理”的独特模式和资源禀赋，致力于为中国经济转型中最具活力的客户群体提供服务，加速向数据驱动、渠道协同、批零联动、运营高效的新零售银行转型。作为一家拥有6亿多个人客户的大型银行，海量的客户、业务数据是得天独厚的优势，构建全面的数据治理能力，有效运用先进技术开展数据应用，不断挖掘业务场景价值，推动数据驱动业务经营，将是未来实现高质量可持续发展的关键。

## 一、规划引领，构建全面、持续、有效的数据治理体系

### （一）制定数据战略，建立统一规划

2014年、2019年，邮储银行先后启动两轮大数据五年规划，科学规划大数据工作近远期发展路径。根据数据管理目标、业务发展需求、监管规范要求，明确了“树数据权威，成数据驱动”的数据愿景，统一全行对数据治理目标的认识；以银保监会《银行业金融机构数据治理指引》、人民银行《金融业数据能力建设指引》为基本参照，持续推进数据战略规划演进和升级，不断深化数据治理赋能业务发展。

### （二）完善组织制度，实现齐抓共管

数据治理作为一项全行性、基础性、持续性工作，需要建立符合业务发展与数据治理需要的组织架构与职责体系。邮储银行建立了“决策层—管理层—执行层”三级金字塔形的数据治理组织职责体系，明确了董事会、监事会、高级管理层的职责分工，确定了全行各单位、各部门的数据治理职责，

实现全行齐抓共管。成立由副行长担任主任委员的总行数据治理委员会，统筹推进全行数据治理工作，形成自上而下、相互衔接的系统化协调运行机制，为数据治理体系的有效运转奠定基础。建立覆盖组织架构、数据管理、数据质量、数据应用四大板块的数据治理制度体系，全面涵盖数据治理各专业领域，为数据治理各项工作提供制度依据，实现数据治理工作的规范化、流程化运作管理。

（三）明确数据认责，凝聚治理合力

数据治理工作的高效开展，需要清晰划分数据责任和权利，数据治理不仅仅是数据和技术部门的事情，更要有效落实到各业务条线与各级分支机构。邮储银行制定了全行数据认责管理办法，建立了常态化的数据认责机制与流程。同时，针对全行各类核心数据资产，明确了数据管理方、数据业务主管方、数据生产方、数据使用方等角色在数据全生命周期各环节的具体责任，建立了数据利益相关方的协作治理关系，不断凝聚数据治理合力，实现数据治理成效最大化。

（四）建设数据队伍，营造数据文化

为强化邮储银行数据能力建设，支撑数字化转型需要，在全行建立三支专业能力强、各司其职、分工合理、具有邮储银行特色的复合型大数据队伍。三支大数据队伍分别是总行集中的数据队伍、总行业务部门数据队伍和分行数据队伍，三支大数据队伍采用“协作式”数据分析组织模式，共同开展邮储银行大数据工作，逐步形成具有邮储银行特色的专业化大数据人才队伍，为实现特色化、综合化、轻型化、智能化、集约化。

为进一步营造良好的数据文化，自2020年起，连续三年举办数据建模大赛，打造“数据建模、创新实践、交流培训”三位一体的综合性服务平台体系。竞赛面向全国邮政金融员工开放报名，成了培养、造就和锻炼邮储银行金融业务复合型人才的途径与手段，也是检验复合型人才技术水平、展现自我价值的舞台。随着赛事规模和覆盖范围的不断扩大，赛事水平持续提升，“数据是战略资产”理念逐渐深入人心。

## 二、打造“管、建、用”一体化动态循环，持续提升数据资产价值

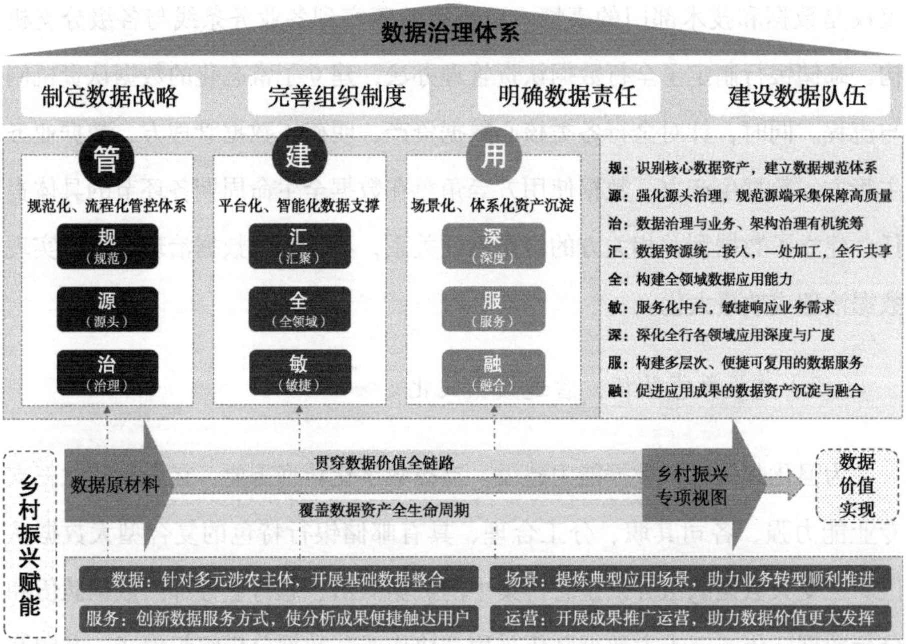


图7-1 邮储银行“管、建、用”一体化数据治理体系

邮储银行通过打造“管、建、用”一体化动态循环，建立连接数据供应、整合加工、数据应用各环节的能力协同机制，持续提升数据资产价值，

输出高效服务，赋能业务场景建设，实现业务价值。一是练好数据管理“内功”，实现高质量数据供应。通过实施有效的数据管控，不断溯本清源，着力解决制约数据价值实现的各类数据问题，持续动态满足数据应用对数据“原材料”的质量要求。二是做强技术“硬实力”，实现高效率整合加工。通过构建面向不同类型数据应用场景的平台应用体系，快速灵活响应各类数据应用需求，提供敏捷化、智能化数据应用服务。三是提升数据应用“软实力”，实现高价值萃取。通过统计分析、挖掘建模等方法对数据“原材料”进行处理，提炼出业务化的数据资产，利用数据驱动能力持续赋能业务场景建设，带动业务发展。

### （一）“管”——以管控为基础

识别核心数据资产，建立数据规范体系。从业务价值与监管要求出发，识别全行共享使用最多、最基础、最核心的组织机构、渠道、员工、客户、产品、会计科目、内部核算代码、账户等八大类主数据，通过建立主数据信息规范，从企业级视角统一了各类主数据的业务定义和业务分类。在此基础上，通过持续扩展和完善，对邮储银行业务涉及的各类核心数据资产，从业务含义、数据类型、数据格式、编码规则等方面，实现了全面的标准化定义，形成了包含数据标准、企业级数据字典、数据质量规则等内容的万余项数据规范。通过树立标准权威，为数据的规范使用、高效共享和质量提升奠定了坚实基础。

强化源头治理，在系统建设和业务流程中严格落实数据规范。“问渠哪得清如许，为有源头活水来”，如果将数据的生命周期分为数据产生、数据传输加工、数据应用三个大的阶段，经粗略统计，超过60%的数据问题都来源于数据产生阶段。只有在数据产生的源头开展数据治理，才能从根本上解决数据问题。邮储银行紧抓“数据规划设计”与“数据采集维护”两个源头关键环节：一方面，通过建立统一、准确和清晰的源头数据采集录入规范，有效指导和约束源头数据操作，保证源头数据真实、完整、及时地反映业务实际情况；另一方面，通过将数据标准、数据质量规则等数据规范要求严格嵌入业务需求、设计、开发等系统建设环节，并作为测试环节中一条不可逾越的红线，确保规范有效落实。

邮储银行以新一代核心系统建设为契机，将核心系统业务模型中的数据项与企业级数据规范建立一一映射，并在数据模型与应用组件的设计开发过程中，严格落实各项数据规范校验要求。同时，充分利用核心系统辐射作用，对其上下游关联系统的数据采集维护与数据传输接口进行严格质量约束，“以点带面”全面提升数据规范化水平。

以提升数据质量为首要目标，将数据治理与业务、架构治理有机统筹，实现同向发力。随着数据应用的不断深入，对数据质量的要求也越来越高。邮储银行制定了全行数据质量管理办法与若干实施细则，建立了数据质量问题核实、分析、认责、方案制定到整改验收的全流程闭环管控机制，对数据质量问题整改过程进行统一跟踪管理。同时，通过开展常态化质量检核，定期发布数据质量监测分析报告，全面、及时、客观地反映数据质量状况，及时跟踪质量变化趋势，持续调整和优化管控措施，形成工作闭环。

数据“始于业务，落于系统”，要根治深层次数据问题，必须透过“数据”现象看本质。针对数据应用过程中反映的跨业务领域、影响范围广、治理难度大的问题，从“数据”背后的业务管理有效性、系统架构合理性等方面深挖根源，通过建立统一信息管理与架构规范、明确信息采集要求、推动系统改造等手段开展综合施治，实现对问题的根治。以客户信息治理为例，客户主数据信息的完整性和准确性对邮储银行这样一家大型零售银行具有重要意义，是实现“以客户为中心”的基本前提。长期以来，各业务条线普遍存在客户信息竖井，难以有效整合共享，归根到底是由于缺乏横向管理，系统间存在不同的信息采集要求，导致相互不一致。为此，一方面从业务管理入手，通过建立统一的客户信息全生命周期管理与信息采集规范，有效保障客户信息录入和使用的业务规范性与一致性；另一方面从系统架构入手，通过建立统一的客户信息系统架构原则，明确客户信息权威数据源，规范客户信息在各系统中的分布流转关系，有效保障客户信息采集、传输和共享的技术规范性与一致性。

### （二）"建"——以技术为引领

夯实基础数据平台建设，提升大数据"底座"支撑能力。以开源Hadoop技术为基础，打造数据资源统一接入、集中存储与高效加工的大数据"底座"，为数据应用提供强有力的基础算力支撑；以MPP技术为基础构建企业级数据仓库，针对共性数据进行统一加工，实现"一处加工，全行共享"，为精准营销、风险防控、经营决策、监管报送等大数据应用场景提供全面、准确和高效的基础数据支撑。

推进数据集市建设，构建全领域数据应用能力。客户数据集市通过完善客户标签体系，实现客户精准画像，有效支持个人客户精准营销，全面赋能大公司板块综合营销。RWA与风险数据集市、财务数据集市与资产负债集市，为全面风险管理与资本计量、精细化财务分析与估值及资产负债计量监控提供精准、高效的数据支撑，全面提升经营决策数字化、科学化和精细化管理水平。监管合规集市以支撑监管合规应用为目标，通过多维度整合与加工监管合规应用涉及的公共数据，确保"数出同源"，为不断提升监管报送数据质量奠定基础。分行数据集市通过打造面向分行使用的统一数据应用平台，实现总行向分行的高效能力输出，为分行数据赋能提供了强劲引擎。

打造数据中台服务能力，助力业务敏捷。数据中台以“打造企业级数据服务能力中枢”为目标，通过构建“可视化服务、数据服务、模型服务、实时决策服务”四大服务体系，将过去“提供数据”的模式升级为“提供服务”，实现由基础数据支撑向主动数据赋能的转变。通过敏捷响应前端业务应用需求，数据中台与业务场景不断融合，数据服务能力持续提升，全面支撑营销管理、风险防控、客户分析等应用场景。

（三）“用”——以应用为驱动

**1.构建大数据应用场景体系，拓展大数据应用的广度和深度**

随着邮储银行业务的快速发展，各条线都对大数据分析驱动业务模式转型升级、提升业务能力提出了更高的要求。因此，邮储银行在大数据五年发展规划中，结合同业先进经验、我行业务规划、业务部门访谈等，明确了大数据建设的关键领域和场景目标，形成了涵盖九大领域、46个应用场景、130个分析主题的大数据应用场景体系。

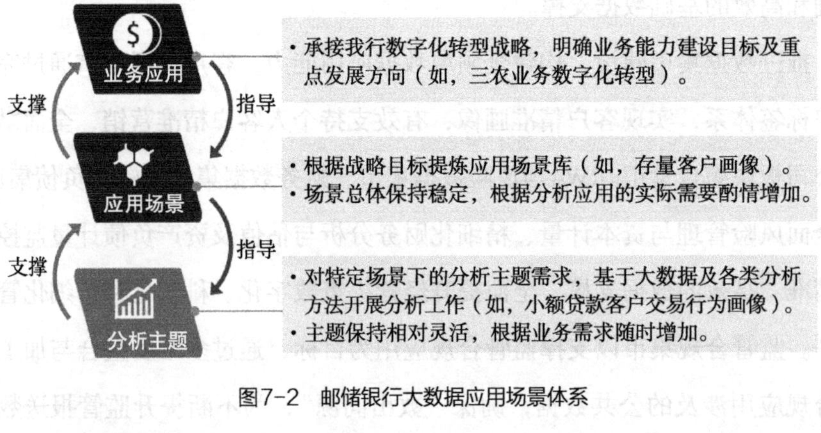


图7-2　邮储银行大数据应用场景体系

大数据应用场景体系是指导数据应用工作全局性规划与有序开展的前提，是实现数据应用对全行数字化转型全面覆盖的先决条件。客户分析领域包含客户画像、客户分层分群、客户关系探索等应用场景。这些场景从客户属性、行为、关系等角度，对客户进行多维度刻画，形成客户360° 视图。通过开展客户分群与分层，提升业务策略针对性，指导行内资源的差异化投放。营销管理领域包含客户获新与激活、客户价值提升、客户挽留等应用场景。这些场景通过分析客户特征、风险、收益及偏好等要素，采取场景驱动营销，在客户生命周期全过程开展营销，实现潜在客户获新，存量客户价值提升，潜在流失客户挽留。风险监控领域包含信用风险监测、反洗钱监测、不良资产分析等应用场景。这些场景针对市场风险、操作风险、抵押风险等，全面开展风险分析，优化风险监控手段，及时开展风险预警，全面提升风险防控能力。渠道管理领域包含线上渠道营销与运营、线下渠道营销与运营、全渠道协同等场景。通过开展智能客服问答、社交营销分析、渠道业务效能分析等，提升线上、线下渠道营销与运营效率，促进渠道协同，实现全渠道的实时营销和产品推荐。产品管理领域包含产品创新与评估分析、产品定价等应用场景。这些场景利用行内外数据，建立产品评价指标与评价模型，并结合全行客户分层、客户分群、客户标签体系等，根据客户偏好与需求进行针对性的产品创新与优化。运营管理领域包含运营决策分析与支持、资源配置等应用场景。这些场景通过对运营数据进行分析，为优化网点分布、压降网点台席数量等方面提供输入和反馈，提升网点盈利能力、运营效率，最终提升全行综合竞争力与客户满意度。监管合规领域包含合规风险监测、内部审计分析等应用场景。结合监管、同业及行内监管要求和现状，全面优化邮储银行合规监控体系。通过开展非现场审计风险监测、内部审计风险预警等分析，助力审计工作开展。后台支撑领域包含员工分析、IT运维管理等应用场景。这些场景利用大数据技术开展员工分析、财务数据监测、IT运维管理等分析，优化员工结构配置，优化财务预算方案，提升运维功率和预判能力。经营管理领域包含宏观经济与区域经济分析、财务数据监测与分析等应用场景。这些场景通过开展数据分析，提升行内运营决策的前瞻性与准确性。

依托应用场景建设，探索分析项目开展的最佳实践，持续推动应用场景落地。结合具体应用场景与业务部门需求内容，在数据分析项目过程中，采用"联合项目组""典型试点""评审推广""自主研发"等不同的项目开展方式，充分调动总分、业技积极性，合理推进应用场景落地。2020年启动应用场景建设至今，邮储银行已经完成了九大领域下的37个应用场景、108项分析主题的研发，满足个人金融部、三农金融事业部等十余个业务部门的数据应用需求，支持乡村振兴、涉赌涉诈等多项重点业务发展。完成的108项分析主题，以模型、可视化产品、分析报告等多种形式沉淀资产，赋能业务发展。其中，共沉淀模型成果70多项，已在CRM、反欺诈系统、金睛系统、个人/对公客户集市、统一授信系统等21个业务系统的落地应用，对流程的自动化运行提供智能化支持。

**2.建立"四位一体"的大数据应用体系，提升使用便捷性**

企业级大数据应用体系，不是简单的统计分析结果展示，而是主动挖掘数据潜在价值，将有价值的数据转化为用户可以直接可用的信息的过程。邮储银行大数据工作以"树立数据权威，成就数据驱动"为目标，针对不同的数据应用需求，通过提供基础数据、打造数据集市、搭建分析环境、开发数据产品和嵌入业务流程等方式，构建面向高管层、经营层、一线业务人员和数据分析人员"四位一体"的大数据应用服务体系，以多种形态将大数据应用成果嵌入银行生产运营的各个环节，实现对前中后台的数据赋能。

面向高管层，邮储银行打造了管理驾驶舱系统及其移动端配套产品，打造了"电脑端+移动端"的双引擎模式，实现重要经营指标的动态、灵活展示。目前，管理驾驶舱系统梳理了上百项关键经营管理指标，涵盖“业务发展”“经营分析”“客户管理”等六大决策领域，为各级领导提供直观、便捷的管理决策支撑服务。其移动端配套产品，充分发挥手机快捷、灵活的使用优势，以典型场景为切入点，将关键指标组合为独立主题看板，通过分析测算关键指标当期值、变动值，全面展现银行经营管理现状。

面向经营层，邮储银行打造了大数据门户应用系统。作为全行大数据应用的统一访问入口，大数据门户与行内的“管理驾驶舱”等多个系统实现互信访问，可满足行内各级用户一点登录、一处检索、一站访问的大数据应用需求。同时，邮储银行充分挖掘全行经营管理的重点和热点，利用大数据分析技术研发近40项数据产品，为业务发展、经营管理、风险防控提供大数据分析支撑。其中，网点台席压降数据分析、消费信贷业务监控、网点画像分析等可视化数据产品，以图形化、场景化的方式展示数据分析结果，大力提升应用效果，助力各层级用户开展运营管理工作。目前，大数据门户应用系统的用户范围覆盖全行五级机构，注册人数14万余人，季度访问量超60万人次。

## 案例1

“网点台席压降数据分析”产品，全面分析邮储银行自营网点业务总量、柜面交易结构、可分流交易等情况，通过该产品可直观且深入地了解网点柜面交易特征、可分流交易特征等信息，为业务部门开展台席压降工作提供数据支持。

面向一线业务人员，将数据分析模型以产品化的方式部署至大数据门户应用系统，并打通与CRM平台、信用风险监控等各类前端系统的数据通路，支撑一线营销管理和风险防控。同时，依托于行内重点场景，整合内外部数据，研发“个人客户结构分析”“农村金融服务画像”等服务于一线基层的数据产品，通过PC端、移动端双渠道展示，赋能网点运营效果提升。

**案例2**

“小企业客户画像”将模型、统计分析等揉以可视化形式，从风险与潜力程度、挽回等级、行业分布等角度对小企业客户进行画像，助力业务对小企业客户精细化管理、有效制定精准营销策略。

面向数据分析人员，采用多种措施持续完善分析建模环境，提升分析人员建模能力。搭建数据实验室，采用“租户+用户”的运营方式，为总分行数据分析人员提供“数据导航、数据获取、数据分析”的一站式分析建模服务。建设分行数据集市，针对分行个性化数据应用场景，在数据安全可控的基础上，提供了集数据加工与应用的一站式平台。目前各分行依托分行数据集市完成超过上千个大数据应用成果的发布，支撑分行近200个自建系统的运行。研发数据分析案例库，收纳了近300个优秀案例，推动优秀数据分析应用成果在全行共享。提供数据分析专项培训，帮助全行数据分析人员了解和使用优秀大数据应用成果，提升全行员工的数据分析能力。

**3.全面盘点数据资产，沉淀多元化服务数据资产**

开展数据资产盘点，实现全行数据资产的统一管理、规范管理与充分共享。数据资产盘点主要围绕数据来源、数据分布和数据基本情况等方面进行梳理和分析，厘清企业数据资产“有什么、是什么、在哪里、谁负责、执行什么规范”的问题，形成企业数据资产全貌，助推数据资产全生命周期的统一管控，为数据资产统一视图的构建夯实基础。

数据资产盘点方法。邮储银行数据资产盘点采取“自上而下”与“自下而上”相结合的方式，兼顾技术和业务视角，由数据部门与业务部门协作推进。“自上而下”的盘点方式需要业务部门与数据部门的深度合作，从业务视角出发，基于业务流程、应用场景等，逐层分解，开展数据资产的盘点；“自下而上”的盘点方式由数据部门主导，从数据或技术视角出发，以IT系统、数据库表、数据结构等为依托，开展数据资产的盘点。结合“自上而下”与“自下而上”的盘点成果，最终形成资产属性信息全面、完备的数据资产统一视图。

数据资产盘点范围。按照与业务场景及经营管理贴合的紧密程度的不同，将邮储银行数据资产分为基础数据资产、服务数据资产和规范数据资产。其中，基础数据资产主要盘点业务经营管理中产生的原始数据资产或来源于集成的、面向主题的数据集合的数据资产，以及从企业外部合法引入的数据资产，如CRM系统、企业数据仓库、数据集市中的数据表、数据字段等。服务数据资产指将基础数据资产进行加工提炼，以数据分析为依托，以业务应用与经营管理为主要目的，主要盘点将“数据+场景”组合而产生的数据资产，如数据分析模型、数据产品、分析报告、标签、报表、指标、中台数据服务等。规范数据资产主要盘点数据的定义标准和规则，使业务数据统一化、结构化、标准化，如基础数据标准、指标数据标准、企业级数据字典、数据质量规则、主数据信息规范等。

聚焦数据资产管理的关键环节，建立相匹配的制度与流程，推动数据资产的全生命周期管理。一方面，推动模型全生命周期管理，“以盘促管”，通过盘点推动模型质量的提升。将模型资产盘点范围从数据分析模型扩展到规则类模型、风险计量模型、图像识别模型等，形成总行模型整体视图，掌控总行模型在各业务部门开发和应用的状况。建设数据分析模型管理系统，完成模型全生命周期流程管理功能上线，实现模型开发和应用的全流程管控，保障模型质量。提供模型资产管理服务，协助信用卡中心、网络金融部、普惠金融事业部、授信管理部等部门实现数据分析模型的系统化管理，促进模型迭代优化，提高模型质量与效率。另一方面，推动数据类需求统筹管理，通过参与信息化工程业务需求评审，全面识别数据类需求，统一各类数据能力，开展合理的需求分类分发，形成从数据需求统筹，到模型管理，到数据资产沉淀，再到成果共享应用的闭环。

建设集数据资产管理与运营为一体的数据资产管理平台，实现高效赋能，释放数据资产价值。邮储银行数据资产管理平台是数据资产管理与运营的统一平台，是全行数据资产信息登记、查询与应用的统一入口，提供一站式数据消费，支撑实现数据资产的全生命周期管理，实现数据资产的“可查、可看、可懂、可用、可评价”。邮储银行数据资产管理平台自2021年上线以来，实现了数据标准贯标、元数据管理、数据模型管理、企业级数据字典管理等工作的自动化、工具化，降低了数据治理工作的人力成本及管理成本，提高了数据治理的效率。同时，平台搭建了数据资产目录管理的框架，展现了权威数据资产详情信息，初步实现了“管”“用”相融合的特色。通过开发数据资产专项视图、数据需求与服务管理、数据安全分类分级管理等功能，持续推动数据资产目录、数据质量管理、企业级数据字典等功能，“多层级、多维度、多视角”呈现邮储银行数据资产，提供“一站式”的支撑服务，为数据需求与服务管理效率的提升奠定基础，进一步提高数据资产的易用性。

## 三、聚焦重点，持续推进数据赋能乡村振兴

### （一）服务乡村振兴，践行大行责任

乡村振兴是国家重大战略部署。重视大数据在乡村振兴中的应用，是立

足新发展阶段、贯彻新发展理念、构建新发展格局、推动高质量发展的题中之义，也是契合邮储银行资源禀赋、积极应对变化挑战的重要举措。在此背景下，邮储银行充分发挥中国邮政商流、物流、资金流、信息流“四流合一”的优势，大力推进金融科技赋能乡村振兴工作，提速三农数字化转型进程，以“协同化布局、体系化建设、场景化服务、资产化运营”为主线，努力提升邮储银行在农村区域的金融服务质效，实现农村市场的邮政惠农生态效益最大化。

协同化布局。农村金融服务场景体系在建立之初，就统筹考虑邮政集团的各项业务特点，将金融、电商、寄递等各板块纳入服务乡村振兴的总体战略，成为邮政集团整体战略的重要一环。以业务赋能为目标，以数据协同为核心，以“村、社、户、企、店”五大客群为重点，充分发挥协同优势，调动各板块积极性，资源互补，共同发力。

体系化建设。农村金融服务以建立“服务体系”为核心，打造能够快速向不同用户、为不同信息系统提供数据支撑的体系化服务能力。面向营销人员，提供客户白名单、风险客户名单、区域客户密度等，供基层业务人员进行精准营销以及客户维护；面向管理人员，提供区域贷款结余、客户增长等信息，供管理人员充分掌握区域金融服务情况；面向下游系统，通过系统接口提供特色指标、各类评价分值等，为其他业务系统提供数据参考；面向不同业务条线，能够提供储蓄画像、信用画像、产品持有画像、交易画像等，支持不同条线业务人员全面掌握本条线农村金融服务质效。

场景化服务。根据农村不同客户主体的金融特征，分别规划出“行政村画像”“合作社画像”“家庭农场/专业大户画像”“农村个人客户画像”等多个涉农主体画像。在各类主体画像中，衍生出重点客户识别、客户交易特征分析等一系列分析项目，以适应不同业务条线、不同业务发展阶段的分析需求，实现了客户全生命周期中各个业务场景的全覆盖。

资产化运营。农村金融服务的各项数据成果，都已纳入数据资产管理系统开展共享复用。其中，各类客户名单，可以服务于信用村建设、信用户建设、整村授信、农户预授信等工作；客户识别规则，可以补充客群标签，识别各类涉农客户，实现客户精细化管理；可视化产品，能够提供省、市、县、乡、村各级行政区划的金融服务全貌，各级管理机构和营销人员可以通过可视化产品直观地认识到区域金融服务优势与短板。

## （二）构建三农数字服务体系，实现数据赋能乡村振兴

邮储银行三农数字服务体系是在全行数据中台的整体架构下，结合三农金融数据的特点，按照“数据+场景+服务+运营”的思路，建立的集数据整合、模型构建、服务输出、成果运营为一体的三农数据综合服务体系。通过整合内外数据资源，沉淀各类涉农标签，提炼典型数据应用场景，创新数据应用服务模式，解决了长期困扰三农业务数字化转型的“数据割裂”问题，建立了契合业务发展需要又兼顾复用共享需要的“分析模型库”，探索了符合用户特点与作业习惯的服务输出形式，改变了传统的高度依赖人工、缺乏统一标准的三农业务方式，提升了业务处理效率，优化了用户体验，助力三农业务精细化、数字化发展。

组建专业服务团队，加强基础资源保障。成立“三农专项工作组”，由负责基础资源、数据接入、分析挖掘、系统固化、统计报送等工作的专人构成，与三农业务人员进行专线对接，快速响应业务需求。同时，加强基础资源保障，基于行内大数据平台项目群，包括数据实验室、分行数据集市、数据中台等，为三农乡村振兴的数据分析工作提供基础计算资源和数据交互渠道支持。

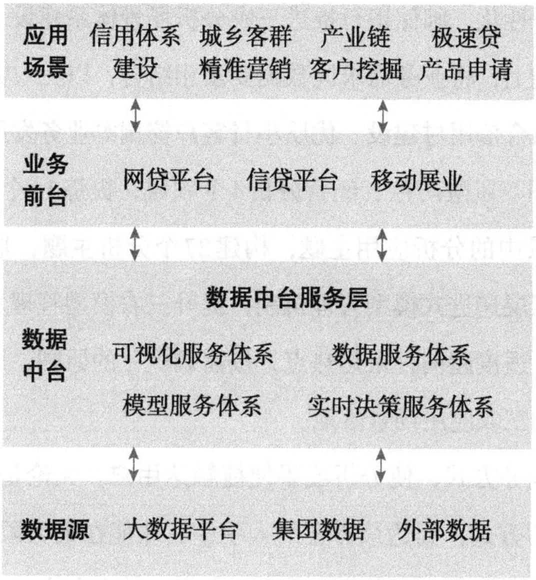


图7-3 邮储银行三农数字服务体系

针对多元涉农主体，开展基础数据整合。数据是乡村振兴工作的基础，没有丰富的数据积累，就缺乏认识乡村的必要基础。通过整合银行业务数据、集团接入数据、外部合作数据、信贷经理采集数据，极大丰富了农业农村数据来源，为三农业务的数字化转型夯实数据基础。目前，针对1.6亿农户，累计沉淀了农户的贷款、保险、金融交易、家庭人数、种植收入等有效字段近3000个，涉及客户属性、资产、信贷、产品、交易、价值等六大维度；针对集体经济组织，提取了确权土地面积、农户分红水平、资源资产总面积、涉农资产总额、适龄劳动力数量等有效字段百余个，涉农数据维度进一步丰富。针对农民合作社、家庭农场等新型农业经营主体，共沉淀了两百多万合作社和20多万家庭农场的数据，共提取了经营状况、产业结构、雇工情况、银行服务需求等有效字段近400个。

提炼典型应用场景，助力业务转型顺利推进。为促进模型的复用共享，并兼顾应用的个性化，邮储银行推进三农分析场景体系建设。在业务分析和数据理解的基础上，将业务需求同数据要素相结合，以三农数字化转型重点工作为导向，结合信用村建设、优质小贷客户挖掘等业务发展重点，从客户分析、营销管理、风险防控、经营分析4个领域，提炼14个涉农分析场景，并通过细化场景中的分析应用主题，构建27个分析主题，形成了“领域—场景—主题”三层递进式模型管理机制，提升三农模型管理水平。同时，按照“时序推进，适度超前；聚焦热点，按需调优”的原则，以敏捷方式开展分析项目，推动三农应用场景落地。

创新数据服务方式，使分析成果便捷触达用户。无论是数据还是模型，只有以最合适的方式，到达最需要的人手中，才能在最大限度上发挥价值。邮储银行通过可视化产品、批量名单、实时服务等多种方式，将乡村振兴工作推进过程中所沉淀的各类数据资产，以更合理、更便捷的方式，提供给用户，直接赋能业务发展。可视化产品方面，研发“农村金融服务画像”数据产品，打造“画像+指标+分值+基础查询”的服务体系，精准刻画45.67万个行政村的面貌；研发“乡村振兴看板”，对从全行客户挖掘出的极速贷主动授信白名单进行精准营销、综合分析、可视化展示，通过总分协同+代理联动，做好线上化运营工作；研发“三农数据大屏”，直观展示三农金融数字化转型和乡村振兴阶段性成果，为领导层随时掌握邮储银行乡村振兴工作进展，提供有益抓手。批量名单下发方面，结合应用场景建设，结合大数据手段，利用机器学习算法，开展分析建模，输出各类客户名单。通过将不同场景下的优质信用户、优质信用村等有价值的信息发送到信贷业务平台、CRM系统等系统中，助力信贷经理有针对性地进行客户走访触达，推进客户跟踪和转化。提供实时服务方面，依托邮储银行数据中台服务体系，面向前台业务系统提供联机接口，充分发挥连接前台业务和后台数据的桥梁作用，快速生成服务，敏捷响应业务需求。目前，已为惠农贷、极速贷、信用户贷款等产品，提供新老客户标识、客户资产、风控指标等9个实时数据服务，并嵌入了贷款申请、审批、贷后等业务环节，日均调用约11万次，实时服务极大缩短了用户业务办理时间，极大提升了用户体验。

开展成果推广运营，助力数据价值更大发挥。建立“发布+推广+培训”的运营体系，提升数据服务的深度和广度，推动已有成果的广泛应用。针对全行分析场景、已有分析成果等，通过大数据门户专区、线上会议等形式，面向总分行的业务和科技人员，定期进行信息共享。通过业技协作，有计划、有目的、集中力量推广已有优秀分析成果，扩大成果应用面。通过培训提升团队能力。梳理项目开展过程中遇到的问题，结合数据分析团队所处阶段，有针对性地提供“技术类+项目类+综合类”的专项培训，提升全行大数据队伍的分析能力。

邮储银行三农数字服务体系打通内外部数据资源，准确识别了45.67万个农村村级单位，沉淀了3000多个有效字段，改变了农村数据积累不足、割裂严重的问题。开展农村精准画像，全面刻画农村村容村貌，改变了“对农村发展情况不了解”的现状，便于寻找差异、因地制宜提供特色金融服务。构建乡村振兴应用场景建设，针对客户分析、营销管理、风险防控、经营分析四大领域，提炼了村镇客户画像、优质行政村识别等20多个涉农分析场景，改变了传统的“依靠人工采集、缺乏统一标准”的粗放式农村金融服务管理模式，转变为新型的“依靠数据驱动，优化业务流程”的农村金融服务新模式。创新乡村振兴数据服务模式，打造“可视化产品+批量名单+实时服务”的数据服务体系，极大缩短了线上贷款的办理时间，进一步优化了客户业务办理体验，助力三农数字化转型步伐的加快。

## （三）构建乡村振兴专项视图，实现数据价值变现

专项视图是以支撑某项重点工作为出发点，通过多个分析场景的组合和多个分析成果的搭配，为业务提供的综合化、专业化的数据服务。本着“治理即服务、数据即价值、可见即可得”的目标，通过明确主要业务场景中数据资产的类型及分布情况，“多层级、多维度、多视角”呈现业务领域的数据资产，使业务人员便捷地了解本领域的数据资产，使用“一站式”支撑服务。

乡村振兴专项视图的构建，建立在业务部门具备了较丰富的数据应用工作经验及资源积累的基础上。由于不同业务部门对于数据资源需求的迫切程度不尽相同，一些业务部门积累了相对丰富的经验与资源。根据“急用先行、逐步推进”的发展战略，结合企业实际，优先以乡村振兴等领域为主题，划定该领域所包含的数据资产范围、种类，确认业务场景架构，并根据业务场景展现各个场景下涵盖的各类数据资产内容。

乡村振兴专项视图通过聚焦行内重点业务领域，梳理该领域所包含的业务场景及各场景下涵盖的数据资产，改善了数据资产分布相对较为分散而使业务部门不知数据资产有什么、在哪里的问题。由于企业内数据系统众多，数字资产分布相对分散。为更好地服务乡村振兴的重点业务领域，使数据资产与业务场景更加贴合，邮储银行依托现有的部分数据资产，建立了乡村振兴专项视图，将散乱在各个系统，各类型的数据资产加以整合，并按照业务视角进行统一的整理与展示。乡村振兴专项视图的建立，有助于解决数据使用人员不知在哪里查找数据、不了解数据的概况信息，且数据质量难以判断等问题，帮助使用者快捷地定位并了解特定业务领域范围内的数据资产。

乡村振兴专项视图的构建，主要从两方面入手。一方面，从数据视角出发，梳理现有的全量服务类数据资产。梳理范围包括数据分析模型、数据产品、数据报表、数据指标与标签、数据分析报告、API接口等。通过与相应的团队对接，盘点分散在各个系统中各类型的数据资产，并厘清每一项数据资产所包含的信息，形成资产详情卡片。资产详情卡片中，主要包含业务属性、技术属性、运营属性、特色属性等四类属性信息。通过查看数据资产卡片，可以直观了解到每一项数据资产（每一个数据分析模型、数据产品、数据指标或标签等）的详细信息。

| 业务属性 | 技术属性 | 运营属性 | 特色属性 |
|---|---|---|---|
| 资产名称 | 资产服务方式 | 资产编号 | 关键字 |
| 资产描述 | 上线日期 | 资产目录位置 | 入模变量 |
| 业务分类 | 更新周期 | 资产类型 | 开发环境 |
| 应用领域 | 技术管理部门 | 开放及共享范围 | 引用的指标及标签 |
| 应用场景 | 技术联系人 | 热度 | 优化迭代时间 |
| 需求提出部门 | 直接上游 | 热数据安全分类 | 是否部署在系统中 |
| 业务联系人 | 血缘关系－下游 | 数据安全等级 | 设计文档 |
| …… | 落地系统 | 价值评估 | 开发环境 |
| | 资产状态 | …… | …… |
| | …… | | |

图7-4 服务数据资产卡片示例

另一方面，从业务视角出发，梳理出服务乡村振兴的业务场景框架，确定业务场景的层级。通过与业务部门人员交流探讨，最终形成包括监管考核达标、核心业务发展、信用体系建设与三农金融数字化转型、集运运营改革、资产质量等五大一级场景，每个一级场景下，拆分为2~6个子场景。以信用体系建设与三农金融数字化转型为例，一级场景进一步分解为信用村新用户建设、主动授信体系及农户数据库建设、惠农给合作项目、科技赋能乡村振兴试点共四个二级场景。在此业务场景框架的基础上，圈定服务乡村振兴领域下全部的数据资产，并为此部分数据资产打上相应的业务场景“标签”，进而实现数据资产与业务场景框架的融合，形成乡村振兴专项视图。

乡村通过搭建全面展现数据资产的信息，搭建业务和技术之间的桥梁，降低三农领域数据分析人员的用数门槛。业务人员不仅能够聚焦“乡村振兴”这一特定领域，查阅乡村振兴相关的数据资产，更能够对该领域涵盖的重点业务场景（如三农客户画像、村基本情况、信用评价等）及其相关的指标（如人均贷款结余、人均不良结余、村内贫困户数等）一目了然。

# 第8讲 银行业数据资产管理创新与实践

王 磊

当前，商业银行正处于数字化转型的深水区，数据作为数字化转型的载体，成为重要的新型生产要素和国家基础性战略资源，已快速融入生产、分配、流通、消费和社会服务管理等各个环节，深刻改变着生产方式、生活方式和社会治理方式。数字化转型对银行传统的数据管理和运营理念，乃至数据应用模式产生了颠覆性冲击。如何加强数据能力建设、迅速把握时代风口、抢占行业先机、推动新一轮数字化转型与变革、成为弯道超车的赢家，是商业银行无法回避和亟待解决的重大课题。同时，数据资产运营的质量和效率是决定数字化转型能否向纵深推进的重要因素。中国光大银行深耕数据领域十余年，以时不我待的使命感持续探索数据资产管理的新思路、新模式，先后在数据治理、数据战略、数据标准、智能化数据资产运营、数据资产要素市场研究等领域深入开展工作。

作者系中国光大银行信息科技部副总经理、数据服务中心总经理。

## 一、创新数据资产管理运营模式

数据资产管理是一个系统工程，需要统筹规划和实施，数据资产管理是银行治理体系的重要一环，是数据与业务深度融合的催化剂，是银行金融科技发展与创新的基石，更是银行数字化转型的制胜关键。光大银行创新打造“全面、权威、智能、敏捷、生态”为目标的管理与运营新模式，从“管好数”转变为“用好数”，全面开展内容建设、平台建设和机制建设，促进数据价值转化，稳健可持续地为银行数字化转型提供数据支撑。

内容全面，构建数据资产全景视图。数据资产涵盖内部数据和外部数据，结构化数据和非结构化数据，可分为基础类资产、加工类资产和管理类资产。通过全行统一的、智能化的数据资产管理平台，实现各类数据资产全部登记和管理，并自动化采集生产系统的所有数据库表和字段，覆盖全行所有系统，实现数据资产内容“全面”。

资产权威，确保数据资产准确可用。将数据标准、数据质量、数据安全等数据管理的要求系统化结合，通过平台工具与项目、数据开发的日常工作相结合，解决“管理”“执行”两张皮的痛点，真正发挥管理指挥棒的作用，实现数据资产内容权威“可信”。事前讲数据标准内嵌到模型设计开发中，实现智能落标。事后通过数据质量监控整改、数据标准落标等，场景盘点等构建权威的数据资产内容，提升全行数据资产质量。

平台智能，提供一站式数据资产服务。以技术驱动数据资产服务，以“搜索一下，数据全知道”为目标，降低数据使用门槛。以场景驱动数据资产应用和价值挖掘，构建某一业务或管理场景下的数据资产统一视图，支持数据资产快速获取。通过智能化功能和数据资产场景建设实现服务“智能”。

机制敏捷，覆盖事前、事中、事后全流程。将数据管理的要求与具体的流程结合，并通过平台工具和管理要求落实到日常工作中，并保障数据标准的有效落地，从源头提升数据质量。在规范系统设计开发的同时，实现维护数据资产“敏捷”。

培育生态，量化数据价值推进数据要素市场化。分析数据资产特点和商业银行业务场景，研究数据要素市场的理论及实践路线，完成面向商业银行的数据资产估值、会计核算及数据要素市场生态建设创新研究和探索，赋能我行数字化转型及运营决策，为同业在数据要素市场领域提供经验，为行业在数据要素市场化领域培育数据资产的价值“生态”。

## 二、多措并举推进数据管理工作

光大银行对数据能力建设进行顶层设计，探索大数据时代数据管理工作的发展路径。通过归纳数据战略规划方法论、识别数据能力建设关键问题等举措，统筹规划光大银行数据战略蓝图，并制定数据战略分阶段实施路线图指引数据资产管理运营工作。在数据组织、数据文化、数据治理、数据资产、数据合规、数据智商“六大支柱”的支撑保障下，实现数据对转型、创新、生态、金融的“四大赋能”，并通过聚焦数据势能与数据动能，达到数据创造更多财富的“愿景”。数据势能的核心在于聚集数据能量，利用数据赋能数字化转型，实现数据资产的保值和增值；数据动能的核心在于释放数据价值，通过多元化的数据共享手段，充分激活数据潜在的经济价值和社会价值。最终形成“让数据创造更多财富”的战略愿景，并制定数据资产的可信化、敏捷化、数智化、货币化的四大目标、十大举措和三大保障，提升数据管理的规范和效率，加强数据服务、数据应用的广度和深度，推动数据资产价值转化和创新。

（一）落实数据标准，贯穿数据应用场景

光大银行构建数据标准2.0体系，开展“灯塔工程”和“基石工程”专项工程，提升了数据质量和共享效率，成为数据资产“全面权威”及数据管理能力建设的重要支柱。数据标准2.0体系在机制、内容、工具和工艺、推动模式四个方向创新实践。机制方面，加强标准执行和质量改进的统筹和协同，以定标和落标一体化、数据质量和元数据质量一体化方式进行推进，直接支持开发、共享、分析、报送等场景价值场景。内容方面，覆盖到各类加工类数据资产的数据标准。通过编制元数据规范，明确元数据设计框架、原则、设计方法、描述方法、扩展方法等，指导数据资产描述和登记的标准化管理。工具和工艺方面，形成数据标准化工艺，主要包括标准准入、定义、自动化命名、对标、差异分析等，并通过“魔豆”和“魔数”工具平台，支撑数据标准在模型设计阶段和对标达标等应用。推动模式上，以专项工程+系统建设的双轮驱动模式开展工作，专项工程是以工程化和集中力量对基础和指标数据进行标准化，专项工程包括“灯塔工程”和“基石工程”，围绕指标和基础数据两项工程的数据标准清单开展专项标准化工作。

（二）提升数据质量，夯实数据应用基础

数据质量是数据发挥应用效果的重要基础，数据质量的高低将对银行数据价值的发掘产生基础性影响，即所谓“基础不牢，地动山摇”。为夯实商业银行“内部数字化转型”和“外部监管报送”的重要数据质量基础，光大银行建立了围绕“治理组织、认责机制、管理机制和工作机制”相结合的数据质量管理体系，共同推动数据质量管理工作的有效开展和落地。

建立依托监管报送的数据质量认责机制。在当前“强监管”“严监管”的环境下，中国光大银行依托EAST、人行大集中和反洗钱等监管报送要求，在部分报送数据范围内建立了数据质量认责机制，定期发布数据认责书，逐步明确相关部门对报送数据的数据质量责任。建立“监测+考评”的数据质量管理机制。在全行平衡计分卡中增加数据质量扣分项，按季度开展数据质量考评；建立数据质量监测机制，重检数据质量监测规则，当前已累计识别6000+基础类和业务类数据质量检核规则，实现对全行入湖数据表和监管报送层数据表的质量监测。建立“日常+专项”的数据质量工作机制。全行各部门在使用数据过程中提出的数据质量问题，数据管理部门组织推动整改工作；按需发起数据质量专项整改工作，集中力量专项改进报送数据质量。

（三）筑牢数据安全底线，护航数据资产应用

光大银行数据安全管理以个人信息保护为核心，开展数据安全工作。深入研究国家网信办、人民银行、银保监会等监管机构出台的一系列监管规定与执法动作后，银行明确了数据安全与个人信息保护是数字化运营及数据资产价值释放过程中的安全合规底座与风险防线。以保护数据主体权益为核心目标推动构建全行数据安全与个人信息保护体系，为启动金融科技伦理治理建设在组织制度、管理机制、技术工具等方面打下坚实的基础。

建设常态化数据安全影响评估（PIA）机制，制定300+评估要点，覆盖事前评估、事后检查的闭环管理，事前常态化开展数据安全影响评估工作，事后通过专项针对存量重点应用、系统开展数据处理活动合规专项检查评估。全面梳理数据共享类型、方式、准入资质、协议等，建立数据共享安全影响评估机制。建立数据安全分类分级清单，明确相应的数据安全管控要

求，并推动在系统中的落地实施。定期开展数据安全检查、办公环境敏感文件专项清理行动，通过“部门通报+追责到人”的方式开展办公环境敏感文件专项清理工作。加大数据安全技术工具建设力度，自研数据侦探工具，开展全行数据安全检查，建设业内首家多方安全计算平台，保障数据共享安全合规，持续开展数据安全分类分级工具、数据安全监测审计应用、办公环境数据安全防护系统。

（四）统筹外部数据管理，降本增效促进业务发展

光大银行外部数据管理依据“统一登记、统一采购、统一接入、统一存储、统一共享”的五统一原则，对外部数据统筹管理。统一登记管理，总分行外部数据资产的统一登记，建立和维护外部数据资产目录。统一采购管理，多部门同质化数据需求，归口管理部门统一采购，避免全行的重复采购、提升采购效率、提升采购的议价能力。“统一接入”管理，外部数据管理平台统一接入，降低接入成本、减少系统耦合、提升安全管控。统一存储管理，数据集中管理提升使用效率和便利性，并开展内外部数据统一治理，提升外部数据价值。“统一共享”管理，统一的共享方式和渠道，降低外部数据使用复杂度，发挥银行和供应商的桥梁作用，减少沟通成本。

在“五个统一”管理的模式下，建立了统一的管理制度、流程以及系统技术手段，对外部数据全流程进行双重约束，确保数据引入的合法合规以及数据使用过程中的安全。通过建设外部数据管理平台，实现外部数据在全行层面的统一接入，最大限度地实现数据共享。同时，通过对外部数据进行调用情况的统计分析、系统对账、费用监测等，最大限度地挖掘外部数据的应用价值。

### （五）运营数据资产，激发数据活力

规范、统一全行数据资产、构建全景视图。光大银行面对繁杂多样的数据，抽象提炼出基础类、加工类和管理类三大数据资产类型，以及数据字典、客户标签、算法模型、特征变量等20种子类，以资产的角度完成了业务与技术标准的统一制定。同时，基于数据资产分类，制定了各类数据资产的登记模板，共提炼出9项公共属性，以及可灵活设置的50+专有属性，统一规范全行数据资产，构建全行数据资产全景视图。

事前落标事后盘点，践行资产权威。事前以数据模型设计工具为抓手在开发环节统一规范数据模型设计，并建立数据标准金融词库内嵌到模型设计开发中，实现智能落标。事后对数据资产建立专家标签和用户标签，开展场景化数据资产盘点，丰富数据资产含义，让数据资产描述更准确和立体。通过事前智能落标和事后自动盘点，实现数据资产“权威”。

融入数据作业模式，提质增效。光大银行依托平台工具通过将数据管理要求融入数据作业模式，实现数据开发的提质增效。一方面，将模型设计工具与软件开发设计流程相结合，通过将自主研发、支持多人协作的数据模型设计工具嵌入日常的系统开发设计流程中，实现数据标准地有效落地、数据模型规范检查，提升了开发效率和数据质量。另一方面，将数据资产登记机制与日常数据作业模式相结合，通过平台工具在实现自动化数据资产登记的基础上，规范数据资产命名规范、主题分类、审计流程等环节，实现数据资产与数据作业的贯通，降低开发人员工作量，提高数据资产质量。

### （六）智能化数据资产管理平台，提升数据资产管理效率

光大银行智能化数据资产管理平台，基于机器学习、自然语言处理等智

能化技术，解决了以往数据资产服务易用性不足、需要大量人工参与的问题，实现了对海量数据资产快速智能检索、高效自动分类、长效规范管理，有效支撑了贯穿数据全生命周期的数据资产管理体系。智能搜索，基于ES搜索引擎和金融词库，对用户搜索语句进行分词、向量相似度计算等处理，构建搜索关键词与近义词的词表，以“搜索一下，数据全知道”为目标，降低数据使用门槛。智能推荐，采用NLP技术获取搜索语句的关联词，采用关联分析等算法挖掘全量数据资产之间的语义关系，综合找到关联度最高的数据资产排行，实现智能推荐。智能盘点，基于专业分类体系和标注少量训练语料，利用深度神经网络构建分类模型，对全量数据资产进行自动分类盘点，同时用户对数据资产添加的评论和个性标签，自动构建数据资产画像。智能落标，通过技术手段自动扩充金融词库，采用自动优化迭代的方式，不断提升智能落标的准确性，同时依托模型设计工具实现在模型设计阶段的智能落标，做到标准落标管理前置。

经过多年的建设，数据资产管理平台已沉淀全行百万级的数据资产，整个平台可支持全行4万+用户访问，为全行用户提供了一本行走的“数据百科全书”，有效提升了数据资产运营效率。同时，平台以场景驱动数据资产应用和价值挖掘，构建某一业务或管理场景下的数据资产统一视图，支撑我行云缴费、手机银行、审计、运营等多个业务场景，持续发挥数据资产管理平台价值。

（七）敢为人先推进数据管理创新探索

数字经济时代数据即资产、数据具有巨大价值得到社会广泛一致的认可，随着数字经济的不断深入发展，如何有效识别、科学计量数据资产价值、数据资产价值如何进行会计核算，以及商业银行在数据要素市场发展中的生态建设等课题扑面而来。光大银行历时近两年，先后研究50余份法律法规和相关标准、100多份专业文献，对54个市场主体和355个交易产品进行充分调研，并召开20多次专项研讨会，开展一系列数据要素市场领域的创新探索研究和实践，形成并向社会发布《商业银行数据资产估值白皮书》《商业银行数据资产会计核算白皮书》《商业银行数据要素市场生态白皮书》三本白皮书，从数据资产估值和会计核算的理论研究、落地方案和商业银行实践的角度进行论证和涉及，并结合现有数据要素市场的现状和发展趋势，构建未来商业银行在数据要素市场生态中的定位及建设方案，为商业银行在数据领域的创新探索和发展提供观点和参考。

**1.数据资产估值**

数字经济时代“数据即资产”已成为社会共识，数据资产价值量化计量是数据资产价值的显性化，能直观认知数据资产价值，帮助企业进行决策和促进数据化能力建设。数据资产估值核心方案采用“算什么”“怎么算”“计算”三大步骤。“算什么”的关键在于明确数据资产估值的对象和计算颗粒度。基于独立性原则、整体性原则、稳定性原则、成熟度原则及合理性原则五大原则，充分考虑数据资产的存在形式、价值来源、生命周期等因素，将数据划分为原始类、过程类及应用类三大类、17个估值对象，明确估值的最小单元。“怎么算”的关键是设计数据资产货币化估值计算参数和算法体系。优化传统收益法、成本法和市场法货币估值方法，将非货币估值方法转化为计算参数，作为因子补充到货币估值方法中，将数据规模、数据质量、数据调用次数、数据覆盖范围、数据应用性能、数据安全性、数据市场等指标，并通过定量或专家法，科学地纳入综合调节系数，设计出全面、通用的数据资产估值体系，计算参数一共111个。“计算”则从实施角度，将方法与估值对象进行适配并最终计算出数据资产价值。将估值对象和估值方法进行适配，确定用于数据估值的198个指标并采集实际数据，代入公式计算，最终得出数据资产的货币价值。数据资产区别于传统资产，其具备无消耗性、可加工性及形式多样性等特点，使得同一数据资产，既可以用于内部管理产生价值，同时也可用于外部交易产生收益。因此，针对不重复计算的数据资产，我们采用不同的估值方法，并在货币度量后进行加总。以光大银行数据资产为对象，首次成功计算出光大银行数据资产价值已超千亿元。

基于估值实践结果，又进行了更深一步的探索，综合考虑客户数据资产的广度、深度、收益度三方面，通过客户基础信息完整度、客户持有产品数、客户活跃次数、客户九项资产余额及客户经济利润分摊因子，将基础类数据资产价值逆向分摊计算单个客户数据资产价值计算，并在APP上对客发布。

**2.数据资产会计核算**

数据资产会计核算能够准确、全面反应数据生产要素的资产价值，推动数据生产要素资本化核算，一方面有利于盘活现有数据资产的价值，另一方面可以有效激活数据市场供需主体的积极性，为企业对数据进行深度开发利用提供动力和支撑保障，对国家、市场和企业都具有重大意义。“何处可表、哪些能表、如何核算”是数据资产会计核算面临的重要问题。光大银行在前期数据资产估值实践成果的基础上持续深化，开展商业银行数据资产会计核算研究。形成一套适配商业银行会计管理要求的数据资产会计核算方案。

何处可表？目前学术界对数据资产会计核算有单列科目、列入无形资产科目、编制第四张表三种主流观点。根据国际会计准则理事会（IASB）对无形资产准则的最新修订趋势，以及我国《会计改革与发展“十四五”规划纲要》提出的会计准则修订要主动应对新经济、新业态、新模式等要求，光大银行通过对数据资产与无形资产的特点进行分析并进行相容性论证，从制度进路及会计核算合理性角度考虑，认为将数据资产计入“无形资产”科目，具有更强的可行性。

哪些能表？会计准则要求下的数据资产需要同时满足主体控制、很可能产生经济利益以及能够可靠计量三个条件，详细剖析商业银行数据资产加工、流转过程及价值创造过程，将符合会计准则要求的数据资产以清晰的“数据资源持有权、数据加工使用、数据产品经营权”作为前提假设，根据业务数据化和数据业务化的价值变现过程，将数据资产分为数据使用权资产、数据经营权资产及两权兼具三种情况，纳入银行会计核算体系。

如何核算？在无形资产下增设二级科目“数据使用权资产”和“数据经营权资产”，分别对不同权属下数据资产的初始计量、后续计量、终止计量进行差异化处理。同时，为提高会计核算信息的质量，进一步根据数据形成和使用的不同模式，将数据资产分为衍生性数据和数据工具，通过差异化的会计列报和账务处理，为报表使用者提供更多数据资产参与生产经营、创造经济利益模式的信息。最后，通过信息披露方案对数据资产会计核算强制披露和自愿披露的部分进行了说明。

**3. 数据要素市场生态**

目前国内数据流通领域主要包括交易撮合方、数据提供方、数据需求方、数据交易技术支撑方、第三方专业服务机构，加强数据要素市场生态体系顶层设计探索与创新，是促进数据要素市场繁荣有序发展的前提。光大银行借鉴证券市场交易所与券商相分离的经验，建立数据交易所与数据商分离（“所商分离”）的市场运行机制，形成交易所、数据商、数据提供方、数据需求方、第三方专业服务机构五大参与主体的数据要素市场架构，并提出“4+2”数据商服务体系和开放创新的第三方专业服务体系设想。

“4+2”数据商服务体系指数据商可为数据源提供方、数据需求方等数据要素市场主体提供四类核心业务及两类合作模式。四类核心业务是指：一是资产开发类业务，通过为数据提供方提供数据源开发或数据产品开发业务，帮助数据提供方将其拥有的数据资产开发形成具备交易价值的数据资源或数据产品，促进数据资产价值的释放。二是数据发布类业务，为数据源提供方、数据产品提供方提供数据产品的上市辅导、上架保荐、发行报价三类业务，帮助推动数据产品进入市场流通交易。三是数据承销类业务，利用自建、交易所或第三方交易撮合平台，通过多种方式促进数据产品的供需对接，拓展数据产品流通范围。四是数据资产类业务，主要包括数据资产有效性审计、数据成本有效性审计、数据资产创新业务和数据资本创新业务。两类合作模式是指：一是全权代理模式，包括不限于数据开发、发布、承销和资产类业务。以数据提供方需求为主，强调开发和全程服务，对数据商要求高。二是协作模式，数据提供方与数据商在开发、上市、销售、交付中紧密协作，数据的销售及合同签订由数据提供方、数据商和需求方三方共同参与。数据商以开展发布、承销、资产类业务为主，强调对交易的撮合、监管和服务。

第三方专业服务机构的功能与证券市场中会计师事务所、律师事务所比较接近，业务范围涵盖包括数据公证、资产评估、质量评估、合规评估、数据托管等等。主要包括：一是数据合规安全服务，建立面向金融数据交易标的、市场主体和交易过程的合规制度和安全管控体系评估机制，为数据商、公证机构、数据交易所等提供数据合规安全评估、审计或公证服务。二是数据质量评估服务，构建金融数据资源和数据产品质量评估和认证体系，围绕金融数据资源和产品的规范性、完整性、准确性、一致性、时效性和可访问性，为数据商或交易所提供金融数据治理评估服务。三是数据资产化服务，对进场交易满足一定条件和规模的金融数据资产有效性、合规性、成本和潜在价值进行公允评估，通过表外表达或纳入资产负债表等方式形成资产评估，为数据交易市场参与主体提供数据资产化服务。

商业银行作为数据商和第三方专业服务机构参与数据要素流通生态，可充分发挥商业银行的数据优势，输出专业数据能力，让数据“连起来、跑起来、用起来”，为实现银行业高质量发展创造新方案、新模式。

## 三、结语

守正笃实，久久为功。数据资产管理工作是一项需要长期笃行不怠的系统性工程，数据也必将与业务、技术深度融合，不断积聚数据资产能量，在公开、公正、公平的数据交易市场中有序流通，最终释放巨大的数据资产价值。光大银行将在前期探索的基础上，持续探索区块链、多方安全计算、端上边缘计算等技术在数据资产管理领域的应用，不断深化数据资产管理创新、数据管理平台优化、数据价值创新探索等方面的工作，持续向数据要生产力，促进金融业乃至于全社会的数据要素融合。

# 第9讲　数据资产管理的理论与实践

黄　炜　万　化

数据治理以提升数据质量为工作重点、保障数据安全为目标，确保数据的准确性、一致性、时效性和完整性。数据资产管理是基于数据治理，通过数据资产认定、确权、估值等数据资产化管理活动，将数据资源转变为数据资产，推动数据的价值得以充分释放。

## 一、数据资产相关概念

“数据资产”一词于1974年由Peters提及，大数据时代给“数据资产”赋予了新的内涵，数据作为数字经济的关键要素、生产资料、基础资源已经被广泛认可。将数据资产作为生产要素，首先要厘清数据资产相关概念。

黄炜系上海浦东发展银行总行信息科技部副总经理；万化系上海浦东发展银行总行信息科技部副总经理。

### （一）数据资产的定义及特性

由于数据资产具有不同于传统资产的特性，不同的专家学者、标准化组织对数据资产的定义、数据资产管理的范畴等的理解都不一致。国家标准化管理委员会定义数据资产为："合法拥有或控制的，能进行计量的，为组织带来经济和社会价值的数据资源。"[1]根据定义，一个数据资源被认定为一个企业的数据资产，需要满足三个必要条件：企业拥有这一数据资源的数据权属，数据资源成本或价值应该能够被可靠地计量，数据资源是有价值的。

数据资产具有不同于传统资产的特性，主要表现在数据资产形态、数据资产权属以及数据资产估值等方面：

**1.数据资产形态**

数据资产在存储介质中以二进制形式存在，占有物理空间，是有形的，同时数据资产具有可读取性。因此，数据资产是物理存在的，是有形资产；数据资产的信息属性是其价值所在，对数据资产包含的信息价值只能采用评估的方式，从这个角度来讲，数据资产属于无形资产[2]。

**2.数据资产权属**

数据资产产权归属的问题复杂。一方面，数据在沉淀为数据资产的过程中，会产生大量衍生数据，而衍生数据资产的主体往往与原始数据主体不一致，造成数据产权边界不明。另一方面，数据资产存在产权交叉情况。以银行交易数据为例，数据既来源于客户的交易行为，又由银行的信息系统产生，产权交叉增加了数据确权的难度。

**3.数据资产估值**

数据资产价值具有动态性。数据资产的价值取决于特定场景，在不同场景下，数据资产所贡献的价值也不同。因此，数据资产应用场景的多样性，使得数据资产的价值评估存在复杂性。

从数据资产自身的角度看，数据资产自身还具备如下特殊属性：

（1）非实体和无消耗性，即数据资产具有非实体性和无消耗性；

（2）可加工性，即数据资产可以被多维度加工，加工处理后的数据可以成为一种新的数据资产；

（3）形式多样性，即数据资产有非常丰富的展现形式；

（4）多次衍生性，即同一数据主体可以被多层次多维度加工，从而衍生出不同程度的数据价值；

（5）可共享性，即数据资产可以无限地进行交换、转让和使用，为他人所共享；

（6）零成本复制性，即由于可无限复制，其边际成本趋于零，会导致相同的数据资产具有截然不同的成本；

（7）依托性，即数据资产不能独立存在，因此需要依托于某种介质进行存储和加工；

（8）价值易变性，即相比于传统无形资产，数据资产的价值更易受到多种因素的影响，即具有价值易变性。

## （二）数据资产的相关术语

### 1. 数据资源

（1）术语定义

数据资源是指银行业金融机构在经营和管理过程产生的、以电子或其他方式记录的、具有一定规模的数据集合。

（2）术语解释

数据积累到一定规模后形成数据资源[3]，“一定规模”是数据资源的要求，没有达到“一定规模”的数据不能称之为数据资源。以个人数据为例，一个人的身份数据不能被称为数据资源，但是一个城市所有居民的身份数据却是很重要的数据资源[4]。

### 2.数据要素

（1）术语定义

数据要素是一个经济学概念，是指参与到社会生产经营活动、为使用者或所有者带来经济效益、以电子方式记录的数据资源，区别数据资源与数据要素的依据主要在于其是否产生了经济效益。

（2）术语解释

在农业经济时代，土地和劳动力是主要的生产要素；在工业经济时代，生产力得到极大发展，机器、厂房等制成品被投入生产，资本成了重要的生产要素；随着工业的发展，技术也成了生产要素；进入数字经济时代，数据对全要素生产率的提升作用是空前的，数据成为价值无限的新型生产要素[5]。

### 3.数据要素市场

（1）术语定义

数据要素市场就是将尚未完全由市场配置的数据要素转向由市场配置的动态过程，其目的是形成以市场为根本调配机制，实现数据流动的价值或者数据在流动中产生价值。

（2）术语解释

数据要素市场既包括数据价值化过程中的交易关系或买卖关系，也包括数据交易的场所或领域。数据要素市场化配置应建立在明确的数据产权、交易机制、定价机制、分配机制、监管机制、法律范围等保障制度的基础上。

### （三）数据资产管理与数据治理关系

2018年，银保监会发布《银行业金融机构数据治理指引》以来，商业银行持续加强数据治理，开展数据标准、数据质量、数据模型、数据分布、数据生命周期、元数据、数据安全和数据应用等领域建设，提升数据的完整性、准确性和一致性，推动金融机构向高质量发展转变；2022年，随着银保监会发布《关于银行业保险业数字化转型的指导意见》，数字化转型成为商业银行在数字经济时代寻求新增长引擎的必然选择。当前，商业银行数据治理进入快速落地期，纷纷启动数据资产管理建设，加强数据能力建设并发挥数据价值。

数据治理是基础保障。以数据质量提升和数据安全共享为目标，强调数据本身的处理与过程管理，保障数据的准确性、一致性、完整性和安全性。没有数据治理体系作为保障，数据不但不能转变为企业资产，还很容易让企业陷入“数据沼泽”的陷阱。

数据资产管理丰富了数据治理的内涵和外延，对积累、沉淀的数据资源，以资产的标准和要求，通过资产化管理手段，挖掘出数据潜能、产能和效能，实现数据资产的保值和增值。数字经济时代下，商业银行应抓住数字化转型加速的机遇，以数据治理为根基，以价值创造为导向，加速内部数据资产沉淀，并积极探索数据交易与流通，最大化释放数据核心价值。

## 二、数据资产管理体系

不同于传统资产，数据资产具有形式多样、可共享、零成本复制等特征，科学有效的管理模式将推动数据价值链演化，最大化释放数据价值。

## (一)数据资产管理框架

近年来，商业银行对数据资产管理工作日趋重视，陆续开展数据资产管理体系建设，包括：在数据治理体系之上，加强数据应用建设，成立独立的数据资产管理部，开展数据资产盘点，探索数据资产估值研究，加强数据安全和隐私保护，建设数据资产管理平台等，并形成一定的理论框架。

根据国标《信息技术服务　数据资产管理要求》(GB/T 40685—2021)管理框架，结合部分银行数据资产管理实践经验，提出银行业数据资产管理框架，包括以组织战略为导向，制定数据资产管理目标，形成数据资产管理域，促进商业银行数据资产共享，实现价值创造，见图1。

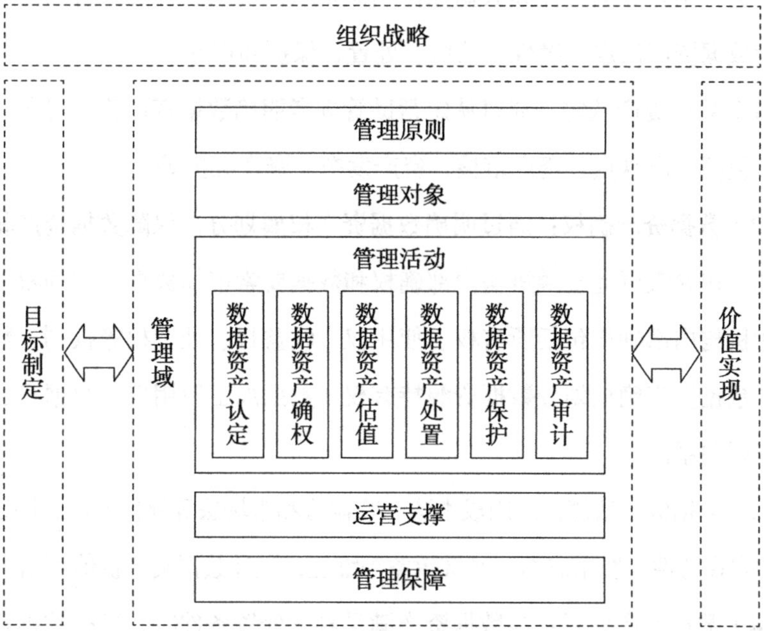


图9-1　银行业数据资产管理框架

数据资产管理域是数据资产管理框架的核心，明确了数据资产管理对象，以数据资产管理原则为指导，通过建立数据资产管理活动、构建数据资产运营支撑能力，并在商业银行制度和技术等方面管理措施保障下，实现数据资产保值增值。具体包括：管理对象、管理活动、管理原则、运营支撑和管理保障五个部分。

**1. 管理对象是价值创造的核心**

尽管数据被誉为潜力无穷的“石油”“黑金”，但数据并不等同于数据资产，在搭建数据资产管理体系时需明确数据资产管理对象，指导分类开展精细化管理，最大化发挥数据资产产能和价值。

**2. 管理活动是价值创造的载体**

管理活动是有效推动数据价值链演化的工具，为保证数据价值链演化的顺利推进，结合数据特性和数据保护相关要求，明确数据资产管理的六大活动，为数据资产认定、确权、估值、处置、保护和审计。

（1）数据资产认定：通过认定帮助管理者明确数据资产管理对象、管理范围，包括资产盘点、资产审核、资产发布、资产维护等。

（2）数据资产确权：通过明确数据资产权属划分，保障数据资产相关方的权利，包含银行业金融机构内部确权和数据要素市场数据资产确权。银行业金融机构内部确权包括所有权、使用权、收益权、处置权等权利；数据要素市场数据资产确权划分数据资源持有权、数据加工使用权、数据产品经营权等权属关系。

（3）数据资产估值：采用成本法、收益法和市场法等评估方法，围绕数据资产的内在特性、费用成本、经济效益等维度，设计数据资产价值评估指标。

（4）数据资产处置：当数据资产满足触发处置条件时，进行数据资产下架退出或销毁。

（5）数据资产保护：围绕数据生命周期，数据资产保护应依法依规保护个人金融信息，确保信息安全，防止信息泄露和滥用。

（6）数据资产审计：通过监督数据资产管理过程的执行，评价数据资产管理的风险，保障数据资产管理和应用的合规。

**3. 管理原则是价值创造的指导**

因政策、监管和市场环境的复杂性，数据资产管理和运营将受到多重制约和影响。在数据资产管理体系中，可遵守四大数据管理原则，包括治理先行、安全合规、价值增值、量化评估原则，确保数据资产管理全过程的合法合规，促进数据资产价值释放，实现数据资产保值增值。

**4. 运营支撑是价值创造的手段**

数据资产管理体系落地需要运营手段来推动，在具体的落地实践中，可从用户运营、内容运营等方面，构建全方位的运营能力支撑，保障数据资产管理体系的运转。

**5. 管理保障是价值创造的保障**

为切实保障数据资产管理体系有效落地，应配套相应的管理保障，包括组织架构、管理制度和技术工具等。

数据资产管理是一项长期性的、体系化的工作，为保障各项数据资产管理活动有效开展，结合理论研究及行业实践，对数据资产目录管理、数据资产价值评估、数据资产运营管理和数据资产安全保护等重点管理活动进行介绍。其中，数据资产目录是数据资产认定、确权、处置等管理活动的支撑工具和成果输出，数据资产价值评估、数据资产运营管理和数据资产安全保护为数据资产价值发现、开放共享、运营合规和风险控制提供支撑。

## （二）数据资产目录管理

数据资产目录是通过对商业银行数据资产依据规范的元数据描述，按照一定分类方法进行排序和编码的一组信息，为商业银行提供了一个金融数据检索、定位与获取的入口。数据资产目录编制是各商业银行提升数据质量、摸清数据家底的基础性工作，包括明确数据资产目录分类方法及资产属性，开展数据资产盘点及资产挂载，并形成数据资产全景视图等工作。

**1.明确数据资产目录分类方法及资产属性**

数据资产分类按照不同的分类维度可有不同的分类方法，常见的分类方法如下。

（1）按数据资产“可加工性”特点分类：将数据资产分为基础类数据资产、应用类数据资产和管理类数据资产。基础类数据资产指商业银行经营管理过程中产生的内部明细数据或为满足经营管理需要而采购的外部明细数据；应用类资产指为满足最终业务应用场景，通过对基础类数据资产进行组织、封装和再加工等方式，形成直接服务于应用场景的数据资产；管理类数据资产指使得商业银行数据统一化、结构化、标准化的数据定义和规则，这一类数据资产不可加工，例如元数据和数据标准的定义与规则。

（2）按照数据资产所属数据主题分类：数据主题可划分为参与人、产品、协议、渠道、事件、财务、资产、公共信息等类别。

（3）按数据资产所属业务板块分类：数据资产可按其归属业务板块和职能部门进行分类，该分类方式更贴近业务视角，更容易理解。例如，商业银行业务板块可划分为零售业务、公司业务、风险管理、内部运营等。

（4）按数据资产应用场景分类：应用类数据资产通常有明确的应用场景，可根据其应用场景类别进行划分。数据资产在商业银行内部常见的应用场景有客户关系管理、精准营销、风险管理、财务管理、运营管理、经营决策等。

数据资产属性信息通常包括业务属性、管理属性和技术属性。

（1）业务属性主要关注数据资产的名称、内容及应用场景。

（2）管理属性主要关注实施数据资产管理的相关方信息及数据资产安全相关信息。

（3）技术属性关注数据资产开发和实施层面的信息，不同加工程度的数据资产，技术属性有所差异。例如基础类数据资产关注数据资产的存储系统名称、数据库名称、字段情况等；应用类数据资产关注数据资产的服务方式、数据更新情况、技术实现方式等；管理类数据资产则关注资产存储信息以及与其他资产的关系等。

商业银行参考上述分类和属性信息，建立数据资产分类，制定数据资产登记模板。商业银行数据资产目录的资产分类信息可以是基于某一个维度的分类，也可以是多个维度分类的组合，通常细分为三级目录。例如按照数据资产的“可加工性”划分一级目录，分为基础数据资产、应用数据和管理数据资产；基础数据资产根据数据主题划分二级和三级分类，应用数据资产根据应用场景划分二级和三级分类，管理类数据资产根据其管理领域划分二级和三级分类。

**2. 开展数据资产盘点及数据资产挂载**

商业银行根据数据资产登记模板，开展数据资产盘点，收集商业银行数据资产来源、分布、权属等属性信息。数据资产盘点可采用自上而下梳理与自下而上盘点相结合的方法。自上而下梳理指从业务视角出发，通过对商业银行业务流程进行分析，逐层分解，梳理数据资产；自下而上盘点指从技术视角出发，通过信息系统的梳理，盘点企业数据资产；最后，将业务视角与技术视角梳理的数据资产进行映射，修订完善数据资产分类，补充完善数据资产目录的业务属性、技术属性和管理属性，形成商业银行数据资产目录。

**案例1**

数据资产目录包括数据资产分类信息和数据资产属性信息。

数据资产分类信息：按照数据价值链从低到高，数据资产根据分为基础型数据资产和服务型数据资产。基础型数据资产是指利用银行建设、管理和使用各类信息系统，依据法律法规和有关规定直接或间接采集、沉淀、加工，或通过第三方引入的数据资产。服务型数据资产是指将基础型数据资产进行加工后，以数据分析为驱动，直接参与可衡量价值的业务场景的提炼后信息，即"数据+算法+场景"组合产生的提炼后的信息。数据是指该服务型数据资产中引用的基础型数据资产；算法是指对特定问题求解步骤准确而完整的描述，包括业务规则、人工智能模型等；场景是指该服务型数据资产使用的业务或管理场景。基础型数据资产根据业务板块归属和系统来源建立二级和三级分类。服务型数据资产根据商业银行业务价值链，按应用场景建立二级和三级分类。具体分类体系如下图所示。

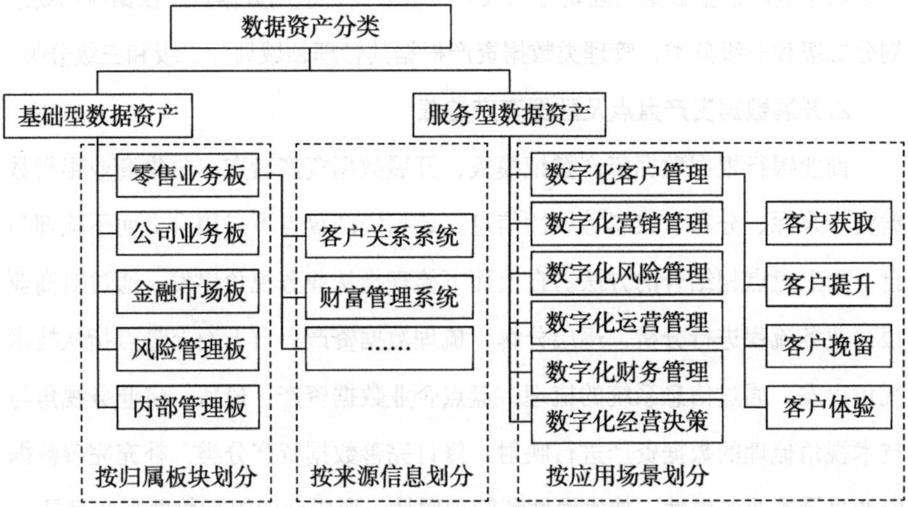


图9-2 浦发银行数据资产分类

数据资产属性信息：基础型数据资产和服务型数据的属性信息略有不同。基础型数据资产属性信息包括业务信息、管理信息、技术信息和表字段信息，具体如下图所示。

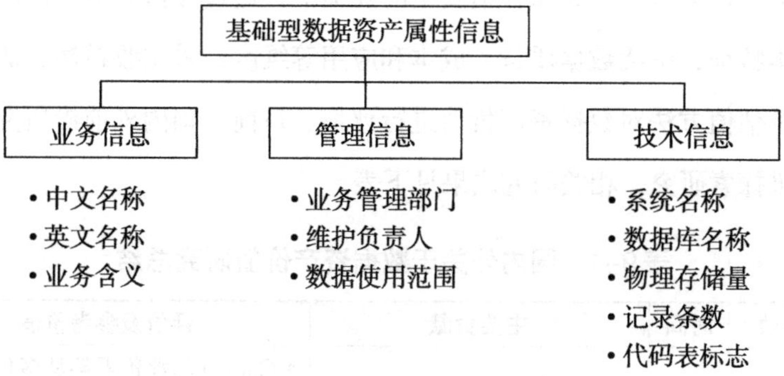


图9-3　浦发银行基础型数据资产属性信息

服务型数据资产属性信息包括业务信息、管理信息、技术信息和价值信息，具体如下图所示。

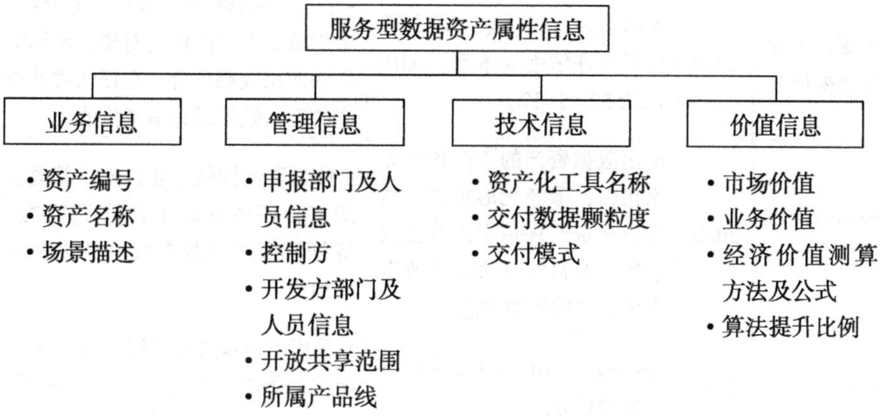


图9-4　浦发银行服务型数据资产属性信息

（三）数据资产价值评估

数据资产价值评估是数据资产管理的关键环节，是数据资产化的价值基线。对数据资产价值进行评估一方面有利于数据资产交易流通，促进国家数据要素市场的建设；另一方面有利于企业数据资产管理，释放企业数据资产价值。

在提供评估保障和确保评估安全的前提下，通过分析数据资产的基本属性和基本特征，围绕数据质量、成本和应用等维度，采用收益法、成本法或市场法等估值方法对数据资产价值进行评估。目前，国内外前沿研究领域正开展积极探索研究，相关研究成果见下表。

**表9–1　国内外关于数据资产价值研究总结**

| 研究单位 | 时间 | 主要贡献 | 评价及参考价值 |
|---|---|---|---|
| Gartner | 2020 | 提出市场价值、经济价值、内在价值、业务价值、绩效价值、成本价值、废弃价值、风险价值共八大维度的信息资产价值评估模型 | • Gartner的评价框架从多角度评估数据资产的多方面价值，分析维度较完整，具有很强的参考价值。<br>• 具体价值评估指标设计含义模糊、数据来源及计算方式笼统，不具有落地性 |
| 国家标准化管理委员会 | 2020 | 发布国家标准《电子商务数据资产评估指标体系》（GB/T 37550—2019） | • 提出数据资产应用效果的分析，考虑数据资产的使用对象、使用次数和使用效果评价，在评估数据资产的运营效果时有参考价值 |
| 中国资产评估协会 | 2020 | 提出数据资产的资产评估专家指引，参考无形资产评估为数据资产评估提出改良成本法、改良收益法以及改良市场法三种评估方法 | • 作为资产评估专业机构，其提出的三种评估方式在数据资产的经济价值衡量中具有权威性以及可落地性 |
| Forrester | 2020 | 提出报表、BI类应用的经济价值评估方式 | • 采用了多步式方法评估BI应用对组织的影响，其测算出的经济价值相关参数具有一定的参考价值 |
| 阿里研究院 | 2019 | 发布《数据资产化之路　数据资产的估值与行业实践》，分析数据资产价值影响因素以及五种评估方式，包括市场价值法、多期超额利润法、前后对照法、权利金节省法、成本法 | • 将数据资产与无形资产进行对比，探索无形资产评估方法在数据资产中运用的可行性。<br>• 以方法论的形式提出评估方法，未考虑估值方法的可落地性 |

商业银行可结合自身场景需求与数据资产运营现状设计适用于本行特色的数据资产价值评估模型，保障数据资产价值评估工作科学化、规范化。

**案例2**

浦发银行以“价值管理为本，落地可算为先，货币计量为重，多维评估为上”的总体原则，结合商业银行业务特征，设计包括内在价值、成本价值、业务价值、经济价值和市场价值五大价值维度的商业银行数据资产价值评估模型，采用改良后的成本法、收益法和市场法估值方法，围绕数据潜能、效能和产能对全行数据资产价值开展评估，促进数字化应用能力提升，全面赋能企业数字化转型。

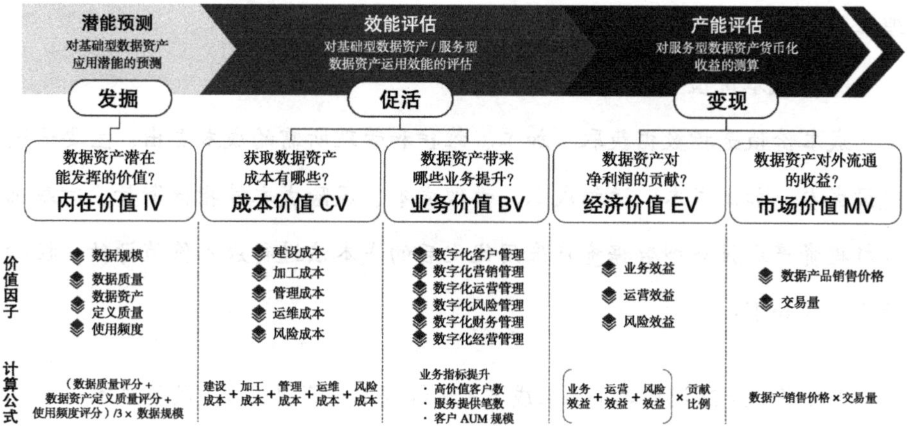


图9-5　数据资产价值评估模型

（1）内在价值

内在价值是指数据本身固有的价值，主要通过数据规模、数据质量、使用频度、数据资产定义质量等指标衡量。内在价值评估适用于基础型数据资产，核心计算公式如下：

内在价值=（数据质量评分+数据资产定义质量评分+使用频度评分）/3×数据规模

其中，数据质量评分是统计各信息系统数据质量总体评估情况，包括完整性、规范性、有效性、一致性、唯一性等；数据资产定义质量评分是统计各信息系统通过数据资产管理平台发布的数据资产定义信息的总体质量评估情况，包括完整性、及时性、准确性、规范性等；使用频度评分是统计各信息系统数据资产近一年的使用热度总体情况；数据规模是统计各信息系统数据资产总量。

数据资产内在价值可用以衡量数据资产的质量、规模等，对于评估与数据资产相关投资的优先级排序，以及指导数据质量或数据安全相关的数据管理工作会起到重要作用。

（2）成本价值

成本价值是指数据获取、加工、维护和管理所需的成本支出，主要通过建设成本、加工成本、运维成本、管理成本、风险成本等指标衡量。对基础型数据资产和服务型数据资产采用优化后的成本法进行成本价值评估，核心计算公式如下：

成本价值=建设成本+加工成本+运维成本+管理成本+风险成本

其中，建设成本是统计内部原始数据采集人工成本、采集终端设备成本及外部数据采购等成本；加工成本是统计数据清洗、校验、整合等过程的投入成本；运维成本是统计数据存储、备份、迁移成本，数据库设备折旧成本以及数据维护的人力成本；管理成本是统计数据治理成本，数据安全和保护方面的投入成本；风险成本是因数据原因导致外部监管处罚金额。

此方法从度量成本的维度出发，通过定义数据成本核算指标、监控数据成本产生等步骤，确定数据成本优化方案，实现数据成本的有效控制。

（3）业务价值

数据资产的业务价值指数据资产对业务的赋能效果，通过业务指标衡量，对服务型数据资产采用优化后的收益法进行业务价值评估，核心计算公式如下：

业务价值=业务指标的提升

根据是否直接参与主营业务活动区分为直接业务指标与间接业务指标，直接业务指标是指数据资产直接赋能主营业务而贡献的显性价值，如净增零售中高端客户（户）、净增公司有价值客户（户）、不良贷款控制率的下降（%）等。间接业务指标是指数据资产服务主营业务而贡献的隐形价值，如手机银行月活数提升、服务人次等。

此方法考虑数据资产对实际业务的应用效果，了解实际业务使用中对于数据资产的可用性评价。数据资产的业务价值与应用场景的业务指标直接挂钩。

（4）经济价值

数据资产经济价值是指通过货币化方式计算数据驱动带来的营业收入金额增值，以及降低营运成本和风险损失等的金额，对服务型数据资产采用优化后的收益法进行经济价值评估，核心计算公式如下：

经济价值=业务总效益×数据驱动的贡献比例

其中，业务总收益包括提升营业收入和降低营运成本，数据驱动的贡献比例通过分解测算或业务协商两种方式确定。以服务型数据资产“财富产品个性化推荐”为例，经济价值=净增零售营业净收入×算法的提升比例，其中算法的提升比例，是通过ABtest方法设置参照组和执行组计算得出。根据这个公式，计算推荐位引流成交金额、手续费率，以及通过ab组测算模型带来提升率，三者相乘得出此项资产的经济价值。

（5）市场价值

市场价值指数据产品在数据要素市场流通交易所产生的经济收益，由市场供给决定数据资产价值。对经产品化包装后的服务型数据资产采用优化后的市场法进行市场价值评估，核心计算公式如下：

市场价值=数据产品在对外流通中产生的总收益

以“海螺资讯信息服务”数据产品为例，覆盖研报、资讯等非结构化数据和宏观的、行业的指标或标签等结构化数据，通过标签抽取、图表自动生成、自然语言处理和机器学习等算法生成覆盖宏观经济、行业分析、区域发展、专题报告的相关资讯，将内部数据与专家判断经验结合生成分析报告，出售给浦发银行的对公客户。

（四）数据资产运营管理

数据资产运营的核心目标是实现以价值为导向的持续运营能力提升，其关键在于建立数据资产良性运营机制。在具体的落地实践中，可从用户运营、内容运营、运营评价三方面，构建全方位的运营能力支撑，保障数据资产管理体系的运转，最大化提高企业资产化运营效率。

**1. 用户运营**

遵循用户诉求和期望，围绕数据消费群体展开的运营活动，通过数据资产用户运营使得数据资产可见、可懂、可用，真正为用户所需，主要包括以下四个方面：

（1）感知：通过跟踪用户行为、收集用户数据、收集运营问题，随时知晓用户是谁，用户在哪，用户在做什么；

（2）决策：通过分析总结，充分了解用户行为与问题的深层因素，决策最具价值的运营活动，从释放数据价值和提升用户体验的角度来理解和呈现数据资产；

（3）行动：提供用户所需的必要能力，包括提升用户体验、提供场景服务等，切实与用户建立信任，满足用户需求；

（4）反馈：持续、综合收集用户运营效果反馈数据，形成闭环反馈，总结与指导用户运营。

**2.内容运营**

围绕数据资产目录构建、数据资产查询、数据资产使用开展的运营活动。通过数据资产内容运营，帮助用户快速定位与使用数据资产，主要包括以下三方面。

（1）数据资产目录：从业务视角或技术视角搭建数据资产目录，分层分类展示金融机构数据资产元数据信息情况，厘清金融机构数据资产全貌。

（2）数据资产查询：支持从数据资产业务信息、技术信息、管理信息等多维度查询数据资产详细情况。

（3）数据资产使用：推进数据资产所查即所得，提高数据共享应用效率。将数据资产与应用场景对接，使得数据资产快捷推送到应用场景，实现数据资产从“可见、可懂、可用”升级为“好用”。

**3.运营评价**

围绕数据资产用户运营及内容运营的有效性评价开展的运营活动。通过数据资产运营评价，帮助数据资产管理者监控数据资产运营效果、调整数据资产管理方向，主要包括以下两方面。

（1）运营指标设计：梳理金融机构数据资产运营目标，设计关键评价指标，形成数据资产运营评价指标体系。

（2）运营报表设计：基于运营指标体系，编制数据资产运营报表，全面掌握金融机构数据资产运营成效，辅助数据资产管理决策。

**案例3**

浦发银行已组建数据资产运营团队，制定数据资产认定手册等数据资产运营流程及模版，常态化开展数据资产盘点、确权、价值评估等工作，相关量化指标每月通过《数据资产经营报表》发布，用科学、量化的方法计算数据驱动所带来的价值，在全行营造价值创造的数据资产理念，鼓励和挖掘更多的数据应用场景，进入“数据赋能”到“价值创造”的良性循环中。具体运营成果如下：

1.建立数据资产管理制度体系。为切实保障数据资产管理体系有效落地，浦发银行发布数据资产管理办法，明确行内各方职责、规范各项工作，推动全行数据资产规模的增长和数据资产的深入应用，释放数据资产价值。

2.建立数据资产估值和运营机制。浦发银行组建了数据资产运营团队，制定《数据资产盘点模板》《数据资产认定标准》等数据资产运营流程及模版，指导总分行常态化开展数据资产盘点、确权、价值评估等工作。

3.开展智能化数据资产运营。浦发银行优化升级数据资产管理平台，开展全行数据资产管理和运营，平台全面覆盖数据治理十大管理领域，并扩展至数据资产管理领域，面向全行用户发布资产目录智能推荐、数据资产一站式申报、数据资产经营报表、小智机器人智能问答等服务，确保数据资产在企业内部开放共享和有效应用，为数据管理者和消费者提供服务，提高资产化运营效率。

4.按月发布《数据资产经营报表》。浦发银行按月组织开展全行数据资产认定、盘点、确权、价值评估等数据资产管理和运营工作，并通过《数据资产经营报表》全面度量企业数据资产的规模、价值、运营能力和管理水平，使得各关联方掌握自身在数字化转型、数据应用方面的程度，促进内部形成良性的数据应用氛围。

5.开展形式多样的宣贯培训。浦发银行定期通过宣贯培训会、年度数据治理网络培训、数据资产知识贴等方式，对数据资产管理体系进行详细解读，进一步提升全行数据资产价值意识。

### （五）数据资产安全保护

数据资产保护以数据资产的安全防护，不受攻击为目标，避免在数据采集、传输、存储等环节的信息泄露和滥用。近年来，国家颁布了《数据安全法》《个人信息保护法》和《网络安全法》，三部法律法规构成了数据保护领域的“三驾马车”，银行业是对数据安全高度敏感的行业，数据资产安全管理至关重要。此外，在数据要素市场化的背景下，数据资产共享和流通已成为行业发展的主流趋势，对商业银行现有数据资产保护提出新要求。

1.建立数据资产安全治理与制度体系。商业银行需及时解读法律法规和监管规范要求，健全数据资产安全治理与制度体系，细化数据资产安全全生命周期管理要求，包括：包括根据金融行业标准《金融数据安全 数据安全分级指南》（JR/T 0197—2020）要求，加强数据资产分类分级；根据金融行业标准《金融数据安全 数据生命周期安全规范》（JR/T 0223—2021）要求，建立覆盖数据采集、传输、存储、使用、删除及销毁过程的安全机制；根据金融行业标准《个人金融信息保护技术规范》（JR/T 0171—2020）要求，加强个人金融信息全生命周期管理。

2. 建立数据资产安全管理长效机制。第一，保证数据信息安全。采取加密技术和数据备份等方式，保障数据资产在存储和流通过程中不被篡改或损毁；建立安全审查机制并严控访问授权环节，防止数据资产在使用过程中发生泄密或侵权。在系统安全保障方面，对数据资产进行安全等级划分并分布存储，对于具有强关联性的敏感数据进行安全隔离；同时应具备完善的风险预警和应急预案，在系统运行发生异常时保障数据资产的安全。第二，保证数据资产管理过程依法合规。首先，强化对消费者权益的保护，将保障个人隐私信息安全作为数据资产管理的必要前提。其次，建立全流程的业务规范，保障数据采集、存储和应用环节的合规性；对外部数据的采购、接入、登记、存储和共享环节应进行统一管控。在数据处理过程中保持客观、全面和公正，在数据资产流通环节，明确交易流程和规范，做好输出数据脱敏和交易行为监控。

3. 加强新技术与场景化数据资产保护的结合。在保护数据资产安全、合法合规使用的同时，最大限度地保证数据资产的可用性以及可挖掘价值。"开放银行"、以"场景+金融"为思路的场景金融等银行业独特的业务模式，开放性的各类业务场景，在业务所及安全可达的需求下，积极利用联邦学习、多方安全计算、可信执行环境、区块链等新兴技术，加强对数据收集、存储、处理、隐私保护等场景的安全保护，探索实现在开放生态环境下的"数据可用不可见""数据可控可计量"，进一步提高数据合规共享水平。

**案例4**

浦发银行高度重视数据资产安全及保护工作，建立健全全周期多层次数据安全防护体系，从治理、管理、技术三个层面，实施数据采集、传输、存储、使用、删除销毁等全生命周期安全控制，防护数据安全和个人隐私。

1. 构建综合安全治理框架。不断完善银行高管层、安全专业部门、全辖机构共同参与的组织体系，实施数据安全全辖全员群防责任制，建立常态化安全内控督查、年度机构安全合规内控考核、员工安全违规处理等机制。

2. 实施数据全周期安全管理。发布《数据安全管理办法》《数据安全分级管理规程》《个人金融信息安全影响评估规范》《个人金融信息保护合规基线执行规范》等安全制度，优化分类分级标准，分为五级317类，对全行数据资产开展分级，按数据安全等级采取等级化保护。强化个人信息保护和隐私管理，持续完善制度规范，加强数据应用管控，全面规范个人数据处理活动，定期对行内信息系统开展个人金融信息排查和整改。

3. 建立层次化网络安全技术架构。实施多层次的纵深防御策略，遵循主动防御思想，在数据、终端、应用、系统、网络、物理等各个层面部署安全管控措施及工具，实施全边界管控，对电子邮件、移动设备、打印、上网等十余类数据泄露通道，从严确定通道控制、关闭和监控策略。建立三线协同的专职安全运营机制，实现全天候全覆盖的安全监测和快速拦截处置能力，同时持续锻造自主渗透、漏洞挖掘、威胁狩猎、情报分析、取证溯源等各类安全运营能力，不断升级网络安全防护体系，防范网络攻击泄密。

4. 建设开放生态下的数据资产安全保护技术体系。已建设多方安全计算、联邦学习、可信计算等隐私计算平台，借助隐私保护技术加持，消除传统明文数据交互带来的数据安全和隐私保护的隐患，进一步保障数据安全、高效、合规地共享协作，释放数据资产价值。

5. 建立数据安全事件应急处置机制。建立数据泄露事件应急预案和个人信息保护应急预案，针对“外部网络发现疑似我行客户数据售卖”等场景有针对性地制定了应急响应和处置流程，有效处置各类数据安全事件。

6.加强全员数据资产安全培训。强化员工安全意识，提升全行整体安全防护能力。

## 三、数据资产管理发展展望

### （一）从数据驱动到数据原生的演进

数据驱动是在现有技术架构和业务平台下，根据明确的业务流程，对海量数据进行处理、分析和挖掘，提炼和获取数据中有价值的信息和知识，从而为银行制定决策或运营业务时提供有效的智能支持，减少或消除不确定性，不断优化当前已有业务环节，促进业务增长并提升组织运营效率。一是通过数据驱动业务功能与流程，提升数据使用效率，即实现对海量异构数据的感知和处理，针对不同系统获得的数据及发生的事件及场景做出实时的反馈，为业务应用提供实时的数据服务，推进业务流程自动化；二是在数据处理的基础上，结合人工智能技术，敏捷的分析和挖掘数据价值，实时驱动运营监控、服务优化、产品创新和商业决策，提高业务系统智能化水平与自动化水平，从而为客户提供个性化、智能化体验。

数据驱动是在既有的业务流程下提升数据感知、处理与使用的效率，发掘数据价值并快速运用到业务决策与经营过程中，为客户实时提供个性化服务，随着技术不断发展，数据处理的流程不断加快，智能化水平不断提高，但其本质仍然是在银行既定业务和架构框架内发掘内部数据价值来驱动业务，尚未充分发挥数据的价值。

随着物理世界、人类社会空间和信息空间融合程度不断加深，数据作为构成未来数字世界与物理世界高度融合的基础，银行有必要从根本上重视数据的重要性，回到事物的最基本点，通过数据这一全新视角来理解社会形态、经济活动和金融业务，遵循“一切从数据出发”原则，构建由数据定义业务及架构演进的生态技术体系，推动业务创新，最终实现数据原生，即遵循“以数据为核心要素，由数据定义业务及架构”的理念开展社会生产经营活动。数据在人类社会、物理空间和信息空间构成的三元空间贯通、流动，通过数据在数字世界构建物理世界的运行框架和体系，再通过“算力+模型”推动生产力的变革从局部走向全局、从初级走向高级、从单机走向系统，推动劳动者成为知识创造者，将生产要素从自然资源拓展到数据要素，实现资源优化配置从单点到多点、从静态到动态、从低级到高级的跃升，形成为产业数字化提供持续动能的数据价值空间。

从技术角度来看，数据原生具有全时空数据、随处访问、智能自治的特性。万物皆可测量，一切皆可数据化，通过海量异构数据的互相联接和融合，组成跨越时空的多维数据全集。通过不断发展的物联网技术和大数据技术，数据将被持续实时采集、传输和应用，并且能够被随处访问，随处处理。这种实时持续快速的处理，将能带给客户极致体验，随处满足客户需求及期望。同时，技术创新赋予数据智能自治的特性。数据具备自描述、自解释、自关联的能力，并自迭代产生新的数据及服务，为数据即时消费、数据就近处理提供可能。

从社会角度来看，数据原生具有数据可信的特性。数据可信是指基于数据原生的基础设施具有高容错能力以及抗攻击能力，将可能包含不可靠、内嵌恶意攻击等不安全因素的原始数据经过可信算法的治理，关注数据全生命周期中的数据源、传输环境、计算框架和存储安全等环节，保证数据的可信管理、防篡改、不可抵赖、一致性和完整性。

从经济角度来看，数据原生具有数据价值化的特性。数据不仅是信息化过程的产物，还是驱动数字经济发展的引擎。通过将数据作为基础性战略资源，促进数据的流通融合，数据价值将被充分调动起来，进而释放数字红利，推动数字经济建设。围绕数据资源化、资产化、资本化发展的路径，将场景数据加工变成可信任、可利用、可交换的高质量数据，强化数据的使用价值和交换价值，形成数据连接下的开放生态圈，实现消费互联网和产业互联网高度融合，助力数字经济蓬勃发展。

从法律角度来看，数据原生具有数权明确的特性。数据成为最为重要的资源之一，需要通过建立相关制度，对数据进行重新确权。确定数权的前提，需保证其具有私权属性、公权属性和主权属性。在数据明确权属关系后，相应的监管逐步向数据集中，借助于技术手段，对金融行为进行实时监管。

借助以上数据原生特性，构建全面多维（Through）、有序流通（Well-regulated）、有经济属性（Infonomics）的价值网络（Network），即数据价值"TWIN"空间，为数据规划了一条始于数据资源、升级为数据资产、形成数据要素，探路进入市场形成生态服务的价值实现路径。可以助力数据资源的全面丰富，保护数据资源的有序流通、构建生态数据价值网络，挖掘数据要素的经济属性，进而建设数据银行，以赋能产业数字化为主线，凝聚商业价值与生态伙伴力量，提供综合产品与服务的产业数据要素流通金融基础设施。

### （二）从传统管理到多元技术的融合

数据从产生到计算再到消亡，会涉及采集、传输、存储、计算、销毁等多个环节，其生命周期可能会有数十年之久，要真正保障数据资产的安全需要一个更加全方位的、体系化的管理解决方案，以使得每个环节上都有对应的技术体系保障数据安全。行业内对于数据的管理已从传统的信息安全管理转变为新一代具备智能数据、智能诊断、智能控制特性的智能化数据管理技术。当前数据资产管理的可靠路径是要在云计算、AI、物联网、区块链、5G等新一代信息技术的加持下建设数据流通平台，保障数据流通安全，立稳隐私保护、数据安全底线，构建可信的数据资产管理体系和流通底座。

为了实现数据资产的有序调度、管理、资源管理等，进一步将隐私计算与后续的AI能力解耦，在云平台基础上，综合使用秘密共享、混淆电路、不经意传输、同态加密、隐私集合求交（PSI）、隐私信息检索（PIR）等隐私计算技术，结合区块链技术作为分布式计算中间过程的客观可信存证与协同激励，结合大数据分析和AI算法能力，通过高效统计分析、特征分析、机器学习等能力提供数据安全匹配、安全联合计算、完全联合建模、安全查询等跨机构间可信数据协作能力，实现内外部数据梳理、数据共享、数据服务、数据挖掘、指标管理、数据管控等数据资产管理与服务能力，释放金融数据价值，助力金融业务创新与增长。

### （三）从内部赋能到数据生态的拓展

随着数据要素作为生产力的地位得到广泛认可，数据要素市场化配置需求成为新的经济运行需要，亟待建立一种以数据要素为核心经营对象的新型金融基础设施。以企业和产业数字化转型为能力输出，以企业数据的要素化、市场化配置为服务对象，以促进数据要素内循环、对接数据要素外循环为经营范围，将成为金融服务重要的创新领域。

立足当下，从数据资源到数据资产，强化数据赋能银行业务，深练内功，是促进银行数据高效内循环的过程。

银行通过建设数据资产管理体系，开展数据资产运营活动。一是准确理解使用数据的具体业务场景，盘清数据资产，按照使用场景对数据进行分类管理。二是通过数据资产的估值与定价，建立数据资产的成本思维，关注投入与产出配比，探索建立数据计量机制，充分计量数据资产。三是在可靠计量的基础上，提炼可共享、复用的数据能力，沉淀为一系列高价值的数据资产和数据产品。

展望未来，数据必然实现由数据资产到数据产品再到数据要素化的变革演进。从对数据经济属性的探索到形成数据要素走向市场，是数据对接市场外循环形成数据生态的过程。

银行数据资产的生态经营，必将形成由为行业提供的端到端的服务组成的数据生态圈，围绕行业客户痛点，聚集企业内外部数据资产，挖掘一系列解决客户痛点的业务场景，帮助用户实现无断点的用户旅程。通过不断的技术验证与业务实践，以数据资产管理和数据要素流通为核心服务能力输出，将企业内部高价值的数据资产通过综合产品和服务，形成可有序流通并市场化运营的数据要素产品，并且通过支付合理的对价，安全地利用外部有价值的数据要素产品。一方面通过新的数据资产赋能客户经营；另一方面形成自身数据资产的要素化价值创造，开拓银行新的业务模式。

银行业将通过整合自身和生态伙伴的力量，赋能产业转型，助力数据资产通过数据要素化为产业数字化提供持续的生产力，并基于银行的金融职能为其提供能够服务于企业内部数据和对接外部数据的综合产品及服务能力。探索开放生态，以完善数据要素流通金融服务为使命，以促进产业数据要素价值释放为目标，构建安全有序高效敏捷的数据生态模式，加速创新数据生态的配套服务。在健全如数据要素质量评估、数据资产等级评估、数据使用安全合规咨询，以及金融服务特有的数据要素托管、交易担保、交易保险、数据产品经纪服务等配套服务体系方面不断创新，促进完善数据要素流通配套产业服务。连接产学研用，为数据规划一条始于数据资源、升级为数据资产、形成数据要素，探路进入市场，形成数据资本，完成数据在生态服务的价值实现。从用数据赋能的内循环到形成数据生态的外循环，相互促进，形成数据资产管理与数据要素价值释放的强循环，从而在数据生态范围内达到数据资产的价值最优解。

# 第10讲　治用并举，以用促治，推进数据治理实践

易永丰

2017年，党的十九大提出“数字中国”战略发展方向；2019年10月，党的十九届四中全会首次提出，数据成为我国宏观经济运行中的重要生产要素；2020年4月，中共中央国务院已明确“数据”成为五大生产要素之一。数据作为数字经济时代的基础战略性资源，已经成为推动经济社会发展转型的新动能，也是银行经营发展的核心生产要素和关键资产。强化商业银行数据治理，对于打造数字时代商业银行核心竞争力至关重要。在当前数字经济发展提速形势下，华夏银行积极推动全行数字化转型，坚持数据“治用并举、以用促治”，持续完善数据治理体系，推动数据治理与应用工作有序开展，夯实数据基础，提升赋能业务能力。本文立足于金融领域数据治理，结合华夏银行实践，对数据治理战略设计、体系建设和以用促治等实践经验进行总结，以期为商业银行数据治理提供参考。

---

作者系华夏银行信息科技部副总经理、大数据服务中心主任。

## 一、强化顶层设计，统一思想，明确数据治理战略方向

2018年，中国银行保险监督管理委员会印发了《银行业金融机构数据治理指引》，明确提出商业银行金融机构应制定大数据战略。2019年在监管要求和支撑内部数字化转型需要的驱动下，华夏银行参考借鉴国际DAMA数据治理方法论和国内DCMM标准，结合自身实际，制定了《华夏银行大数据发展规划（2019—2023年）》，提出华夏银行的数据战略目标和路径。

随着数字中国建设和数字化转型的推进，华夏银行在2021年发布的《华夏银行2021—2025年发展规划》中将数字科技转型列为第一战略。为深入落实第一战略，华夏银行制定了《华夏银行2021—2025年数字科技转型行动方案》，引领和推动全行数字化转型全面开展。作为全行数字化转型的基础工作，数据治理的目标进一步明确：在保障数字化技术安全和数据隐私保护的前提下，健全"治理全面化、数据平台化、数据资产化、数据价值化"数据体系，治用并举、以用促治，筑牢全行数字化转型的数据基础，全面提升数据能力，支撑全行业务数字化转型发展。同时，华夏银行发布数科行动方案一号工程——"禹治工程"行动方案，秉承"大禹治水"的精神，进行科学规划、系统安排、分步实施、持续迭代，围绕数据组织架构与人才队伍优化、数据标准落标、数据质量专项治理、数字资产盘点、数据技术底座建设、数据中台建设等专题开展专项工作，解决困扰华夏银行多年的全局性和基础性数据问题，全面提升数据治理能力。

"禹治工程"建立了由行领导担任组长的工作领导小组，总行相关部门负责人、各分行行长牵头成立本单位工程实施小组。工程采用ISO9000质量认证标准予以推进实施，严格按照计划、执行、监测、改进的质量管理方

法，形成问题发现、根因分析、方案制定、计划执行、效果验证、反馈总结的闭环管理模式，强化过程管理，严控工程质效，持续改进、迭代、提升。工程包含530余项工作任务，涉及总行各部门、各分行与相关子企业。由数字化转型推进办公室牵头按月跟踪项目进度，对重点任务的里程碑及最终成果进行质量评审，定期召开工程实施小组例会通报工程实施进展及质量评审情况，并向数字化转型领导小组汇报。

## 二、坚持系统观念，治用并举，建立健全企业级数据治理体系

华夏银行充分认识到，数据治理是企业治理数据的系统化工程，是一项“前人种树，后人乘凉”的“正确而困难”工作。因此，“禹治工程”由行领导挂帅，全面推动各项工作有序开展，在组织人才建设、制度机制优化、标准质量把控、平台技术支撑、认责考核保障方面持续完善，逐步健全企业级数据治理体系，不断优化和深化全行数据管理。

### （一）完善组织人才体系，推进人才建设“新高地”

#### 1.健全数据治理组织架构，细化职责分工

数据治理是一项全行性的工作，有效的组织架构是数据治理成功与否的关键，为达到数据战略目标，华夏银行结合自身业务特点，构建了涵盖“决策层、组织协调层、执行层”的多层次相互衔接的组织架构。决策层包括董事会、监事会和信息科技管理委员会；组织协调层分为三层金字塔组织架构，数字化转型工作推进办公室负责数据治理认责、考核、激励机制等顶层设计，计划财务部内设数据信息部负责统筹监管报送及数据应用，信息科技

部负责技术底座建设，建立更加完善的数据治理体系，推动数据治理深入开展。执行层主要是在总行每个部门及分行设立数据官和数据管理专员，进一步提升本条线或本分行的数据治理和数字化转型工作组织、推动、督办、宣导质效，全行上下形成数字化转型合力。

**2.构建数据人才体系，夯实数据治理资源**

党的二十大报告指出“人才是第一资源”，为了确保数据治理工作有效推动，华夏银行通过内培、外引相结合的方式，积极构建数据分析、数据建模等方面的人才队伍体系，高效推动数据领域各项工作，确保数据规划取得实效。

组建数据分析师团队，主要依靠内部识别具备培养基础和意愿的人员进行培养。由总行牵头部门联合业务部门共同设计培训课程，从业务侧的数据应用需要出发，以解决业务痛点和创新业务场景为主进行理论和实践课程设计。通过培训考试等方式，在全行建立数据分析团队，构建“1+N”的专业分析师和数据分析师队伍，由归口管理部门组建专业数据分析团队，总行相关部门、分行、子企业按需配备专职或兼职的数据分析师，灵活、快速地响应各单位数据分析应用需求。

组建数据建模团队，主要从科技、业务两侧发力构建全行模型人才队伍，由总行统筹管理，承接总行条线、分行、子公司数据建模需求。科技侧主要通过外引和内培方式持续扩充，业务侧主要通过内训方式，形成梯队人才体系，为全行数字化模型人才团队建设奠定基础。

### （二）优化数据治理制度体系，保障治理有章可循

华夏银行早在2013年就开始布局数据治理研究与实践，2015年初步建成数据治理制度体系框架。近几年结合监管要求及应用实践不断重检和优

化，构建了以《华夏银行数据治理管理办法》作为工作总纲，以治理领域类、治理保障类及应用服务类各项管理细则为支撑的全面、完整的数据治理制度体系，明确和规范各项数据治理工作的职责分工和流程机制，强化全行数据治理和应用的主动性、外部数据引入的规范性，有效支撑数据治理和应用工作的高效开展，为提升数据应用效率、发挥数据价值提供保障。

### （三）构建数据标准及质量管理体系，提升数据应用价值

商业银行经过几十年持续的信息化建设，积累了海量的数据，数据质量的好坏直接决定着数据价值的高低。华夏银行按照标准、执行、监测、改进的思路，聚焦全行数据应用中的客户、机构、产品等基础数据，以及监管统计和经营管理等指标数据，强化数据源头治理，统一数据标准，固化至系统，确保新增数据质量，辅以持续数据质量整治，逐步解决存量数据问题。

**1.统一数据标准并落标，从源头进行数据的标准化生产**

数据标准工作遵循“边梳理、边认责、边修订、边落标”的模式，不断推动数据标准制定、发布、维护、落标，实现数据标准、数据质量的闭环管理。

数据标准梳理。基础数据标准按照EAST、金融基础数据、1104报表、金融统计报表、利率报备、反洗钱等监管要求以及结合客户信息管理系统（ECIF）建设需求，梳理确定需要新增或更新的数据标准项。指标数据标准通过分析EAST、金融基础数据、1104报表、金融统计报表、利率报备、反洗钱等的勾稽关系，梳理监管统计类和经营管理类指标数据标准，确定需要新增或更新的指标数据标准项。

数据管控前移。将数据标准作为企业强制标准嵌入信息科技项目建设流程，推动数据治理管控前移。

在立项阶段，设计并实施数据治理预分析机制。从项目涉及的数据范围、数据质量保证措施、数据落标方案以及数据价值等方面对数据治理效果进行预分析与预设计。

在需求阶段，通过需求资产管理系统对接数据标准，编写需求说明书时可直接调用，并增加数据项落标评审机制。

在开发阶段，通过云原生开发平台提供数据标准服务，将华夏银行数据标准转换为数据字典，供应用系统的业务程序直接调用，能够保证应用系统敏捷开发的同时数据是符合标准的。

**2. 推进数据质量整治，标本兼治解决质量问题**

华夏银行数据质量整治总体按照“两条腿走路”的并行推进策略：一是抓紧源系统改造开发，从源头整改控制；二是构建全行数据质量检核规则库，按季度开展数据质量检测。聚焦具体问题数据，按照“先易后难，先少后多”策略推动存量数据整改。采取手工补录、校验映射规则调整、专项问题整改、数据质量管理流程优化等措施，建立问题数据发现、分析、整改、评估的闭环管理机制，持续提升全行数据质量。

**3. 统筹外部数据引入，落实合规引入、集中共享要求**

2018年，华夏银行就开始外部数据的专业化管理，成立外部数据审定委员会，制定《外部数据引入审定委员会工作规则》及《外部数据管理实施细则》，加强外部数据统筹管理，收集整合全行外部数据需求，统筹外部数据引入审定和接入工作，落实外部数据引入依法合规、集中共享的要求。近年来，经过多次完善优化，形成了包含组织、制度、流程、技术平台、资产管理、应用评价等在内的完整体系。引入外部数据9个大类37个子类，7000+数据项，支持客户准入、合规运营、风险控制、授信审批及精准营销等场景应用。

**4. 构建体系化数据模型，提高主动数据管理能力**

华夏银行很早就认识到加强数据模型管理，进行体系化建模不仅可以对数据架构进行有效管理，从源头消除“烟囱式”开发，同时可以规范元数据，有效消除数据应用人员在检索和理解数据时的困扰。

加强数据模型管理，强化数据模型与业务需求和开发流程深度融合，以涵盖数据标准、数据安全等级的企业级数据字典为基础，通过数据模型在业务端的指导和技术端的规范应用，将数据标准、数据安全管控等要求有效贯穿至日常应用服务和业务运营中，从源头促进数据标准、数据安全等级的有效落地。

同时，借助数据模型在设计开发过程中的应用，加强事前、事中对数据的规范，构建数据模型驱动下的数据治理新策略，实现对数据治理的全流程管控，打通数据标准、安全等级、元数据等信息孤岛，化被动治理为主动治理。

### （四）构建企业级数据服务体系，推进数据资产化运营

华夏银行着力构建企业级数据服务体系，从数据应用的角度出发，推进数据资产化运营，构建从数据资产供给端到数据资产消费端的供求关系闭环管理。以数据的最终价值驱动数据全链路运营过程，从价值倒推数据资产建设需要，通过数据红利推动业务部门数据治理和优化。以资产视角进行数据运营管理，建立全行数据服务体系，实现高水平、高效率、高质量的数据服务响应与支持。

数据资产管理体系建设。明确数据资产范围，开展数据资产盘点，逐步梳理并发布基础数据、数据模型、数据指标、外部数据、数据规范制度等所有类型数据资产，实现数据标签化及管理共享化。构建数据资产目录，形成

系统化数据资产管理体系。

数据资产运营。开展基于元数据的数据血缘分析，梳理数据来源、上下游关系以及依赖关系。对外部数据进行资产化管理，实现外部数据可见、可用、可评价。从资产活性、数据质量、数据时效、经济收益等维度开展数据资产价值量化评估，构建覆盖数据全生命周期的数据资产运营体系，盘活数据资产价值。

数据服务体系构建。从数据资产管理视角，定义数据服务分类，明确不同类型需求的数据服务实施交付方式与流程，持续升级多维分析、实时分析、数据可视化等基础架构引擎，提供“一站式”数据服务，降低数据使用门槛。依托数据敏捷交付机制，推动建设“数据超市”，实现自助式数据订阅、推送服务。

### （五）夯实数据技术底座，为数据资产化、价值化提供支撑

企业级数据技术底座和数据中台是企业级数据能力构建的重中之重，是数据价值得以体现的重要技术支撑，也是数据整合的基础与数据治理的关键。华夏银行从企业级的数据基础平台、数据中台、客户信息管理系统、数据资产管理平台等方面着手，加强数据平台化建设，为激活数据资产价值、赋能业务发展提供有力保障。

#### 1.完善数据基础平台，提升数据资源整合效率

基于数据仓库、企业级客户信息系统、数据湖、虚拟湖、图技术、区块链、隐私计算等打造企业级数据技术底座，消除数据孤岛，强化海量、非结构化数据分析处理能力。构建一体化数据作业调度平台，解决计算资源管理效率不高的问题，进行多维数据资产组合。建设一体化大数据开发平台，提升数据敏捷开发能力。构建图数据库，增强数据分析及机器学习能力。

**2.构建数据中台，全面提升数据服务能力**

依托企业级数据底座，构建具有华夏特色的数据加工厂，形成主题数据宽表的数据知识积累。在全行数据服务体系的支撑下，通过数据服务平台统一对外提供数据输出应用，统一规划应用领域，从定制服务和自助服务两个方向实现数据的开放共享，支撑全行主题应用。同时以应用场景沉淀数据服务，建立价值图谱，支持业务数字化转型。

**3.建设企业级客户信息管理系统，实现客户信息统一管理**

为了支持以客户为中心的数字化经营管理体系构建，华夏银行建设企业级客户信息管理系统（ECIF），扩展实现集团关系管理、特殊名单、合约、风险主题、多法人等功能，为全行应用系统提供客户信息相关服务，实现客户信息的集中统一管理与质量管控。

**4.建设数据资产管理平台，支持数据资产统筹管理**

数据资产管理平台作为“禹治工程”中数据中台的重要组成部分，主要通过梳理行内重要基础数据（元数据）、共享程度高的加工类数据、外部数据、数据模型等数据资产，构建数据资产目录，实现数据标签化管理和共享。通过数据资产管理平台摸清数据家底，厘清“有什么、是什么、在哪里、从哪来、到哪去、谁能用”，为数据资产价值挖掘和创造提供支撑。

### （六）构建认责考核体系，建立长效治理保障机制

数据认责考核机制与数据质量等数据治理工作之间包含着有机联系，需要同步开展各专项工作才能全面提升数据治理的核心能力。华夏银行通过持续开展数据认责、评估、考核，建立持续完善优化的闭环长效治理保障机制。

**1.开展数据认责，支撑数据全生命周期的闭环管理**

数据认责是数据治理成功的先决条件，必须从源头解决，确保每项数据

问题有人真正负责。华夏银行建立了数据认责机制，明确数据所有者、数据生产者、数据使用者和数据管理者等参与方职责，支撑数据全生命周期的闭环管理。同时，结合华夏银行实际，设计数据认责模型，明确数据认责原则，推动划定范围各数据项的认责。通过数据认责，解决了长期存在的数据责任不明确的问题，为数据全生命周期闭环管理提供有力支撑。

**2. 设计数据治理自评估模型，持续提升数据治理能力**

按照监管要求及参考业界通用做法，基于数据治理架构、数据管理、数据质量和数据价值实现等方面的要求，设计“五级自评估模型①”，每年组织总行相关业务部门开展数据治理自评估，量化评估治理效果，识别短板弱项，有针对性地采取措施改进提升。

**3. 建立考核和激励机制，提升数据治理的工作质效**

建立数据治理考核和激励的长效机制，按数据治理工作业务量对一线人员实施专项奖励，鼓励一线人员积极、主动地参与数据治理工作。配套“禹治工程”制定单项奖励方案，对在“禹治工程”实施中做出突出贡献的分行及个人进行奖励。通过各项激励措施，有效调动分行积极性，进一步提升数据治理的工作质效。

## 三、坚持问题导向，以用促治，提升数据治理显性成效

数据治理的核心使命和最终目标是业务价值的释放，华夏银行以盘活数据资产，激活数据价值为导向，坚持“以用促治”。围绕精准营销、智能风控、智慧经营、依法合规等主题领域，把解决问题、显现价值作为数据治理

---

① 分别为“1初始级”“2受管理级”“3稳健级”“4量化管理级”“5优化级”。

的核心工作，统一思想，集合资源，重点解决与业务数字化转型相关的关键性根源问题。

（一）在精准营销领域，依托客户信息管理系统建设，促治客户主数据管理

在当前数字化快速发展阶段，商业银行需要强化以线上渠道为主的全渠道客户触达，建立数字化的生态引流、精细化用户运营及智能化的客户分层分群经营管理模式，实现全客群、全渠道及全产品的数字化客户经营体系。

新规划期，华夏银行将通过“天枢工程”（企业级数字化客户经营管理平台）打造“总行大脑—分行战区指挥部—支行执行尖兵”的垂直化、穿透式精准营销体系，从“客户、产品、旅程、场景”四大维度，建立并优化数据分析模型用例，实现全渠道智能客户触达，形成“建模型—筛客群—配产品—定权益—选话术—准触达—评结果—优模型”的数字化营销闭环，开展客户全生命周期的常态化数字化经营，推动客户持续激活与价值提升。

为实现“需求智慧识别、产品精准推荐、渠道无缝触达、客户贴心体验”，华夏银行以应用需求为驱动，启动了企业级客户信息管理系统（ECIF）项目，并将此项目列为“禹治工程”一号项目。将数据治理工作贯穿项目建设全流程，落实全行客户数据标准，对分散在全行众多系统的客户数据进行治理、整合，实现“七个统一”，即统一客户信息标准、统一客户识别、统一客户视图、统一客户签约、统一客户营销、统一客户风险控制、统一客户数据。

1.项目启动阶段

从组织推动上，建立全行的数据清洗工作组织，推动并实施存量数据治理。总行层面组建业务与技术相结合的数据清洗攻坚小组，以专题研讨会的

形式对数据清洗的疑难问题进行专题攻坚，研究解决方案并组织全行实施。分行层面成立沟通协调小组，统筹解决分行在数据清理过程中遇到的问题，按照总行对应部门指导开展工作。

**2. 项目需求阶段**

调研客户数据在多个数据源系统中的应用现状及痛点，建立统一客户数据管理流程及标准规范，同时建立完整的现状数据网络图，调研每个字段的全生命周期，包括数据产生、分布、联机流转、批量流转、变形、组合等阶段。同时，在数据分布环节，建立和原系统每个业务字段的映射关系，从业务层面理清数据的分布情况，确保原系统数据迁入后没有遗漏。

**3. 设计阶段**

建立客户领域的数据标准、客户信息数据模型，并确定数据建模的实施工艺。确保每个字段都有数据标准，对于存量待整改的不符合数据标准的数据在录入时提示改正，其他的均不允许录入。建立新系统的每个字段的全生命周期跟踪机制，通过对数据使用过程的控制，保证数据的统一和数据质量的稳定。

**4. 开发与测试阶段**

开展数据清洗工作，逐项制定数据探查规则，参考数据标准、金融基础数据报送、EAST报送的校验规则，组织攻坚小组评定数据探查规则，并针对不同数据制定相应的清洗规则。

非标码值清洗：针对核心、信贷、信用卡三个源系统中码值类信息，开发码值类数据抽取脚本进行抽取。

共有客户清洗：对同时在核心、信贷、信用卡的两个或三个系统中都创建有客户信息的客户，开发抽取共有客户关键数据项脚本，并把抽取出的数据经管控下发分支行做确认。

疑似客户清洗：根据疑似客户识别规则，开发疑似客户数据抽取脚本，并把疑似客户数据下发分支行做客户确认、合并。

单字段清洗：根据对核心、信贷和信用卡客户信息数据的分析，对不符合数据标准的单个信息项开发对应的数据抽取脚本，把抽取到的数据下发分支行做清洗。

其他清洗：根据非标码值、共有客户、疑似客户和单字段清洗过程中发现的问题，实时开发对应的脚本抽取数据下发分支行做数据清洗。

通过项目建设以及过程中数据治理，从根本上解决了客户信息存在的数据分散、标准不统一、数据质量差等痛点问题，为全行应用系统提供高质量的实时共享客户信息与服务，从而为华夏银行“天枢工程”的建设打造了可靠的客户信息数据底座。

### （二）在智能风控领域，推广产业数字金融业务，促治企业级模型管理

为落实国家数字经济发展政策，华夏银行设置产业数字金融部，基于自身禀赋和业务特色，在前期积极探索与尝试的基础上大力推进产业数字金融业务发展。按照“积累数字资产、挖掘数字价值、创设数字信用、形成数字担保”的演进路径，以服务实体经济为中心，通过依托产业生态，运用数字科技技术，根据产业场景中的商业信用和金融信用评级结果，为产业生态提供综合数字化金融服务，并以创新业务模式、创新风控体系为重要突破点。

华夏银行始终坚持“风控保行”的经营理念，数字化经营需要更加精准智能的风控体系为业务保驾护航。构建智能风控体系，就是在基于对业务全流程生态数据的结构化分析基础上，再通过引入宏观因子、周期因子、行业因子、区域因子，用模型、阈值、参数控制业务风险和资产质量，实现对业务的全生命周期风险控制。数字化授信与风控完全改变了传统的业务模式，

从依靠人的敬业、专业、经验、道德的人工审批模式转变为依靠“数据+模型+参数”的数字化模式，因此，加强外部数据和模型的管理就显得尤其重要。

完善外部数据管理机制。在需求管理方面，整合全行外部数据需求，统筹外部数据引入审定和接入工作，落实外部数据引入依法合规，集中共享。在制度建设方面，制定并发布外部数据管理细则，在实现标准化外部数据采购、接入、整合与服务的基础上，拓宽外部数据维度。在平台建设方面，构建统一外部数据管理平台，实现了外部数据的统一接入、统一管理和企业级数据共享。在数据隐私保护上，建设企业级区块链和隐私计算平台，通过技术手段实现“数据可用不可见”。

构建企业级模型管理体系。数字授信与智能风控在强化银行风控能力的同时，也提升了业务价值拓展空间。数字授信体系是通过建立数字风控模型和规则，精准构建客户画像，从而实现批量化、自动化评估客户的风险等级和偿债能力，给予客户与偿债能力相匹配的数字授信额度。智能风控体系则是将原来的专家经验抽象为模型，运用“数据+算法+模型+专家规则”，及时识别风险并做出相应的管控。因此，模型对于强化银行风控能力起着至关重要的作用。华夏银行针对以前模型管理分散、规则不能共享、风控预警信息不能共用等问题，通过建设企业级模型管理平台，梳理模型资产并纳入平台统一管理，建立模型需求、开发、实施、验证、使用、监测、优化、退出等环节的全流程管控，实现模型企业级、全生命周期闭环管理。

通过对外部数据精细化管理、风控模型的企业级全生命周期管控，不仅提升了风控能力的及时性、科学性和全面性，也为其他领域构建客户全景画像，了解客户信息、客户业务，把控业务风险，挖掘客户价值起到了积极作用。

### （三）在智慧经营领域，开展解放“表哥表姐”行动，促治“一切业务数据化”

要实现智慧经营，就是要通过对主要经营管理指标数据收集、分析，来满足管理层决策及部门日常运营的需要，支持用“数据说话”。手工报表的存在严重影响了数据的完整性和时效性，提升报表自动化和智能化成为重要任务之一。

专职做各种报表的员工被称为“表哥表姐”。2021年以来，华夏银行在全行范围内开展解放“表哥表姐”专项行动，从监管标准类报表和内部管理类报表两个维度，推动解决手工报表问题，提升报表自动化和智能化程度。

手工报表线上化。标准报表和内部管理报表分类处理。标准报表是指EAST、金融统计报表、1104报表、金融基础数据统计表等监管报送类报表，此类报表有确定的标准化要求和固定的报表模式，采用固定报表模式集中开发，尽量“消灭”存量。内部管理报表是指各单位根据内部管理需要所设置的报表，此类报表形式灵活、需求多样，在优化改造现有灵活报表平台和广泛培训推广的基础上，通过模块化、自定义开发的方式，自动生成报表并自主实现数据查询、图表可视化设计等。

标准报表自动化和智能化。穿透到底层全面提升数据质量，增强数据可获性。标准报表采取源头补录开发方式完成业务线上化和智能化改造，集中解决数据自动获取问题，避免数据层层上报，释放各条线报表人员生产力。

通过专项行动开展，从后向前带动前端业务线上化和业务要素录入操作的规范化，通过新建或改造前端业务系统为分行及各业务部门减负增效，同时积累数据资产，助力数字化转型。

（四）在依法合规领域，建设数字化审计项目，促治数据资产盘点与合规共享

数字经济时代，面对传统风险加快暴露和新型风险多样化凸显的客观形势，依法合规开展工作，离不开数字化审计体系建设。华夏银行内部审计充分利用全行加强数据治理的契机，将数据建设作为基础工作，通过建立审计数据集市对接数据中台，解决基础数据不足的问题，同时也有效促进了全行的数据资产盘点与合规共享。

梳理数据资产，扩大数据入湖范围。数字化审计需要全域、全量数据支撑。通过数字化审计体系建设，在内部数据方面扩大数据来源，多种渠道引入总分行及附属机构源系统数据，扩大审计中间数据采集范围；在外部数据方面，跟进外部数据接入情况，合规共享已引入的征信、工商、税务、法院等外部数据。通过系统梳理内部数据资产，以行内数据资产及数据标准管理办法为基础要求，制定数据采集范围及标准，实现有效采集；并面向全行范围推动数据入湖，在扩充数据总量的同时加强数据结构的规范性。同时，利用数据虚拟化技术，审计人员可以通过虚拟湖，进行相关源系统数据的探查与试用，明确数据用途后，再提出针对性接入需求，实现数据按需、精准、快速接入。

建立多样化数据标准，实现审计数据标签化。建立涵盖结构化、非结构化、半结构化数据等各类数据标准，提升数据存储、计算、应用能力。同时，构建审计数据标签库，对业务数据标签化处理，使审计人员能够摆脱对海量源系统数据的基础分析，直接运用审计标签开展工作，提高效率。

完善数据全生命周期管理体系。建立数据库表专人维护机制，负责数据

在审计集市的管理、数据引入、业务支持、评估下线等工作，确保数据有效性。通过构建数据模型，加强数据质量管理，对数据准确性、连续性、完整性进行自动校验，确保数据可用性。

华夏银行通过审计数据治理，有效提高基础数据质量及基础数据体量，也为其他领域挖掘数据价值奠定了数据基础。

### （五）在数据末端应用方面，发起“大数据春潮”行动，促治数据运营生态化

为推进数据价值释放，提升数据赋能业务能力，进一步推动分行典型数据分析与应用场景落地，2022年华夏银行在全行范围内发起“大数据春潮”行动，解决数据应用、数据价值交付的最后一公里问题。面向各单位招募、联合有意愿参与、先行先试的单位，组建科技业务总/分/支行深度融合的虚拟团队，逐步找准切入点和业务场景，发挥数据支持业务发展的作用与价值。

#### 1.推进数据资产盘点，构建BI自助生态

完善数据资产管理机制和流程，优化数据管理平台，将数据资产发布到对应分类科目下，使数据使用者通过数据搜索，了解并使用数据资产。依托“数据魔方”，实现自助式数据订阅、推送服务，使数据“找得到、看得懂、用得上”。同时，各分行安排懂数据的业务或技术人员对接总行BI团队，负责本分行BI自助运营推广使用工作。

#### 2.梳理数据应用需求，筛选数据应用场景

本着“优秀需求优先实施”原则，对业务价值高，具备可行性、创新性、推广性等要求的数据应用场景，组织进行评审筛选。对共性的需求，在总行侧进行企业级整合，通过“领活+派活”的方式，由具体团队实施；对

个性化的需求，通过分行云集市和数据API接口等服务方式，由分行自行设计实施。

**3.总分联动赋能一线，落地数据应用场景**

解决一线业务痛点，赋能分行营销、风控及经营管理工作，构建指标体系、标签体系、主题宽表、知识图谱，完善数据中台建设。优化推广分行数据云集市，支撑分行个性化数据应用。组织分行团队，快速推动对公链式营销、数字化运营指标体系、公共绩效指标体系、财私业绩指标体系、头寸实时监测、大额动账通知等分行数据应用场景落地。

**4.推广数据应用案例，充分释放数据价值**

定期对“大数据春潮”行动落地成果进行总结，具有推广价值的数据应用案例进行推广，逐步完善全行数据指标和数据应用场景的建设。在应用建设过程中按照全行性产品视角进行设计开发，便于推广复用；同时对应用案例和实施经验进行宣传，发布阶段性成果，强化推广效果。

**5.体系化培训加实践，培养数据应用人才**

全行范围内招募数据需求分析人员、数字化产品设计人员，组建数据应用虚拟团队。整合内外部资源，组织数据相关培训、交流和经验分享，赋能团队成员。分解“大数据春潮”行动各项工作任务，分配到人，结合项目实践历练，通过一年时间，打造出一支数据应用人才队伍。

“大数据春潮”行动实施半年多以来，通过总分行业技融合，基本实现数据服务实时提供，初步建设了5套指标体系，重点解决了全行绩效编号不统一、下发分行数据文件时效性不强、分行数据应用平台不统一、找不到数据、看不懂数据等数十个基层用户的痛点问题，培养了近200名数据应用人才。

## 四、结语

数据治理确实是脏活、苦活、累活，是一项永不交钥匙的工程，但数据治理又是数字化转型的必修课，是基础，是保障。华夏银行将在战略指引下，继续坚持“治用并举、以用促治”，持续运营和优化数据资产，发挥数据要素驱动作用，赋能业务创新发展，全力推进数字化转型，逐步提升数据对金融服务创新能力、竞争能力的支撑作用，为实体经济高质量发展注入强劲“数字动力”。

# 第11讲　常态化数据治理机制建设与实践

吴择金

我国商业银行经过20多年的信息化建设，积累了各类海量数据，这些数据作为一种新型的"生产要素"，不仅是银行重要的资产和核心竞争力，同时也是支持银行精细化运营管理，推动数据驱动业务发展战略转型、提升风险控制能力的基础。目前银行业发展迈进了下半场，数字化转型已成为各家银行在下半场竞赛中的制胜关键。对于银行而言，提高对数据的治理能力是数字化转型工作的重要基础。数据治理已从之前监管压力下的"要我治、要我管"，切实转变成为"我要治、我要管、我要用"，并成为各家银行的内生动力。在监管部门的强力推动下，各家银行在数据治理工作中均投入了大量的人力和物力，数据治理水平已有所提高，但数据治理涉及范围广、持续周期长、成效显现慢，属于典型的知易行难，持续提升治理水平面临挑战。特别是随着银行数字化转型的加快，数据成为关键生产要素，对各家银行的

作者系兴业银行总行数据管理部总经理。

数据治理提出了更高要求，数据治理水平踟蹰不前将成为银行提升自身竞争力的巨大障碍。

## 一、兴业银行常态化数据治理机制

兴业银行为提高数据治理水平，保障各项数据治理任务持续性开展，创新性地建立了常态化数据治理机制，通过发布数据治理制度规范明确总分行各级机构职责分工，充实岗位配置，组建全行各级机构参与的治理组织体系，打造事前、事中、事后全流程治理生态，将运动式数据治理执行模式落实为常态化任务，改变了过去被动式、应对式、行政式的治理困境，从而全面提升了全行数据治理工作质效及数据治理水平，兴业银行的数据治理常态化机制共包含以下五大方面。

### （一）强有力的组织保障

兴业银行历来十分重视数据治理工作，建立健全了从“两会一层”到一线员工全员参与、协同联动的数据治理体系。其中董事会、监事会、高管层和总行成立的数据治理领导小组（由行领导和各部门负责人组成）是本行数据治理决策机构。决策层定期审议数据治理重大事项，通过传导函意见、批示督办等形式，给予决策指导和支持，强化治理工作组织领导和有序开展。

为加快数字化转型并提升数据治理能力，2022年兴业银行实施金融科技改革，将总行数据治理归口机构信息科技部信息中心升格为总行一级部门数据管理部，作为全行数据治理和数据应用的牵头管理部门，主要负责根据监管及本行管理要求，做好数据的“建、供、管、用、报”工作，同时推动总分行各级机构进一步明确完善数据治理相关职责落实与数据管理人员（以下简称“DA”）岗位设置，建立对下指导兜底、对上执行反馈的运作机制，实现分级授权、总分协同的数据治理模式。总行数据管理部内设专业处室，对全行各级机构发现提出的数据治理问题，由专业处室牵头进行全面扎口。

为了强化机构治理职责和岗位建设，促进有效履职和责任落实。总行数据管理部推动全集团所有总行机构、分行及子公司健全数据治理领导小组，明确本机构层级数据治理归口部门或处室，并赋予归口单位治理检查、考核等权限，同时完善六类DA人员岗位设置，包括数据标准、数据质量、数据资产运营、数据分析与建模、信息统计、数据安全。目前已推动总行部门、分支行、子公司共配置4900余位数据管理员A、B角，并开展线上线下专业课程数据专业培训，数据治理工作链条持续完善，确保全行数据治理组织完善、政令畅通，有效触达一线。

### （二）高效率的执行机制

针对当前纷繁复杂的各类数据治理问题，兴业银行由总行数据管理部牵头、总分行两级各部门人员共同参与，打造总分联动、一体化的高效协同治理新机制，从而显著提升总、分行精细化数据治理工作水平。

为确保相关工作机制高效执行，数据管理部对全行的数据管理制度体系进行了重构：一是以“实现数据可信、透明、数智，使能内提效率、外拓业务，让数据成为关键生产要素”为目标，规划数据管理战略蓝图；二是围绕“建、供、管、用、报”五个领域，全面覆盖数据应用旅程，提升数据服务能力；三是聚焦问题完善机制，围绕数据标准、数据质量、数据需求、数据应用、数据安全等方面的不足，建立相应的制度体系，目标实现“全面扎口、分级授权、源头管控、融合使能”。目前已经形成“1个基本制度和11个管理办法以及35个管理细则”的制度体系。除此以外，在信息系统需求管理和研发管理的系列管理办法中，还融入了数据管理具体要求，使得数据采集工作从源头得到管控，进而提升基础数据质量。

为充分提升数据治理执行效率，数据管理部牵头构建横纵结合的数据治理运作体系。横向方面，为充分发挥总行统领全局的大脑作用，总行内部通过横向协同实现精细化的治理工作，切实为基层减负，提升内外部客户体验；数据管理部加强治理问题的全面扎口，优化问题处置流程，加强对总行各部门数据治理的支持。在具体工作流程中，首先由归口管理专业处室统一收集全行各级机构在中台建设、数据分析、统计加工、监管报送数据等过程中发现的数据治理问题，然后根据任务所属条线分解至对口数据治理处室，分别对接零售、企金、同业条线开展治理。各个治理处在收到任务后与相关部门对接，分析问题具体成因，协助形成整改方案，并在数据治理过程中提供治理进展跟进、问题数据提取与分析等支持服务。

纵向方面，为确保总行能为分行提供专业化指导，落实各级机构的主体责任，总行构建了"总行—分行—支行"纵向贯通的数据治理工作体系。总行各业务部门牵头本业务领域的数据治理，均设有数据治理归口处室，指导分行相应部门开展治理与整改；各分行也确立数据治理归口管理部门，扎口本机构数据问题和统筹治理任务，负责与总行数据管理部对接，各部门也设有DA岗位，确保有效推进辖内数据治理工作顺利开展；各支行专设DA岗位，将数据治理工作链条延伸至最前线，高效推动一线员工完成各项数据治理工作。

该机制执行中，每个层级的数据管理归口部门需要加强对本机构数据治理的扎口和统筹，这对归口部门的DA人员提出较高的专业能力要求，既要充分了解本行数据，又要熟悉业务和技术，担当起业务分析师（以下简称"BA"）与系统分析师（以下简称"SA"）间桥梁的角色。

### （三）全流程的质量管控

#### 1. 事前强化标准管控

银行业传统的数据标准体系仅选择共享性极高、重要性极大的少量数据项进行提炼整合，所形成的数据标准中，数据项覆盖面较小，实际数据建设和使用中往往只能以相近数据标准项作为参考，导致日常数据管理的落地执行效率较低、体验较差、标准管控逐渐失去效力，带来的遗留问题遍布各个环节。比如，研发人员缺少可直接参考的数据规范，仅凭各自理解建设数据，信息系统间同名不同义、同义不同名现象时有发生，特别是代码类数据项值域定义不一的问题影响较大；业务人员难以查找和理解数据、指标计算工作中取数困难、业务口径不统一；数据规范要求不明确，无法通过信息系统实施硬控，导致数据质量问题频发，数据应用工作困难重重等。这些问题看似已有一套口耳相传的解决方案，但“发现一个、解决一个”的模式终究是治标不治本的“补丁”。只有升级重构数据标准体系，强化数据标准管控才能从根源上解决问题。

为此，兴业银行数据管理部牵头开展企业级数据字典建设工作，通过BA+DA+SA的协同机制，梳理存量系统数据项，补充完善中英文名称、业务定义、业务规则、值域代码等数据项关键信息，在系统现有数据全量梳理的基础上，进行数据项之间的关联、匹配、去重、合并、派生等重要工作，对标国标与行标进行数据项整合与优化，完成数据项的业务属性、技术属性和管理属性定义，逐步形成企业级数据字典。该字典目标成为覆盖所有业务场景的数据“新华字典”，从而实现数据项先定义后使用和数据统一。企业级数据字典作为兴业银行数据标准的规范性文件在全行范围内强制执行。

标准体系建设工作中，兴业银行遇到的工作难点主要为以下三个方面：

一是基础性输入不足，各信息系统数据现状信息未能完整、及时地维护和更新，自下而上梳理整合形成企业级字典过程中需投入较多资源完善相关要素信息；二是相关方数据意识不足、动力不够，在没有充分宣贯的情形下，部分人员难以意识到数据工作的价值，配合度不高，影响工作效率；三是缺少企业级数据字典体系建设方法论，数据项合并、派生以及整合优化等工作的实施经验暂时欠缺。

针对时间紧、任务重的挑战，数据管理部采取分批次、分条线、分优先级、巧用工具的方案，即按照数据主题分批次梳理、各业务条线并行开展，筛选重要信息系统和重要数据项优先梳理，开发匹配工具助力完成数据项匹配工作。针对数据意识不足的问题，内外共同发力。内力表现为行内数字化转型带来的数据标准体系建设驱动力，行领导多次指出将企业级数据字典作为数据治理工作的重要工具，要加大投入，加快建设，行内发布多个相关规章制度，组建工作小组，设定工作目标和计划，建立日常汇报机制。DA也同时在日常工作中积极宣贯本项工作的目的，进而增强员工的参与积极性。外力则表现为响应监管机构的规划和要求。中国人民银行与银保监会相关规划和制度文件中多次强调银行要健全数据治理体系，加强数据标准、数据字典体系建设，为兴业银行标准体系建设带来外部动力。针对数据项整合经验不足问题，除积极调研、学习行业经验外，兴业银行还通过招标引入外部咨询公司，引进行业先进实践经验，在保证完成质量的基础上加快字典建设工作进度。

#### 2.事中强化系统硬控

现阶段，由于在需求、设计等研发关键环节，对业务支持、内部管理、监管要求所需的数据统筹考虑不足，数据规范要求缺乏系统硬控制，往往造成数据采集不周全、数据质量不高、分行数据手工补录频发等问题。这些问题不仅增加了全行数据治理的工作负担，也在一定程度上影响到兴业银行在用数与报数阶段的效率及准确性。

为保证业务系统建成后数据合规、够用、好用，兴业银行将数据专业人员融入研发生产价值链条，参与业务需求编制到系统上线的全流程。在业务需求阶段，DA负责对数据需求进行梳理和规范，帮助BA厘清业务需求背后对应的数据要求；在系统设计阶段，DA协同SA解读数据需求并落实数据规范，协助BA和SA充分利用数据字典管理系统进行系统物理模型设计，基于企业级数据字典，对数据质量规则相应的系统硬控功能进行软件设计，保证设计环节落实数据标准，对不符合标准规范要求的部分一票否决；在开发和上线阶段，DA进行监督与把控，保证系统物理模型落实数据标准，数据长度、精度等技术属性按照规范严格执行，系统前端的数据采集也根据业务规则得到充分硬控。通过DA的全流程参与，从源头改善和提升数据质量水平。在此过程中，同时也促进BA了解企业级数据字典内容，实现更高效的数据需求设计、数据加工和应用等工作。

目前，兴业银行新建设信息系统的软件研发项目均有DA人员全程跟进协同，从而保证数据需求和软件设计严格遵照数据字典等相关数据规范，真正做到“书同文”。根据近期执行情况，相关方在资源、精力有限的情况下，存在严格落实数据管控要求与信息系统快速上线的矛盾。对此，DA人员在项目执行过程中，充分宣贯“为数据需求合理排期”的理念，催化相关方加速适应新制度与新流程，为数据工作预留讨论与梳理时间。同时，DA也深度融入项目，全程同步跟进新需求，与BA、SA并行工作，全力实现需求新增一个就讨论一个、讨论一个就解决一个的增量问题解决模式，避免同一系统的全量业务需求梳理完毕后，DA再集中梳理对应的数据需求，最后再交付研发的全量问题解决模式，减少了不必要的时间成本。

**3.事后强化闭环管控**

总、分行各级机构在数据采集、传输、存储、处理、交换到销毁全生命周期间会产生各类数据问题，因此需要构建数据治理问题的闭环管理流程，明确数据质量管理所涉及的机构及其职责分工。由兴业银行总行数据管理部的DA牵头做好全面的扎口管理，以四项表单为抓手（“责任单”“问题单”“任务单”“奖惩单”），形成管理闭环，促进主动整改，持续提升数据治理的工作质效。该项工作具体分为三个部分：

一是归口管理处室牵头组织全行各级机构开展数据质量监测与检查工作，同时各级机构对本机构相关数据源信息质量开展持续监测，定期组织实施对辖内机构的数据质量检查。归口管理处室还联合业务部门加强对各业务领域数据质量规则的收集、积累和优化，部署运行数据质量管理系统，持续不断对各源系统的数据质量进行监控，及时发现源头潜在的各类数据问题。

二是由归口管理处室收集全行的数据治理问题，并分配至各个数据治理处室。兴业银行的各级机构首先收集数据治理问题，并提交至数据管理部的归口管理处室。归口管理处室牵头对各机构提出的源头治理问题进行复核，确认源头问题是否存在，同时确认治理问题的总行责任部门，将治理任务分配至各个治理处推进治理，并生成相应的数据治理任务跟踪表。

三是各治理处室与其他部门协同开展数据治理专项工作。各治理处在收到数据治理任务后分析问题的具体成因，明确问题整改要求后，通过商请函的方式将相应问题分发至各项任务所属的业务部门进行确认。为了制定高效、可行的数据治理方案，各治理处协助业务部门，逐条分析问题数据产生的根本原因，并将问题数据按照原因分类，最后由业务部门确定具体的治理方案并开展治理工作。同时，各治理处推动相关信息系统对重要数据项增加源头硬控，持续监控整改，以避免同一任务持续产生问题数据。为跟踪任务的进展情况，各治理处室将数据治理专项任务的进展情况维护至任务单以实现定期跟踪。

除了对数据治理扎口管理之外，归口管理处室还定期结合数据治理考核、工作总结等措施，进行数据问题整改情况的评估和评价，形成工作完整闭环，有效推动各项数据治理工作，提升全行数据质量。

## 二、常态化数据治理机制在EAST工作中的实践应用

### （一）EAST工作背景

EAST是监管标准化数据的简称，涵盖银行全客户、全账务、全资产、全流水等方方面面的信息，既是银行业务状况、风险控制、经营管理在监管机构面前的全貌反映，也是各级监管机构开展各项检查的标配和数据治理成效的主要衡量指标。目前EAST数据由总行统一加工后拆分至各分行，各分行分别报送属地监管。报送单位包含银保监会和各级银保监局，报送单位众多。在报送的同时，各地银保监局也会频繁提出区域特色报表、属地特色检查规则等差异化要求。

EAST统计报送工作高度依赖前端系统的数据质量，同时也是银行或监管机构发现数据问题，验证数据正确性的重要渠道。截至目前，EAST工作仍是银行业内数据治理的主要抓手，银行大部分数据治理问题都能通过EAST检核识别并发现。

### （二）EAST新工艺介绍

2022年1月底，银保监会发布EAST 2021版新规，兴业银行数据管理

部借助EAST 2021版上线契机，开展数据治理专项行动，实践并验证数据治理机制，力求建立一条专业流水线，覆盖总分行治理全流程，实现BA+DA+SA充分融合和端到端高效治理，指导总分行各级机构开展数据治理。

数据管理部在EAST实践过程中边治理边总结，目前已沉淀形成1.8万字的全行数据治理新工艺规范，既包含了全行共性需求的标准路径，又涵盖了分行特色需求的解决方案。

EAST新工艺的宗旨在于发挥总行大脑统领全局、分行四肢贯彻落实的作用，实现“一横”多动脑，“一纵”更有序的目标，形成高效率的总分联动执行机制。所谓“一横”，主要是发挥总行跨部门的协同功效，“一纵”，则是主要实现总行对分行的纵向支持与赋能。

EAST新工艺在总行层面，主要在优化流程、建设队伍和革新工艺三方面发力。优化流程方面，为贯彻改革要求，聚焦问题导向，总行数据管理部DA以新的数据治理体系为基础，重新优化升级EAST相关制度流程，其中便包括《监管数据标准化工作管理办法》及其相关操作细则，将EAST工作小组建设纳入数据治理常态化机制当中，实现强有力的制度与组织保障；建设队伍方面，扩充EAST人才队伍，以战代训，提升全行EAST人才专业性；革新工艺方面，重新梳理数据治理新工艺，采取事前、事中、事后全流程管控，创新性引入分行DA专家小组和经验库机制。

EAST的新工艺在分行层面，主要从高效执行、规范采集和人员培训三方面进行贯彻落实。在高效执行方面，分行根据收到的EAST数据治理任务清单，快速有效地开展治理；在规范采集方面，分行DA协助总行DA深挖出现数据问题的原因，规范源头数据采集；在人员培训方面，分行DA加强分支行一线业务人员操作培训，减少EAST数据治理问题复发。

**1.新工艺一：横向协同实现精细化治理，为分行减负**

银行数据治理开展过程中，往往因组织机构庞大，涉及业务范围广、业务内容繁杂而难以实现精细化治理。因此横向做强做大，强化总行“大脑”对数据治理工作的统筹能力，就显得尤为重要。

针对全行各级机构发现并提出的数据治理问题，由数据管理部的归口管理处室牵头进行全面扎口，并将问题分类分解到三个治理处室。三个治理处室按业务条线进行专业化治理，加强与总行各业务部门及研发单位的融合协作，充分发挥DA的专业能力，积极参与问题深入分析与整改方案研究，使最终需要拆解到总行业务部门及分支行的数据治理任务最细、最轻、最明了，强化了总行对分支行的专业指导与服务支持能力，切实为基层减负。

（1）客户信息治理，实现治理精细化

以EAST客户信息治理为例，总行数据管理部DA根据EAST问题数据检测发现行内60余万条对公客户存在客户信息、财务信息、关联人信息缺失等问题。原先的治理方案为业务部门直接下发问题数据给分行治理，平均每家分行1万~2万条数据，补录与治理耗费大量精力时间。

采用新工艺后，总行业务部门BA与数据管理部交易治理处DA紧密合作，深入源头数据分析，合理利用外部数据，充分挖掘内部数据，以客户为维度，梳理统计60余万条问题数据，形成详细展示每位客户涉及的问题明细，力求做到客户“一次到柜，全量治理”。同时以“最小必须”的原则，通过引入外部数据、调整取数逻辑、业务合理解释等多种手段，迭代优化客户补录清单，使得共性问题在总行层面得到统一治理，避免问题数据多头下发分行，实现分行减负，最终将问题数据量由60余万条下降至约3万条。

在下发分行DA治理的过程中，采取试点分行先行的策略，以两家分行为试点，开展预补录工作，探索标准化治理步骤。根据两家先行分行经验反馈，进一步为下发分行问题数据“瘦身”、整理共性问题清单，大大释放一线人员精力时间，以便于各分行DA统筹安排辖内补录工作，大幅提升内外部客户体验。同时，在该过程中形成了标准化的数据补录步骤，补充至数据治理新工艺。其间，数据管理部与其他业务部门联合签发通知，开展分支行对公客户数据治理，召开全行范围内的DA培训会，讲解实操步骤，并要求分行DA对分行内部进行转培训。以分支行机构为维度拆解问题明细数据，并编写治理操作指南。按周收集分行客户数据治理情况，汇总统计形成各分行治理进度表，并针对实际治理过程中无法解决的难点痛点问题予以支持帮扶，加快相关分行治理进度。同时进一步开展源头数据监测源头核实各分行治理进展，收集汇总补录效果不达标的数据并重新拆分至各分行完善，形成“分行补录—总行监测—分析下发”治理扎口闭环，取得了很好的治理效果。

（2）机构信息治理，实现对症下药

以EAST机构信息治理为例，总行数据管理部DA在数据检查中发现，EAST 2021版《个人基础信息表》中“维护机构”存在空值，导致无法判断客户归属机构方。若采用原先的治理方案，由于根源分析不深入，会简单判断数据源头为空，将问题数据“一刀切”直接分发给分行治理，这样会导致无法分析到信息系统交互问题，导致新增问题复发。

采用新工艺后，相关DA人员先判断有无其他更优的可信数据源，后划定治理范围为现存零售有效客户，确定问题归属部门为总行零售平台部，通过深入问题分析，归纳出四类原因：一是源系统字段加工问题；二是系统未做硬控，导致维护机构字段允许录入为空；三是早期业务管控不够严格，导致脏数据录入；四是填写了已撤销的非法机构号。针对以上四类原因，分别对症下药开展治理。将数据治理由满足数据合规延伸扩展至业务合规，促进事中系统硬控建设与业务合规性的完善。

### 2.新工艺二：纵横联动实现专业化指导，为分行赋能

纵横联动的一个重要组成部分便是“一纵”，即纵向支持，实现对分行的指导与赋能。银行各分支机构是数据治理落实的重要执行机构，各分支机构需落实主体责任，有效履职。EAST新工艺的具体做法是重新梳理了分行报送和治理的流程规范，将分行DA专家小组和经验库筹建作为重点事项推进。包括加强分行数据治理专业指导，从分行选拔优秀人才，筹建分行DA专家小组，统一支持各分行属地特色EAST工作，实现分行工作全覆盖。构建并维护治理经验库，实现全行EAST工作智慧共享，以提升工作效率。

以兴业银行某分行完成EAST数据紧急修复报送工作为例，该分行设立了数据归口部门的专职DA人员，在接收到银保监局数据紧急报送的通知后，立即与监管部门确认好报送内容范围、报送方式及时间要求等信息，并反馈至EAST分行DA专家小组。

总行数据管理部DA牵头分行DA专家小组对该分行进行协助，进一步与监管沟通细化需求，在该过程中参照治理与报送经验库，结合分行DA专家小组与监管沟通情况，制订出报送工作计划。

计划制订完毕后，由总行数据管理部DA人员紧急牵头业务部门提出修复数据的业务需求，后由分行DA专家小组主动跟进SA参与研发、数据加密、脱敏、拆分、传输等环节，掌握整体数据修复情况，同步开展数据验证，实时动态调整工作内容。在整个过程链路中，分行DA专家小组将工作开展过程中遇到的疑难问题汇总上报。总分行BA、DA、SA各司其职，加班加点，以确保在监管要求时间内完成重报工作。

最后，由总行对重报数据进行校验，确认无误后，再由分行DA部署本地校验脚本，对下发数据及时入库检验，数据再次校验无误后，将数据重新推送给银保监局，完成此次重报工作。本次工作在两周内经历了接收通知、

制订工作计划、数据修复与回溯、典型疑难问题开会讨论、入库校验和报送等多个步骤，重报了千万条数据，高效迅速地应对属地银保监局的特色需求。

**3.新工艺三：建立解释库，避免无效治理**

在EAST数据治理的实际问题中，有相当大一部分问题属于合理业务解释，不应纳入数据治理范畴。但在实际治理过程当中，因为银行业务繁杂，各项监管检查包括反洗钱、EAST、国金库在内对银行提出各类数据整改与检查要求，银行各机构苦于“救火式治理”，未对此类合理业务解释情况进行建库管理，导致重复解释、无效治理现象常有发生。针对该类情况，EAST在数据治理新工艺上，本着“磨刀不误砍柴工”的思路，建立解释库，避免无效治理。

以EAST员工工号为例，在排查员工异常行为的模型中，要求业务表与员工表之间的工号需通过关联校验，因此该类规则也受到监管部门的格外关注。以EAST《信贷合同表》涉及的校验规则为例，要求若“客户经理工号”非空，则该工号须在《员工表》的“工号”中存在。经源头端数据核查，金融市场条线部门的“客户经理工号”包含两种特殊情况：一是部分特殊贴现业务存在“客户经理工号”为“8888”的机器人，根据承兑人审核规则自动触发业务审核；二是存在部分“客户经理工号”所属员工已经离职。上述发现的触发规则的问题数据均为可合理解释的情况，因此只需业务部门提供合理解释说明，便可将相关情况纳入EAST解释库进行管理。

### （三）迭代演进，打造协同治理新机制

综上所述，以EAST为试点开展的数据治理新工艺，是总分联动数据协同治理新机制的有效实践，也是兴业银行在银行业数据治理领域的一次思考与突破。它打破了原先数据治理旧模式，由运动式治理为主转变为常态化机

制优先，将数据治理工作作为日常工作，时刻监测，常态治理；它将“一刀切”的行政式治理转变为专业化治理，广纳言路，明确数据治理工作流程和分工，切实指导各个环节工作；它杜绝甩锅式治理任务分发，由BA、DA、SA联合进行问题拆解与分析，对同类问题进行合并，对于确实需要分行DA源头补录的，按照同一客户维度将名单分发给各分行，减轻分行工作负担，增加分行满意度；它将应对监管检查、“治标不治本”的浅层次治理转变为深层次的数据治理，包含对症下药的解决方案与源头硬控制。

在新工艺下，兴业银行对内实现了全行各业务管理部门的EAST数据报送的统筹管理，指导并协助各家分行快速响应监管要求，深入开展数据治理，促进数据质量的稳步提升；对外作为首批入选数据治理高层专家指导协调委员会成员单位，受邀协助银保监会的答疑工作，解答各家银行机构在EAST报送工作中的疑问，并参加了检查科技工具创新工作组课题研究工作。

## 三、常态化数据治理机制经验总结及后续展望

兴业银行常态化数据治理机制经验可以总结如下：一是领导高度重视。全行数据治理领导小组及决策层定期审议本行数据治理的重大事项，不断给予决策指导和支持，有力地强化了数据治理工作组织领导和有序开展。二是组织强力保障。设立数据管理部作为全行数据治理和数据应用的牵头管理部门，部门内通过归口管理处室及三个数据治理处对全行各类数据治理问题进行强化扎口及专业化治理。三是业技融合机制。通过BA+DA+SA融合机制，对数据全生命周期进行监督，跨部门、跨条线地全方面管控数据，强化事中硬控，完善工作闭环管理，优化事后管控，全力保障数据建设成果让各方满意。四是工具优化赋能。通过建设与机制配套的企业级数据字典体系并优化

管控流程，建设数据字典管理系统作为数据字典推广与应用的平台，对日常开发中的数据标准化工作进行赋能，同时通过优化数据质量管理系统，不断提升各类数据治理问题的处置效率。

在此基础上，未来兴业银行还将全面升级数据标准覆盖面，拓展建设覆盖分行、子公司数据的全集团标准体系，并为数据字典管理系统和数据质量管理系统研发更多自动化功能，减少目前手动梳理、贯标等工作带来的工作负担，逐步实现物理模型变更自动监控、自动或半自动化贯标、数据项智能关联、数据贯标与治理情况可视化仪表盘、数据流转与加工关系知识图谱等功能，同时也将着力完善数据质量监测规则，实现从有效到高效的数据质量管理，从而让数据字典建设、数据标准落实、数据质量监控等数据全生命周期的工作更加现代化、科技化、智能化。

数据治理需要追根溯源，工艺革新重在见微知著。只有通过不断的优化与创新，才能在数据治理曲折蜿蜒的道路上不断奋进，各家银行才能够在实现数据质量稳步提升和数据标准化的前提下，为经营管理提供科学的决策依据，为客户提供更好的个性化服务，从而在数字化转型的大趋势下争得先机。

# 第12讲　基于“统一数据底座”的一体化数据治理体系建设实践

段　锐

## 一、中小银行开展数据治理工作所面临的挑战和关键成功要素

随着大数据、物联网、人工智能以及云计算等技术的不断发展，数字经济步入高速增长的轨道，数据要素被纳入成为新型生产要素之一，也成为我国数字经济持续深化的核心引擎。习近平总书记提出“要充分发挥海量数据和丰富应用场景优势，促进数字技术和实体经济深度融合”；国务院在《“十四五”数字经济发展规划》中强调全面加快金融业数字化转型，优化管理体系和服务模式；银保监会《关于银行业保险业数字化转型的指导意见》中也明确了“到2025年，银行业保险业数字化转型取得明显成效”的时

作者系北京银行数据管理部副总经理。

间要求。数字化转型已上升为全银行业重要战略，中小银行为响应国家发展导向，把握数字化发展新机遇，加速数字化转型迫在眉睫。

数据治理是中小银行连接数据要素和数字化转型的“桥梁”，是加强数据管理能力、打造新型数字基础设施、激活数字化经营新功能的核心工作，有效的数据治理工作将切实促进数据要素释放价值、提高生产效率，推动行内数字化经营持续发展。

尽管中小银行已经普遍意识到数据治理的重要性，但相比国有制和股份制银行，中小银行的数据治理工作普遍起步较晚，在治理工作探索的过程中又由于经验和资源不足显现出机制难落地、资源投入不足、人才稀缺等问题，使得治理成效不及预期，并且随着数据量激增、数据类型变得多元，复杂数字化经营需求增加，中小银行数据治理压力与日俱增。

### （一）中小银行开展数据治理工作面临的几大挑战

#### 1.数据治理意识不强，长效机制难落地

数据治理是一项复杂、长期的基础性、系统性工程，需要各部门协作配合落地管理职责与管理机制。多数中小银行建立了数据治理组织架构及相关制度，然而部分中小银行数据治理组织架构层级不清晰，职责划分不明确，权、责、利不匹配，执行能力有待增强，数据管理职责落地难度较大；此外，由于不够了解数据治理的重要基础意义，业务部门对数据治理工作的认识及支持程度有限，使得中小银行数据治理工作沟通成本较高，导致其在日常业务工作中缺少主动治理的意识，事前预防防线不能起到应有作用，数据治理长效机制推行受阻，问题难以从根源得到解决。

#### 2.科技投入力度不足，数据治理多依赖人工管理

中小银行在业务规模、资金实力、科技水平、人才储备等方面与大型银

行存在较大差距，中小银行自主研发能力较弱，且数据治理工作开展时间较短，经验不足，加之在数据领域投入不足或意愿不强，导致旧系统改造不彻底，新系统、数据平台建设不完备，数据基础不牢固；并且行内普遍缺少数据管理工具或平台支持，数据标准管理、数据质量监测等工作高度依赖人工，不仅管理范围有限，管理效率较低，而且效果也往往不尽如人意。

**3.数据人才储备稀缺，缺乏专业化团队开展工作**

考虑到银行数据治理工作的专业性，以及需结合具体业务条线开展工作的特殊性，中小银行应建立由既懂数据又懂业务的复合型人才构成的专业化数据治理队伍。然而中小银行受地域、经营成本等条件限制，人力资源投入和专业队伍建设上还存在不足，缺乏专业化数据治理部门牵头，甚至未设置专职岗位，数据治理往往由财务统计或科技人员兼职，难以长期系统化开展工作。

**4.数据及应用需求的多样化，对治理工作提出新要求**

近年来，银行为更加全面地经营客户、分析风险，趋于采集接入全域数据，其中包含了大量非结构化数据和外部数据。相比于结构化数据和银行内部数据，非结构化数据格式多样，处理门槛高，外部数据通常数据标准不统一，数据质量参差不齐，如想有效激活这两类数据的价值，需要银行持续加强数据治理能力。此外，以数字化经营为目的涌现出的数据需求越来越多，这类需求通常具有多样化、个性化的特点，需要大量、丰富、实时的数据及先进的数据技术作为支撑，这对数据的质量、处理速度、分析能力、数据平台的可靠性等都提出了更高要求。

### （二）中小银行成功推进数据治理工作的关键要素

**1.清晰明确的数据战略及实施路径**

尽管各大行已有领先实践，但数据治理路径并非唯一，中小银行需要综合考虑历史沿革、发展状况、企业文化、资源供给等因素，选择适合自身实际需求的治理道路。结合本行整体发展战略及转型目标，制定清晰的数据战略，设计科学的数据治理实施路径，规划前瞻的数据治理顶层设计，找准发力点，集中全行资源扎实有序地推进蓝图的落地，打好数据治理“攻坚战”“持久战”。

**2. 自上而下的认知革新与持续推动**

北京银行清晰地认识到未来所有的银行都是数据驱动的科技型企业，数据治理是银行业数字化转型下的必然趋势，因此，必须是一把手工程。数据治理涉及业务范围广、时间周期长，且短期内难以见到重大成效，因此，数据治理不是简单的管理机制与技术工具采纳，背后是银行在数字经济时代下更深刻的数据生产关系变革，这样的深刻变革，必须以认知的飞跃为前提，以组织的变革为保障，需要全行各部门的鼎力配合，只有行领导牵头并参与数据治理工作，将其上升到全行战略高度，统一思想认知，才能顺利打通“部门墙”“业务墙”“数据墙”，才能坚定不移地持续投入人力资源与科技力量，只有这样才能让数据治理真正落地生根。

**3. 业务、数据、技术协同的敏捷治理模式**

在中小银行的数据治理实践中，业务侧数据通常是治理的重点方向之一，数据部门能够对数据问题开展专业化的诊断分析，但由于数据是数智化时代业务的新型存在形式，数据问题背后往往是业务管理问题，作为中后台部门的数据部门就心有余而力不足了。为打破部门壁垒，减少沟通成本，可以由数据治理委员会牵头组建业务、数据、技术三方融合的敏捷团队，集中资源，深入业务一线解决重点领域数据治理疑难杂症，将认知转换成行动，大步快跑，大胆试错，行动在过程中再反馈，再不断学习，发挥合力优势，提高数据治理落地效率。

**4. 全行层面的数据治理文化及意识**

中小银行若想长期持续推进数据治理工作，不应仅仅将其作为管理职能在企业中贯彻执行，更应打造学习型组织，最核心、最难的是文化的转变，是将数据治理理念植根于企业文化，成为员工日常工作的指导方针。企业文化并不是一朝一夕形成的，但可以通过长期的宣贯、培训、实践等方式潜移默化地进行培养。前文所介绍的协同敏捷治理模式是一种在实践中建立治理文化的方式，通过项目让各部门了解数据治理的日常管理机制，并从中体会到治理成效对实际业务开展的收益，从而培养业务部门的数据治理意识。当数据治理意识、数据思维真正渗透到全行员工的血液中，那么便可真正从被动治理转变为主动执行。

**5. 专业数据人才的培养**

优秀的数据人才储备是中小银行持续推进数据治理实现数字化转型的关键因素之一。基于数据治理组织架构，明确数据相关岗位的能力与技能，制定激励机制与培养体系，从内部选拔优秀干部，从外部充实人员力量，打造数据人才梯队；大力培养“业务+数据”的复合型人才，采取轮岗等机制，增强人员知识与技能广度；建设学习型组织，以组建专业化数据团队为导向，有的放矢地开展技能培训，鼓励员工考取相关证书，强化数据思维。

## 二、北京银行实践一体化数据治理体系的时代背景与重要意义

### （一）北京银行数据治理发展历程

2018年以来，银行业进入数据治理强监管时代，同时数字经济蓬勃发

展，北京银行为把握数字化转型时代机遇，持续完善数据治理体系，提升治理能力，全方位、深层次、系统性地进行变革重塑。

2020年，北京银行成立数据治理委员会，由行长担任主任委员，发挥对数据治理工作的顶层监督、指导作用，并成立了数据管理部，作为全行数据治理归口管理部门，牵头组织协调全行数据治理工作。2021年，编制“十四五”总体规划和系列专题规划，提出“以数字化转型统领‘发展模式、业务结构、客户结构、营运能力和管理方式’五大转型”的总体要求。2022年，总行党委成立数字化战略委员会，统筹推进数字化转型工作。

（二）因地制宜，另辟蹊径，北京银行一体化数据治理体系的提出背景

在数字经济背景下，中小银行数据应用场景从应对传统监管要求及行内经营分析转变为满足数字化经营场景需求，对于全域数据、实时数据、非结构化数据的管理及场景化应用的要求不断提高。因此，新形势下的数据治理体系需实现对全域、全生命周期的覆盖，实现对银行生产经营、业务管理所沉淀数据的全面重现。

数据治理作为数字化转型之“根”，其路径选择将影响数字化转型战略是否能成功落地实施。北京银行调研了多家同业领先银行的数据治理实施路径，充分汲取了有效经验，但北京银行并没有选择复制国有制大行先开展核心系统全量数据治理，再建设数据中台积累数据资产的常规化治理路径，而是在清晰明确本行数字化转型目标的基础上，结合自身数据治理现状，探索出一条具有京行特色的新型数据治理之路。在霍学文董事长的亲自带领下，北京银行创新性地确立了“一个银行、一体数据、一体平台”（One Bank，One Data，One Platform）的工作理念，着力打造基于统一数据底座、覆盖数据全生命周期、一体化的新型数据治理体系。以建设全行统一数据底座为核

心载体，以数据资产盘点为起始点，串联数据资产管理、数据模型管理、源头数据治理、数据服务应用等重点任务，并结合业务、数据、技术协同的敏捷治理机制，集中优势资源投入重点治理领域，边用边治、边治边用，以快速迭代的方式迅速推进全行数据治理工作。一体化数据治理体系在满足银行企业级管理决策及监管等基础要求的同时，将全面支撑数字化经营，以数据驱动北京银行数字化转型。

## 三、北京银行一体化数据治理体系建设思路与核心能力

### （一）北京银行新型数据治理体系搭建三阶段

在数字化转型背景下，霍董事长提出北京银行新型数据治理体系搭建三阶段：“数签”—“数汇”—“数智”，并依此全面铺开，扎实推进数据治理工作。

在“数签”阶段，重点围绕数据标准建立数据治理长效机制，并完善数据标签，提升底层数据标准化、标签化水平。通过制定数据标准，实现业务系统间数据交换使用的一致性和准确性，从源头改善数据质量；同时结合外部监管和内部经营管理需要，给各类业务逐笔打上管理及统计维度的标签，提升源头数据项对经营管理要求的覆盖度，增强数据价值密度，支持精细化管理。

在“数汇”阶段，大力投入资源构建统一数据底座，打通底层数据，实现数据汇集。打破数据壁垒，贯通本行全域数据，着力构建“统一可信、敏捷供给、便捷服务、安全共享”的统一数据底座，为数字化转型提供全面支撑。

“数智”阶段，作为“数签”“数汇”阶段的延续与数字化转型能力的体

现，加强数据挖掘与应用，赋能北京银行数字化经营，释放数据资产价值，实现数据资产变现，让数智真正融入银行经营管理全场景。

目前北京银行已基本完成“数签”阶段任务。2022年制定并发布全行数据标准，建设完成全行零售、对公客户标签体系，并基于监管报送和全行数据应用过程中发现的数据问题开展全行范围手工数据治理，按照“清单化管理、项目化推进、责任化落实、矩阵式管控”的治理方式，在行党委按周督导的推动下，完成了各重点业务和管理系统的数据质量提升工作。在此过程中，建立了数据、业务、科技无边界数据治理团队，形成了高效协同的数据治理长效机制，全行数据治理意识显著提高。与此同时，北京银行启动了以统一数据底座建设为中心的“数汇”阶段和释放数据资产价值的“数智”阶段工作。

### （二）基于统一数据底座的一体化数据治理体系整体设计思路

统一数据底座是承载北京银行全域数据资产的基础性平台，也是开展全行一体化数据治理体系构建的重要载体：对所有进入底座的数据资产开展系统化数据治理，包括数据标准落实、数据资产认责、数据质量提升、数据安全分类分级等，确保进入底座的数据资产是统一可信、高质安全的。在此基础上，开展一系列数据资产管理活动，包括数据资产盘点、数据模型构建等，理清企业级数据资产目录，摸清数据家底，构建全域数据供应网，使得数据要素在数据底座内自由流转，为上层业务应用与经营管理提供了可靠的数据支持。最后，通过将数据资产与数据门户服务相结合，释放数据资产价值，赋能业务经营管理，使数据治理的成果在业务端得到有效应用与体现。一体化数据治理体系的构建与实施使得北京银行全域数据资产“可信、可用、好用、易用”。

## （三）一体化数据治理体系的四项核心能力

### 1.全面高效的数据管控能力

（1）建立常态化数据标准、数据质量管控机制

在数据标准方面，构建“三个嵌入”的数据标准化管控新模式：在软件开发项目实施管理体系中内嵌9个数据标准管控点；在业务需求编写阶段，研发数据标准小插件，将数据标准嵌入需规文档中，实现数据标准即查即用；在系统设计开发阶段，将企业级数据字典嵌入数据库设计建模过程中，实现字段定义的标准化，从技术层面保障数据的一致性。

数据质量方面，建立“源头管控、过程布控、全局智控”的治理模式，制定部署重要数据质量检核规则，并开展交易对手、监管数据等专项数据治理工作，结合监管报送要求、总分行数据应用痛点，梳理并下发数据治理问题，组织召开数据质量协调提升会，推动问题整改。在专项数据质量提升工作实践中，北京银行总结管理经验，建立了数据质量闭环管理机制，明确各方质量管理责任，推动数据质量日常监测，建立数据质量问题全流程登记整改考核机制，不断促进全行数据质量提升。

（2）坚持底线思维，统筹发展与数据安全

北京银行深度贯彻“监管红线和安全底线的双线思维”，将数据安全贯穿数据治理全过程，统筹数字化经营和数据安全管控。一方面，坚持以数据开发利用和经营发展促进数据安全；另一方面，以数据安全保障数据开发利用和经营发展。基于人民银行发布的数据安全分级指南，结合北京银行业务数据实际情况，进一步细化并发布数据安全分级标准规范。

建立业务、数据、技术在安全管控上的协同模式，依托企业级数据需求统筹管理流程，将数据安全分类定级要求嵌入数据需求分析与实施环节，并

在统一数据底座构建的数据资产盘点过程中，将数据安全分类定级标准规范嵌入盘点模板中，压实数据归属方的安全责任，在业务部门完成最终数据安全定级确认的同时，也使其了解数据资产的安全管控要求、存在的安全风险和影响程度，帮助其在数据应用的各类场景中，有效落实数据安全管控措施。

（3）依托数据资产管理平台，实现线上化管控

北京银行上线数据资产管理平台，摆脱以往依赖人工进行数据管控的粗放式管理方式，支持数据治理全面线上化，提升治理效率与成效。数据标准方面，将数据资产管理平台与项目管理系统互联互通，借助AI工具，推动数据标准自动化落标管理机制落地，解决数据标准动态管理问题，提升数据标准的易用性；数据质量方面，开发数据质量问题线上化管理服务，上线数据质量看板，从条线、根因等多角度可视化呈现数据质量问题情况，并实现数据质量问题登记、分发、整改、考核的全流程闭环管控，随时跟踪数据质量问题整改情况，提高问题解决效率；数据安全方面，数据资产在底座进行集中化管理和运营过程中，数据安全风险将显著提升，因此，在数据项完成分类定级的基础上，底座用户申请数据权限时，数据资产管理平台将结合用户申请数据集涉及的数量级、等级分布等信息，充分提示用户在用数过程中所需严格遵循的数据安全管控要求，涵盖数据导出、数据展示、汇聚融合、数据加工、开发测试、数据共享、委托处理、公开披露、数据删除、数据销毁等多个环节，全面强化用户安全用数意识。

**2. 以释放数据价值为目标的数据资产管理能力**

（1）创新性地以敏捷协同的方式开展数据资产盘点工作

统一数据底座是北京银行一体化数据治理体系的核心基石，数据资产盘点是构建统一数据底座的重要基础性工作之一。霍董事长高度重视该项目，领导建立数据底座敏捷团队，指导制定数据底座项目核心战略与实

施路径。霍董事长创新性地提出以敏捷迭代、协同办公的机制推进数据资产盘点工作，以实现“数慧”为总体目标，亲自制定阶段性目标及关键里程碑，以小组为单位启动若干速赢项目，积小胜为大胜，开展迭代式盘点。

在实际工作中，以业务条线为维度，建立若干数据盘点小组，分批次开展盘点工作，快速产出盘点成果。盘点小组采用数据、业务、技术三方协同的组织方式，抽调精干力量集中办公，并在实际工作中形成了“由数据管理部组织开展数据资产认定、由各条线牵头完成数据资产盘点核心工作”的工作模式和长效运营机制。此外，数据管理部提供集中培训与答疑，确保盘点人员及时理解工作要求，按进度完成盘点工作。在项目开展过程中，行领导定期前往集中办公地点督导工作，并看望各位同事，鼓励大家团结协作，攻坚克难。实践证明敏捷协同的工作方式成果显著，北京银行历经三个月时间，完成数据底座贴源层的所有资产盘点，承接了监管集市和零售集市覆盖的所有业务数据，基本涵盖了全行数据量的70%，完成数据底座贴源层的所有资产入底座工作。

（2）以数据资产盘点为主线，建立全行统一数据目录

为确保以优质数据资产驱动业务高质量增长，北京银行在进行数据盘点之前，首先确定了数据资产的准入门槛：数据有明确的归属条线和部门、满足数据底座的基本数据规范要求、可作为企业级战略资产共享应用。在此基础上，对数据底座贴源层和整合层的资产进行确权与盘点，建立数据资产目录，形成涵盖业务属性、技术属性和管理属性的数据资产信息整合台账。数据资产盘点工作涵盖“理清数据资产结构、认定数据资产归属、确定数据权威来源、梳理数据资产基本信息和梳理数据资产关联信息”这五大关键步骤，支撑数据目录有效更新与维护，确保数据资产保值与增值。

（3）数据资产管理平台支撑数据资产管理智能化

北京银行在统一数据底座中对核心数据资产打标签，将用户沉淀的使用经验附着于数据资产目录，进一步形成数据地图，同时随着全域数据资产逐步纳入，建立智能搜索引擎，支持灵活搜索数据资产，最终形成“数据资产目录、数据地图和智能搜索引擎”三位一体的数据资产新模式，建立起新型便捷的“人”与“数据资产”双向匹配模式。基于统一数据底座而建立的数据资产管理能力，成功解决了“数据有什么、数据是什么、数据在哪里、数据如何取、数据怎么用”五大难题，盘活数据资产，实现“业务数据化、数据资产化、资产要素化、要素价值化”的数据价值创造过程。

**3.全面强化数据管控一体化的数据模型能力**

（1）构建企业级数据模型体系，作为数据管控一体化落地关键抓手

针对数据资产盘点、整合层模型设计、数据资产长效运营等重要任务的落实和衔接的要点进行实施级层面论证，明确了数据资产与模型主题一致的设计原则，并在需求分析阶段、设计阶段、数据资产盘点阶段加强业务部门参与度，以确保数据业务含义准确、模型设计条理清晰，并应同步建立常态化数据资产管理和运营流程，以确保统一数据底座快速迭代；结合监管集市和零售集市逻辑调研情况，就未来数据打通和关联制定详细的整合模型设计方案。

（2）建立底座数据纳入模型管控机制，完成底座整合层模型设计

建立从源头研判数据状态，到底座准入、主题划分及实体产出的端到端机制。通过开展监管集市、零售集市及源系统调研，完成贴源层数据资料收集，分析源表有效状态及关联关系，研判是否纳入底座，完成源表主题划分，产出实体属性清单，完成逻辑模型、实体级映射和属性级映射，提出数据结构性问题。

全面分析业务系统的实体、属性和加工逻辑，并从参与人、产品、事件、账户、合约、介质、资源项、渠道、业务方向、地理位置等十大主题对整合层进行数据模型设计。

（3）创新构建数据模型与资产目录设计与执行“双态”运行机制

数据资产目录与系统中的逻辑数据模型通过开发系统设计流程进行属性级映射。数据资产目录是全行数据资产抽象沉淀的设计态，系统中实际存储数据的逻辑数据模型是数据资产的执行态。设计态和执行态建立关系，形成数据资产全生命周期管理。

**4.用户至上的一站式数据服务能力**

（1）提供“整合统一、体验友好、一站服务”的数据服务门户

第一，新版门户集成整合了北京银行原有分散在多个平台的数据服务能力，以一体化的平台门户形态，构建统一登录、统一服务、统一数据、统一管理的企业级统一用数环境，做到一次权限申请，各类服务共享，并对接最新的数据资产管理平台，便捷用户选定数据资产，快速定义和组装成各类数据服务，形成面向价值、创新驱动的数据服务体系。第二，新版门户汇集了固定报表、自助查询、数据视界、数据定制、数据订阅、数据挖掘六大数据服务能力，解决了数据服务分散、链路长、效率低等问题，满足不同类型用户的看数、查数、用数需求。第三，在功能与渠道体验方面，综合各类数据消费者的需求，结合用户界面偏好和交互操作习惯设计用户旅程，提升用数全流程体验。同时，设计“PC+手机+pad”三位一体的移动协同模式，以用户为中心提供更加“快速、便捷、高效”的数据服务，满足用户移动办公的需求。

（2）打造场景化数据产品，精准激活数据要素潜能

为实现数据驱动下的智能决策，北京银行依托数据底座打造全行统一

管理驾驶舱“数聚智库”平台，设计1000余个全行统一口径的经营指标，构建多维度、高价值指标资产体系；融合机器学习、知识图谱、虚拟现实、语音识别等先进技术，投产50余套智能可视化看板，覆盖多业务条线及经营方向，贯穿总、分、支三级机构，灵活适配多用户端，支持各级管理层“看到、看清、看懂”经营状况，并为其提供“全场景+一站式”决策支持。

（3）依托统一数据服务门户，培养全行数据文化

北京银行基于统一数据服务门户，上线投产“京英学堂”模块，提供包括数据治理、数据应用、数据挖掘等多种数据类培训课程与项目，其中精品项目数据治理工程师（CDGA）认证培训与考试在全行范围内推广，以考促学、以学促治，提升全行的数据治理意识及专业能力；依托“萤火社区”和“灵感集市”，向全行征集数据需求、数据创意、数据应用案例等，鼓励用户提出用数需求，提升用数意识；规划数聚币、数聚勋章等社区化运营体系，提升“社区式”互动能力，实现用户“进阶式”成长。

## 四、基于统一数据底座的数据应用案例

在全体员工的共同努力下，北京银行数据治理工作稳步推进，成效显著，数据质量从源头得到了提升，全域数据资产在统一数据底座中被打通整合。北京银行在“边用边治、边治边用”的理念指导下，同步在若干试点领域开发了数据产品，将数据资产应用在实际业务场景中。相比于系统化开展一体化数据治理前，由于输入的数据资产更加可靠，可使用的数据服务能力更加丰富，数据应用准确性明显提升。

### （一）客户画像产品“客企查”

北京银行为解决内外部数据应用方面存在的“取数难、看数难、用数难”三大痛点，依托统一数据底座，打通内、外部多元异构数据壁垒，连接银行、政务、征信机构、分析机构数据生态，发布“客企查”全行统一客户画像数据应用产品，使数字化转型成果在一线充分落地。“客企查”主要围绕三大创新要点，为一线业务人员和各级管理者识别客户、拓展业务、研判风险提供高效支持。

一是“可信数据、可信服务”。基于现有数据治理成果，将行内整合统一的高质量客户信息与外部企业工商、司法、资讯、经营等20路数据进行打通，形成客户资产、交易、风险等多维度数据，形成可信客户画像，对总分支管理人员和客户经理开放客户全景画像；接入省级银政“金融专网”，开放业务信息、风险信息、经营信息三类数据服务，逐步接入智能合约，在银行业率先实现数据、应用全面可信。

二是“深耕场景，助力转型”。“客企查”从银行客户管理、业务营销和风险管理场景出发，建设了大屏、中屏、小屏三端协同的应用模式，充分满足业务管理、下户尽调的使用需求。

三是“精准拓客，数据智能”。持续优化营销拓客、数智风控、客企资讯等功能。通过引入地图、产业链、园区数据，形成商机拓客、榜单拓客、地图拓客、园区拓客等一系列拓客工具，为一线人员开展业务提供称手工具。整合经营风险、司法风险、行政处罚、重大违法事项等风险数据，对企业风险进行监控，并结合行内黑名单规则模型、反洗钱黑名单、空壳公司规则模型，快速有效地在反洗钱、信贷授信等业务中进行风险预判。客企资讯每5分钟向客户经理动态推送全网财经资讯、机构快讯和企业新闻，结合银行自主研发的自然语言分析模型，有效识别实体、摘要、关键词等信息，为企业舆情分析、营销和风控线索挖掘提供数据支持，实时掌握客企动态。

目前，“客企查”产品已覆盖北京银行二十余万行内客户以及五千余万全国工商注册客户，面向全行总分支三层各级对公业务管理人员，以及一线对公客户经理推广开放，同时广泛征集各层级意见，依托统一数据底座持续丰富数据维度，升级产品功能，推动产品服务一线业务需求。下一步，北京银行将加快推进“客企查”全行应用，持续建设可信数据生态和可信数据服务体系，发力数据智能，为北京银行的数字化转型战略注入全新活力。

（二）儿童客群发展营销应用

儿童是国家的未来、民族的希望。从社会责任层面，北京银行深入贯彻国务院印发的《中国儿童发展纲要（2021—2030）》政策精神，坚决落实“儿童优先原则”，助力全面提高儿童综合素质，推出“京萤计划”儿童综合金融服务方案。

发展儿童客群的第一步则是锁定潜在客户，北京银行依托统一数据底座的数据挖掘服务，通过机器学习等大数据挖掘技术识别儿童金融潜在客群，构建客群画像及多维度特征，从而基于客户特征与偏好有针对性地开展潜在儿童客群营销活动。为助力儿童金融业务数字化经营发展策略，利用统一数据底座的数据视界、数据定制等服务能力，打造“小京卡业绩”可视化数据分析产品，直观展示各分行开卡累计量和发展趋势。同时，以儿童金融为切入点，通过代办小京卡、代扣社保、主副卡等业务场景，穿透式识别儿童客户家庭关系，构建家庭金融场景，从而基于家庭特征与偏好针对性地开展潜在家庭客群营销活动。通过数据资产价值的发挥，有效地支持了数字化拓客场景的搭建，打通线上、线下立体化服务渠道，助力数字化转型。

## 五、下一阶段数据治理工作的目标与展望

随着数据治理第一阶段工作成果显现，北京银行已站上数字化转型赛道新起点。未来，北京银行将依托统一数据底座，持续推动从全面数据需求统筹到数据服务的端到端的数据治理，搭建“管控、运营、服务”一体化的数据治理体系。建立数据治理长效机制，敏捷协同，把好数据“源头关”，提高数据“含金量”；探索数据资产管理，探寻“用数道路”，推动解锁数据新价值；探索面向用户和场景的数据产品服务模式，实现数据灵敏，有“值”。以数据驱动经营管理，让数据持续释放生产力和创造力，最终形成“以数连接、由数驱动、用数重塑”的数字化价值观，实现决策“先知、先觉、先行”、经营“提效益、提效率、提产能”、管理“降成本、降风险、降人力”，推动“数据更智能”向“业务更智能”“银行更智慧”的转型和跨越。

# 第13讲　探索长期深耕与局部速赢的数据治理新模式

段琳琳

## 一、引言

人民银行发布的《金融科技发展规划（2022—2025年）》中强调，在金融机构数字化转型过程中需充分发挥数据要素核心价值。数据作为战略资产，已成为银行数字化转型的重要驱动器。数据治理作为银行数字化转型的重要切入点，也是推动银行业由高速增长向高质量发展转变的“重要抓手”。

外部监管对数据治理提出了刚性要求。2018年银保监会发布了《银行业金融机构数据治理指引》，首次将数据治理与监管评级挂钩，标志着数据治理在我国银行业全面实践时代的到来。2021年中国人民银行发布的《金

---

作者系长沙银行大数据部副总经理。

融业数据能力建设指引》从能力域、工作举措等方面对数据管理提出了更具体的要求。同年，银保监会发布《商业银行监管评级办法》，数据治理正式成为商业银行监管评级要素。自此，银行业数据治理迈入了“强监管”时代。

数据驱动成为银行数字化转型的核心动能。随着互联网和大数据深刻改变并重塑客户行为方式，银行经营管理内容也变得更加丰富，数据管理精细化水平要求不断提高。银行数据应用延展到市场营销、产品定价、全面预算管理、风险管理、绩效考核、资产负债管理、审计管理等领域，对高质量的数据需求越来越迫切。在银行数字化转型进程中，只有将数据要素更好地融入技术与业务协调创新的主线中，才能促进数据应用场景落地、数据价值发挥。而通过数据治理提升数据质量，形成高质量的数据源，给业务前端更快的响应、更好的赋能，推动数据驱动业务发展战略转型，已逐渐成为业内共识。数据治理、数据应用和数字化转型三者相互融合共生，是银行数字经济时代的新常态。

2019年，长沙银行启动了数字化转型工作，在基础设施建设、线上化、数字化、智能化等方面取得了阶段性成果。同时，充分识别外部行业形势和监管要求，重点考虑数字化转型成果为业务发展赋能，推动金融科技建设从“立柱架梁”迈入“积厚成势”。在《长沙银行2021—2023年战略发展规划》中对数据战略做出了部署，明确要从数据治理、数据管控、数据支持三方面提升数据质量、优化数据服务、聚焦科学决策。依托内部数字化转型规划，立足实际情况，充分识别数据治理挑战，探索数据治理长期深耕与短道速赢相结合的新模式，全面构建“科学”“高效”“可行”的数据治理体系，全力打造高质量的数据和高效的数据应用，筑牢金融创新发展的“数字底座”。

## 二、识局：城商行数据治理挑战

经过多年信息化建设的银行业，积累了海量的数据信息，但数据价值仍然没有完全发挥应有的作用，主要原因就是数据没有实现全局集成、数据质量参差不齐，制约了数据支撑决策、服务经营的价值发挥。与国有大行及全国股份制银行相比，城市商业银行数据治理起步更晚，普遍存在数据意识更薄弱、资源分配更受限、业务协同更困难、历史包袱更沉重等问题，面临的挑战更加艰巨：

一是治理意识不统一。虽然外部机构如银监局、DAMA行业协会等均对数据治理的范围和内涵做出了说明，但是大部分城市商业银行各部门对于本行数据治理的范围、边界仍缺乏统一的认识，开展数据治理的目标和任务没有清晰的规划，对数据治理的必要性仍停留在满足监管要求上，缺乏专门的数据治理规划、健全的组织机制，很大程度上制约了数据治理工作的开展。

二是技术及资源支持受限。城市商业银行科技力量与国有大行及全国股份制银行相比较为薄弱，同时人、财、物等资源通常更加受限。在资源分配时普遍存在"重"业务发展"轻"数据治理的情况，业务"先污染后治理"的情况屡见不鲜，数据治理战役"粮草"不足，推行动力不大。

三是缺乏协同。数据治理被认为是单个部门职责，各业务部门、管理部门参与力度不足，而数据治理的范围通常涵盖各业务条线，数据治理环节也需对应数据产生到应用全链路，"部门墙""业务墙"现象使得跨部门协同存在壁垒，治理效果达不到预期。

四是数据禀赋差，数据治理起步晚。一方面由于技术积累、历史遗留等原因，城市商业银行普遍面临业务及管理信息系统众多，系统间标准不统一的情况，数据孤岛多、数据共享难，数据质量参差不齐。而在早期的系统建设中，因其成本和效益的约束，系统建设中，通常为了优先满足业务需求，力争最短时间上线，往往忽略了对底层信息数据标准化的记录、跟踪、管理工作，对数据质量缺乏衡量好坏的标尺和全生命周期、全流程环节的整体管控，再加上各系统项目间沟通不及时造成信息不对称，使得信息孤岛现象严重，历史数据质量问题牵一而动百。另一方面城市商业银行数据治理起步晚，治理方式、治理工具支撑不足，“救火式”治理和“散点式”治理现象普遍存在，缺乏统一的治理工具平台，数据标准、数据质量等各个板块间未有机结合，治理效率较低、治理效果受限。

如何在可接受的成本下力争实现治理效能和价值最大化，是城市商业银行无法回避并亟待回答的问题。

## 三、谋局：长沙银行数据治理思路

城市商业银行数据治理势在必行的同时又面临有限的资源支持、先天不足的数据禀赋，为此，长沙银行以“一体两翼”的思路，科学规划数据治理体系和执行路径，走出了一条长行特色数据治理之路。

“一体”是指一体化建设企业级数据治理体系。数据治理是一项系统工程，数据战略需与企业战略协同、需与企业架构协同，同时需要具有可持续性。健全的数据治理体系是数据治理能够持续发力、发挥效益的根本保障，长沙银行从全局视角对数据治理涉及的各方面、各层次、各要素进行统筹考虑，协调各种资源和关系，确定数据治理目标和任务，发布了《数据治理总体框架》。该框架一是明确了长沙银行数据治理目标、范围和任务；二是确立了数据治理“全覆盖、匹配性、持续性、有效性”四大基本原则；三是划分了数据治理责任分解原则，规划权责明确的数据治理组织与职责；四是构建了长沙银行数据治理的制度框架，为数据治理工作有序开展提供了指引。

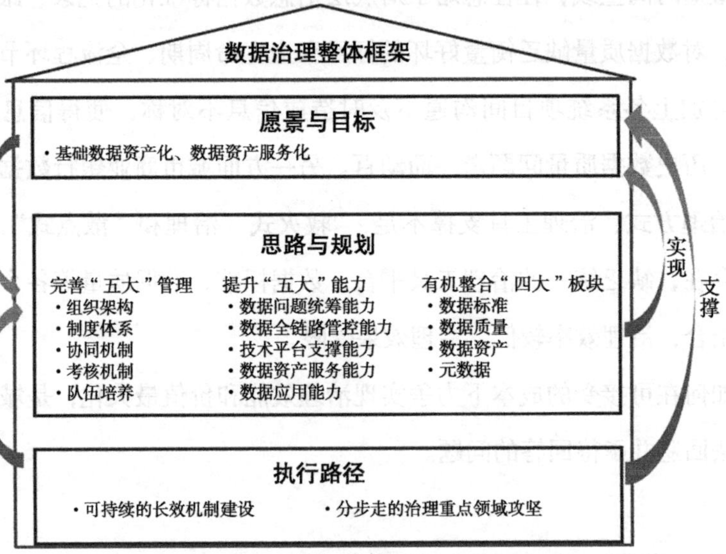


图13-1 数据治理框架图

长沙银行通过完善“五大”管理，提升“五大能力”，将数据标准、数据质量、数据资产、元数据“四大”板块有机整合，从而构建起长效化、标准化、自动化的数据治理体系，治理方式从散点式数据治理向基础数据能力全面建设转变，数据治理角色也从“数据治理问题救火队”向“数据全生命周期管控者”再向“数据资产运营服务者”转变。

“两翼”是指规划两翼式执行路径。长沙银行围绕数据治理总体目标和规划，聚焦全面提质与短期突破两条主线，兼顾短期效果与长期效益，形成了长效机制建设与重点领域突破两翼式执行路径。

一方面，修炼内功，从“全局视角、全面覆盖、全程管控”出发，完善组织、制度、流程、绩效管理，持续提升治理能力。对标《银行业金融机构数据治理指引》《金融业数据能力建设指引》，完善数据治理组织和制度框架，建设数据全生命周期管控路径，构建多板块有机结合的数据治理生态闭环，持续探索数据资产运营，构建长效的、可持续的数据治理机制，扩大治理覆盖面和受益面，通过数据治理释放更多业务价值。

另一方面，急用先行，聚焦用数场景，实现局部速赢。城市商业银行由于治理起步晚、系统多、历史数据包袱重的原因，数据差异面大，质量问题面广，如果将治理全面铺开，则时间长、见效慢，推行存在较大阻力。为此，长沙银行依照“业务驱动、循序渐进”的原则，建立治理优先级评估矩阵，从紧迫程度、业务价值、影响范围、改造成本四个维度，综合评估确定治理优先级，找准切入点，从内外部最关注的场景和最紧迫的问题出发，集中资源开展治理，从而实现数据治理“快速见效”和“局部速赢”。

图13-2 数据治理四维评估框架

## 四、布局：长沙银行数据治理实践

在数据成为物质、能源后又一重要战略资源的今天，长沙银行基于自身治理意识不统一、技术资源不倾斜、协同机制不完善、数据禀赋不足的现状和挑战，主动识局，规划建设长行特色的数据治理工作体系，精心谋局，以组织框架为保障，以管理流程为抓手，以全链管控为基石，以工具平台为依托，以资产运营为目标，以数据生态为指引，长期持续深耕，短期局部速赢，精准布局，确保数据治理工作可持续性开展，充分发挥治理体系效能，释放数据价值，实现业务赋能。

### （一）全局谋划，构建治理长效机制

#### 1.自顶而下，完善数据治理架构

数据治理涉及范围广、系统多，是一项需要各业务条线、各部门通力协作的工作，而有效的组织架构是数据治理能够成功的有力保障。长沙银行通过建立规范化的组织架构体系，明确职责任务及边界，建立“专邮、专会”的协同机制，从队伍及考核两方面持续强化保障，用科学、完备、有效的顶层设计，驱动数据治理各相关方形成治理合力，确保数据治理各项工作有序开展。

第一，建立多层次协同的数据治理组织框架。长沙银行建立了组织架构健全、职责清晰的数据治理架构，明确了董事会、监事会、高级管理层和各相关方的数据治理职责分工，确立了决策层、管理层、执行层多层次相互衔接的运行机制，确保数据治理整体目标的达成。

第二，形成完备、科学、有效的数据治理制度体系。为保障组织架构正常运转和数据治理各项工作的有序实施，长沙银行围绕数据治理总体目标，建立健全制度体系，制定规章制度、管理办法、技术规范等，囊括数据标准、数据质量、数据安全等领域，贯穿需求提出、系统开发、测试、上线运行、应用等环节，实现治理领域和治理环节的“双覆盖”，保障数据治理各项工作有法、有据、可行、可控。

第三，构建“专邮、专会”的沟通协调机制。长沙银行构建数据治理工作绿色通道，从全局性视角推动业务部门和IT部门通力协作，打通部门墙、

业务墙，改变了以往跨组织数据协同治理工作难开展的现状。首先是专邮，开通数据治理专门邮箱，通过数据治理专函形式，集中管理数据治理函、治理风险提示函、治理通报函等，加强数据治理精细化管理；其次是专会，形成数据质量问题月例会沟通机制，畅通全行前、中、后台和科技部门的沟通渠道，针对待解决的质量问题流程、重点领域质量专题，定责任、定策略、定计划，有效提升数据治理效能。

第四，持续完善数据治理检查监督和考核运用。长沙银行建立了“总一分”两级协同的多领域多维度长效考核监督体系，涵盖数据统计、数据质量、数据标准、数据安全等范畴。一是聚焦重点领域，开展数据质量检查。线上线下协同，聚焦统计报送、数据安全等重点领域，开展现场、非现场数据监督、检核，纳入内控合规检查范围。二是建立健全日常监督通报机制。对于统计报送等重点领域数据质量问题执行月度简报，通过月报、整改看板等多种途径切实落实过程监督，确保治理效率。三是落实考核评价应用。长沙银行用好考核“指挥棒”，在《公司绩效管理实施细则》《分、支行合规经营类指标考核办法》中明确将总行部室、分支行的监管统计数据质量、数据治理工作开展情况纳入绩效考核体系，并细化考核指标，从存量治理、增量管控等方面多维度进行考核，确保治理有成效、结果可量化、效果能考核。

第五，打造一支数据治理“专人”队伍。长沙银行成立了数据管理子序列，明确数据管理人才培养机制，引入数据治理体系化课程，持续培养数据治理的“生力军”和数据意识的“传播者”。同时，搭建了治理专业团队一部门治理专员一分支机构质量专员三级人员体系，确保治理任务下沉分支、落实到人、及时响应、及时反馈。

**2. 环环相扣，统一问题管理流程**

为提升数据问题统筹管理能力，长沙银行特提出数据问题管理“三步走”策略，从问题管理标准化、问题解决规范化到问题监测可视化，实现数据问题全流程闭环管理，打通数据治理工作开展面临的“部门墙”“业务墙”“数据墙”，提升了数据治理工作效能，切实解决全行数据问题管理流程未标准化、治理进度难以跟踪、整改情况未集中管理、治理过程难以监测等现象，构建统一问题管理流程。第一步是问题管理标准化，通过建立数据问题统一管理流程，实现问题管理标准化、平台化、集约化，支持全行各个场景下数据问题提出，如监管、考核、分析等数据问题场景，涵盖数据标准、数据质量、数据安全等领域，实现问题线上流转、治理进度清晰可视、整改情况留档可查；第二步是问题解决规范化，简单问题通过数据问题管理流程流转至责任部门进行治理，实现对问题数据处理环节的准确记录，复杂事项主要通过数据治理月例会、专题沟通会等形式，聚焦问题难点、痛点，由各部门数据治理分管领导牵头，集中上会讨论决策，大幅调动各部门数据治理积极性，问题数据的整改数量和效率得到了显著提升，形成治理合力；第三步是进度跟踪可视化，通过提升计划看板、数据问题管理流程看板，实时监测问题整改进度，实现数据问题整改、传输过程的公开化、透明化，确保我行数据问题有序整改、数据质量有效提升。

图13-3 问题管控流程

### 3. 因势利导，实现数据全链管控

长沙银行以流程化、集中化的管理方式，支持数据全链路管控，将数据标准、元数据、数据字典、质量监测有机整合，从数据的产生、存储、流转、加工到应用的所有环节进行管理和控制，实现了数据生存周期各重要阶段的管控。

（1）事前控制，浇筑地基

一方面，推动标准先行，建立覆盖全业务的标准体系。数据标准可以减少数据共享的障碍，提升数据的可用性，也是评价数据质量好坏的重要准绳。长沙银行通过梳理引用国家标准、行业标准，结合行内业务实际应用，构建涵盖数据元—单词库—数据标准（业务标准、技术标准）的完整标准体系。另一方面，强化标准实施，落实质量源头管控。业务系统数据录入不规范、不标准、不准确是产生数据质量问题的第一环节，因此长沙银行三管齐下，在业务系统源端控制数据质量：一是在立项阶段，将数据标准的控制要求写入招标合同，保障新系统的业务数据符合数据质量要求；二是在业务需求评审阶段明确老系统是否涉及数据标准，在需求分析阶段进行业务数据标准化；三是加强数据标准源头应用，在业务系统的数据录入界面，增加统一的数据校验规则，保障录入的源头数据符合数据质量要求。

（2）事中管理，保障质量

散乱的数据加工流程，是数据质量问题产生的第二环节。一是通过发布《长沙银行信息技术部元数据管理办法》，压实业务部门、技术部门、数据管理部门的管理职责，明确元数据标准化的管理流程。二是打通四大开发流程平台，包含数据资产管理平台、数据开发平台、IT管理平台、测试管理平台，构建标准化数据开发流程，在系统的需求分析、设计、测试投产、生产运行

四个阶段分别实施相应的管控措施，实现数据生存周期各重要阶段的管控。首先是需求分析阶段，规范业务人员提出的数据项，并对其进行标准化；其次是设计阶段，提供标准引用及智能对标服务，确保高贯标率，针对变更的表、字段，实时查询血缘及影响分析，支持数据管控前移；再次是测试投产阶段，严控贯标后的执行情况，投产DDL脚本使用资产管理平台生成的脚本，并将生成的脚本直接发至可执行目录下，避免手动编写脚本，降低人为原因导致投产风险；最后是生产运行阶段，持续采集生产环境元数据进行差异比对，监测是否按照落标要求投产，若有差异则通过邮件、短信、OA系统推送等多渠道发送预警信息。

（3）事后监督，强化成效

一是建立线上化质量评价体系，通过建立数据字典质量评价维度，对数据字典录入质量进行评估，以保障数据字典质量；通过部署质量检测规则，对问题数据进行校验，支持一键发起问题处理，线上化跟踪整改，并定期出具质量监测报告，以提升质量问题整改时效与质量。二是基于监管报送、客户信息等专题建立了对应的数据质量规则库，从数据源头进行数据质量的监控，执行月度简报，落实过程监督，确保治理效率。

**4.提质增效，强化平台工具赋能**

磨刀不误砍柴工，长沙银行基于企业的数据管理政策及制度，建设了企业级“一站式”数据管理平台，以流程化、集中化的管理方式，支持现有数据质量管理流程的变革，将数据字典、元数据、数据质量、数据标准、数据资产五大板块有机整合，形成完整的闭环式数据治理生态，提升全行数据质量管理的水平。

数据字典：数据字典是系统的数据语言，数据字典管理是从系统源头进行数据管控的第一步。数据字典包含数据字典申报管理、数据字典管理、数据字典分析和管理员配置。通过数据字典管理，一方面实现了数据管控前置，让科技人员在建立数据字典的阶段进行数据标准化；另一方面实现基础数据的价值释放，让数据人员能够通过标准化的数据字典看懂数据，运用数据。

元数据：元数据的一般定义是描述数据的数据。长沙银行在元数据管理过程中涉及的元数据种类主要分为数据标准、数据模型、数据字典、影响、血缘关系、指标和报表等。元数据管理模块包括数据源配置、采集任务和采集日志模块。

数据质量：平台提供数据质量计划管理、解决方案管理、规则模板管理、规则管理、规则调度和问题分发等功能，保证问题从产生到解决的流程化管控，自动生成数据质量问题数据并在看板系统中展示。同时提供灵活自定义规则功能，完善数据质量问题分发及问题解决跟踪流程及机制，逐步完成总行各部门及分行质量评价体系，形成数据质量问题及时发现、及时解决机制，实现整改效果可量化、可评价。

数据标准：数据标准化是为了提高数据质量，为分散在各个系统中的数据提供统一标准，其中包含数据标准的业务属性、技术属性和管理属性。数据标准模块实现了数据标准的线上化、流程化管理，提供数据标准的落标和智能对标，涵盖数据标准展示、数据标准管理、数据标准审批、数据对标管理、标准管理员配置等功能大类。

数据资产：平台构建了数据资产目录视图，为用户提供全局查看的功能，包含数据标准、数据模型、数据质量和元数据等。不仅为用户提供各个模块和流程的统计结果展示，而且支持用户对数据标准、数据模型、数据质量和元数据等数据资产进行快速查询和查看。

**5.资产运营，促进数据价值释放**

数据是企业的核心资产已成为行业共识，如何构建数据资产运营体系，提升数据资产自身服务的效率，提高数据资产用户的体验，激发数据资产用户的积极性成为企业当前的必修课。长沙银行通过数据资产盘点、登记、维护、服务的闭环运营机制让数据资产持续发挥价值。

数据资产盘点：数据资产目前还没有统一的定义，数据资产的管理范畴同业实践各不相同。对于行内存量的数据资产，一方面长沙银行按照“急用先行、先易后难”的盘点策略，对存量的数据资产进行盘点，逐步摸清数据家底。另一方面结合同业实践以及自身的数据情况，以“数据资产来源”+“数据价值密度”对数据资产进行分类，形成资产目录总体框架、各类数据资产盘点模板，保障盘点内容的完整性和前瞻性。

数据资产登记：长沙银行对盘点形成的资产目录和盘点模板进行系统化开发，依托数据资产管理平台，落实了新增数据资产的登记流程，实现了新增数据资产的自动化登记。

数据资产维护：针对管理的数据资产，长沙银行构建了一套完整的数据资产维护机制，对数据资产的目录、内容（业务属性、技术属性、管理属性）、属性模板进行持续更新，以保证资产信息的完整性、准确性、及时性，提升数据资产查找及使用的效率，为开展高效的数据资产运营提供基础支撑。

数据资产服务：数据资产服务是实现数据资产价值持续释放的核心手段。一方面长沙银行通过数据血缘分析、数据影响分析为用户展示数据资产的来龙去脉。另一方面通过数据资产目录+ES全文检索引擎为用户提供全面的检索服务，同时通过资产的评价体系，让用户对数据资产进行点赞、点踩、评论、收藏以及星级评分。

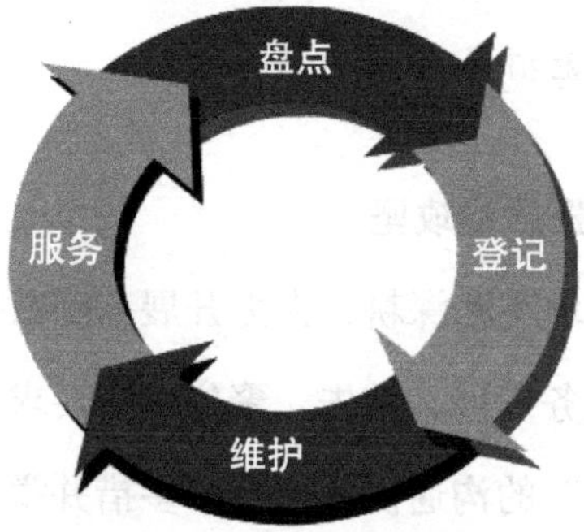


图13-4　数据资产运营闭环体系

**6. 以用促治，构建数据应用生态**

治数是为了更好的用数，以治促用、以用促治形成良好的循环体系是长沙银行数据治理的最佳实践。长沙银行一方面聚焦数字化转型，打造便捷、高效、智能的数据产品服务矩阵，构建了基础报表+指标快查+数字看板+手机端魔数狮多维一体的全方位数据产品体系，实现多层次用户、多维度工具全覆盖，赋能全行数据应用、支撑经营决策，通过数据应用为数据治理提供源源不断的动力；另一方面，通过数据集市+自助分析平台+统一指标平台+客户标签管理系统等数据服务平台提供高效的数据服务。在营销方面，以多样化的客户标签体系，构建完整的360度客户画像，并进行精准营销、业务拓展和创新，形成良性循环；在风控方面，围绕“数据深入、策略精细、从有到优”的主旋律，承载风控底盘、反欺诈、数据贷产品、风险预警等核心板块，风控策略模型与客群的契合度不断提升，风险数据体系持续优化；在管理方面，建设了汇总级指标体系以及包含风险、客户、经分、财务、监管、运营的六大数据集市，全面支持精细化管理的发展。

## （二）急用先行，实现重点领域攻坚

### 1.聚焦重点领域数据质量攻坚

长沙银行在重点领域不断深耕，大力开展基础数据质量提质，对外确保监管合规，对内赋能业务发展。首先，聚焦监管要求，优化监管基础数据质量。通过“专邮、专会”的沟通协调机制，多措并举，主动作为，结合日常监测、现场非现场监测、问题看板等方式，持续推进基础数据治理，确保监管数据准确、及时、有效。其次，聚焦客户信息领域，提升客户信息数据质量。一方面明确全行20类客户信息质量标准，完成159项客户信息问题类型打标，统筹零售、公司、金融市场三大条线，聚焦客户信息基础数据、疑似重复等重点领域，治理范围覆盖全行客户200余万户，通过系统优化、存量数据补录等方式，实现全行客户信息数据质量的全面提质。另一方面聚焦客户身份识别，实现全行客户信息问题类型打标，上线渠道端交易控制、交易提醒策略，源头管控，及时提醒客户完善客户信息；同时，通过客户合规性看板实时监测全行客户信息合规性情况，进一步提高和规范我行客户信息质量和管理水平。

### 2.开展核心数据资产盘点攻坚

长沙银行业在多年的信息化过程中积累了丰富的数据，但是业务能够看见、看懂的数据九牛一毛，数据价值无法释放。长沙银行通过“三步走”策略聚焦重点领域进行数据资产的盘点，实现数据资产的“可见、可懂、易用”。第一步，通过数据资产热度分析与业务关注的核心业务梳理出数据资产的盘点范围，长沙银行一期初步选定40个数据模型、100个核心业务系统的数据字典、50张访问量最高的数据报表、常用的数据产品作为盘点的突破口。第二步，依据盘点的数据资产类型，建立了数据资产的目录架构与数据资产盘点模板，梳理了每一类数据资产的业务属性、技术属性和管理属性。第三步，以数据资产管理平台为基础，新增了数据资产的自动登记、维护功能，实现数据资产线上化的管理维护，同时通过数据资产目录服务+检索服务实现业务人员在线查阅数据资产。

**3.推动产品主数据建设攻坚**

产品是商业银行连接客户、服务客户的核心载体，也是商业银行的立根之本。当前银行业产品管理还存在产品定制能力较弱、产品研发周期长、产品定义和分类标准不统一、产品基础数据缺失等问题。长沙银行在公司“6+7”的战略引领下提出了“一大愿景、两个目标、三个举措、四大能力”的产品中台实施方针。一方面通过梳理公司、零售、金融市场三大条线的产品管理流程、产品管理机制，建立了全行统一的产品上下架管理流程，明确了营销产品、分析产品的统一业务定义，形成了涵盖全行所有产品包括产品大类、中类、小类、基础产品、可售产品5级目录框架和标准化的产品主数据管理信息。另一方面，通过搭建产品管理平台打通行内10余个核心业务系统，实现产品属性信息、资源信息的统一管理、服务，实现产品资源统筹规划，引导行内资源合理配置，推进全行智慧运营，支持多层级、多视角的管理决策。

## 五、展望

长沙银行自2017年全面开展数据治理以来，通过对组织、制度、流程、工具的不断优化，实现了全行数据质量的稳步提质。现已建设完成数据治理企业级“一站式”管理平台，实现了对现有数据治理流程的变革，将元数据、数据质量、数据标准、数据资产四大板块有机整合，形成了完整的闭环式数据治理生态。

未来，长沙银行将继续深耕，以新思想、新团队、新模式、新架构、新能力、新平台的新发展理念，开创数据治理的新局面，充分发挥数据价值。一是将数据治理与新技术应用广泛融合在一起，将新技术体现在数据治理与应用的全流程中，真正发挥新技术带来的“正效应”；二是优化数据治理和应用，打破金融科技场景落地难的局面，加强数据可视化、数据服务能力建设，降低数据应用门槛，促进创新场景落地；三是引入数字化生态合作，加入“数字化+生态圈”，实现合作共赢。联合高等院校、科研院所、高新技术企业等搭建专业化金融科技产用对接平台，依法合规参与数字技术开源社区等创新联合体，依托外部资源为获客、风控及运营等提供有效的数据支持。

商业银行仍然是金融支持实体经济的核心力量，银行数据治理不仅是为了更好地应用数据资源，推动自身数字化转型与提升盈利能力，更是为了履行国家战略责任与社会责任，长沙银行将把自身的发展、转型工作融入国家信息化、金融科技规划新发展当中，不断为数据经济发展与数字中国建设贡献力量。

# 第14讲　科技助力中小银行特色数据治理体系建设

叶　友

## 一、引言

近年来，随着人工智能、大数据、云计算等新技术的快速发展，银行的内外部经营环境发生了深刻变化，数据所发挥的价值和作用越发明显。面对这一转变，银行意识到高效的管理体系、统一的数据标准、良好的数据质量才是数据价值实现的基础，并纷纷以数字化转型为契机，不断夯实数据基础、加强数据赋能，以迎接数字化经营的时代挑战。与此同时，监管层面对银行数据治理的引导和约束也在不断增强，数据治理越来越受到银行、监管乃至国家层面的重视。

中小银行在包括数据治理在内的金融科技发展应用和数字化转型方面，面临着整体实力和技术能力相对薄弱的挑战。但也有一系列的有利条件，一

作者系广西北部湾银行副行长。

是国家层面、银保监会和人民银行等政府部门、学术界、实业界这些年来对数字化转型讨论越来越多，越来越重视，银保监会和人民银行都出台颁发了数字化转型的政策要求，为数字化转型创造了良好的政策环境和舆论环境；二是数字化转型在全行业总体而言属于起步阶段，这反而为中小银行提供了后发优势，在全行业初创阶段提供了许多尝试的机会；三是围绕金融科技，围绕数字化转型，我国形成了比较完整、多样、前沿的产业链，可以找到很好的第三方供应商提供服务；四是中小银行自身在业务和管理迫切需要全面转型升级，对以数字化手段来推进全行转型有着迫切的需求；五是中小银行与当地政府部门、监管部门、企事业单位联系密切，对当地经济社会情况、老百姓所思所想比较了解，能够结合当地情况制定数字化转型规划，并且能够找到当地转型场景，实现部分项目速赢以坚定信心；六是中小银行近几年实力大大增强，作为总部银行，决策链条比较短，能够迅速决策迅速行动。

近年来，广西北部湾银行以“打造数据与科技驱动的流程银行、数字银行、创新型银行”为战略指引，持续加强金融科技、数据应用与银行业务融合发展，坚定不移开展数字化转型探索，在包括数据治理在内的基础架构、基础设施和基础系统方面超前规划、全面部署、扎实推进。2019年开始同步建设并于2020年一次性投产“1个云数据中心+1个分布式核心系统+50个新建应用系统+107个配套改造存量系统”新一代超大型综合项目群。其中，新一代云数据中心为国标A级并成功入选“2021年国家绿色数据中心”，由神州数码承建的新一代核心系统所运用的分布式技术已经成为行业标准［北京金融科技产业联盟2022年4月15日颁发公告《商业银行分布式联机交易系统技术规范》（T/BFIA010—2022）］。在短时间之内同步建成规模如此之大的软硬件项目在银行业历史上没有先例，为银行业树立了科技系统建设的新标杆。

北行一开始就认识到数据应用、数据治理到数据标准对标落标的重要性，在2018年规划新一代系统建设时，将数据治理作为“零号工程”也就是头号工程加以规划，借新旧系统建设改造的机会，启动数据标准建设和对标落标工作。数字化转型是个复杂的系统化工程，同时又是个新生事物，北行在实践中摸索出数据治理“1管9控3验1签”工作机制，并在许多具体工作上做了探索和创新，收到了较好的效果，形成了北行数据治理特色。本文介绍了北行的数据治理体系、数据治理的实践与成效、对于未来的展望，为中小银行数据治理实践提供一些参考，共同推动数据治理工作的顺利开展。

## 二、中小银行数据治理的意义与困境

2018年5月，为引导银行业金融机构加强数据治理，银保监会发布《中国银行业保险监督管理委员会关于印发银行业金融机构数据治理指引的通知》（银保监发〔2018〕22号），明确了数据治理架构、数据管理、数据质量控制、数据价值实现等方面的工作，要求各金融机构加强数据治理工作，提高数据质量，发挥数据价值，提升经营管理能力。通过将数据治理与监管评级挂钩的方式，督促银行业金融机构提高对数据治理工作的重视。

中小银行数据治理由于起步相对较晚，因此面临不少问题与挑战。一方面，缺乏明确的数据治理战略目标、顶层设计以及治理策略，数据治理组织架构不健全，职责划分不明确，治理意识不强。技术支撑能力不足，缺少有效数据治理工具，数据架构不完善，业务人员取数、用数困难等问题。同时企业级数据标准规范尚未搭建或建设不完善，基础数据质量较差，无法很好地实现数据互联互通，数据采集困难，数据应用场景狭窄。另一方面，受制于成本以及缺少复合型数据人才的约束，中小银行无法比肩大型商业银行投入大成本、大规模全面铺开的治理模式，导致在开展数据治理工作时缓慢且成效甚微。

数据在客户画像、精准营销、差异化定价、智慧运营、智能风控等银行金融业领域发挥的重要作用日益凸显。数据治理作为数据管理工作中最基础的工作，是中小银行数字化发展的必然趋势和工作要求。加强数据治理工作能帮助中小银行打好数据基础、提升数据质量、挖掘数据价值、有效巩固数据资源基础，是数字化转型的根基。开展数据治理能给中小银行带来运营管理水平的提升、风险管理能力的提高、客户服务体验的升级，缩小与大行的差距，有效支撑数字化转型，使得在同业竞争中脱颖而出。

## 三、北行数据治理体系

### 1.推进数据治理组织建设，明确职责要求

没有组织的数据治理是碎片化、孤岛式、不成体系的。数据治理不是传统的信息化管理工作，仅靠科技条线难以开展，全行各条线的积极参与很重要。一个企业如果真正开展数据治理工作，首先应做好数据治理组织建立，而且要覆盖到决策层。好的领导力决定战斗力和执行力，抓好数据治理实践，关键在上层组织。

为此，北行成立了“金融科技与数字化转型领导小组和委员会”，下设办公室。金融科技与数字化转型领导小组，由董事长任组长，负责听取和审议全行包括数据治理在内的数字化转型重大事项和工作安排；金融科技与数字化转型委员会，由总行行长担任主任委员，负责落实全行数字化工作部署和目标实现，审议和推动数据治理相关工作；金融科技与数字化转型办公

室，由分管科技副行长担任主任，负责金科领导小组和金科委数据治理相关决策落实，监督和推动数据治理项目规划和计划。

**2.制定发展规划，强化战略引领**

北行在“十四五”规划中，制定了数字化发展战略，其中规模化大数据应用规划中，明确提出，“建立组织保障，组建大数据分析部门，并采取联邦制构建业务和数据分析的协同；推行用例驱动，建立用例驱动的大数据分析体系，最大化挖掘数据价值；完善数据基础，继续推进数据治理和数据标准建设，进一步深化外部数据和内部数据的融合；加强人才队伍建设，通过大数据学院模式，培养大数据分析专才”等战略要求，北行的数据战略目标设定着眼于数据治理对数字化转型的战略支撑，指明了数据治理工作在“十四五”期间的奋进方向。

**3.健全数据治理制度，保障工作有据可依**

为规范全行数据治理各项工作与管理，北行于2021年制定了《广西北行数据治理管理办法》等8份数据治理相关管理制度，内容涵盖数据标准、数据质量、数据考核、元数据、外部数据、数据安全等多个数据治理板块，同时借流程银行建设的“东风”，建立了《数据标准变更审批流程》《数据质量问题反馈与整改流程》《外部数据申请审批流程》等流程，印发了流程规范文件。通过管理办法、流程规范建设，构建并不断完善数据治理制度体系，指导全行数据治理工作开展，保证各项工作有据可依。

**4.实现数据治理各板块融合，打造全生态管理体系**

数据治理组织、战略、制度规范不仅要建起来，更要转起来，能落地。北行采取以点穿线、以线连面的方式，围绕数据标准、数据质量、元数据、主数据、数据安全、数据架构、数据应用等七个板块，推出一系列数据治理落地措施，如加强数据标准在新一代系统群项目落地，改造IT项目数据管控流程，实施客户主数据治理，开展数据质量检核与问题跟踪，建立数据治理简报通报机制，制定《数据治理考核方案》，建设基于桌面云的安全用数环境等，逐步打造数据治理全生态管理体系。多点开花的同时，北行也坚持做到重点明确，有的放矢，结合需求紧迫程度、业务影响程度、实施难易程度等因素，对新一代系统群贯标、数据基础平台建设、建设数据质量双向监督机制等关键领域进行重点部署，并取得一定成效。

## 四、北行数据治理实践与成效

### （一）新一代系统群建设与数据治理的有机结合

#### 1.标准先行，制定全行统一标准规范

2017—2018年期间，北行启动核心系统改造升级的咨询项目，对北行数据体系建设情况进行评估，依据《数据管理能力成熟度评估模型（GB/T 36073—2018）》、业界先进数据管理体系模型（DAMA DMBOK）制定“三个体系、一个蓝图”的数据体系规划。三个体系即数据体系总框架、数据管理组织框架、数据管理制度框架，一个蓝图明确了数据管理和服务领域未来三年的工作任务。

2019年北行新一代系统群项目启动，在项目建设过程中，北行结合数据管理能力评估结果和数据体系规划，将数据治理项目作为第一批次重点前置项目进行规划，尤其数据标准工作是重中之重。参考国家标准、监管标准以及北部湾银行各类业务内部管理对数据的规范化要求，项目先后共制定的数据标准共计12267个，其中业务标准1227个、技术标准10801个、指标标准239个、标准码值12461个。

数据标准体系建设是数据治理体系建设中的一项核心和基础工作。通过统一的数据标准制定和发布等系列流程，结合制度约束、系统管理等手段，实现业务系统数据的完整性、有效性、一致性、规范性、开放性和共享性管理，为后续数据质量检查、数据安全管理等提供标准依据。

**2.系统支撑，建设数据管控平台**

新一代系统群建设时，恰逢《银行业金融机构数据治理指引》(银保监发〔2018〕22号）印发。在新一代建设、监管要求共同驱动下，为加强数据管理，提升数据质量，促进数据共享，实现精细化管理，满足外部监管要求，北行启动了数据管控平台建设项目，数据管控平台作为全行数据治理的重要支撑系统，贯穿于数据仓库、应用系统的重要环节，为数据治理提供工具支持，起到了强基础、提效率的作用。

（1）元数据管理集中化。在数据管控平台可以进行元数据的新建、维护、查询、审核、版本管理，设置定时任务以实现元数据的定时收集。北行管理人员和使用人员根据需求，以各种维度查询数据标准、数据模型、数据质量规则、报表指标、数据关系等元数据。目前，北行在数据管控平台纳管了3775394个元数据，涉及133097张表和2931426个字段。

（2）数据标准管理流程化。数据标准是数据质量管理的基础，是业务系统建设、业务数据交互的重要依据。北行工作人员可以在数据管控平台中进行数据标准信息项管理，数据标准加载及校验，数据标准申请、变更、废弃、查询，还可以进行数据标准影响度分析。工作人员将行内标准文件导入数据管控平台，平台据此生成数据标准信息项，结合数据标准信息项和数据标准设计方法，形成数据标准词库。数据标准词库是进行数据标准查询、标准变更完善以及导出行内新版本数据标准的必要条件，促进了数据标准在行内应用中落地。

（3）数据字典管理规范化。在数据管控平台上可进行业务系统的数据字典申报、查询、版本管理、标准化及自动化应用，根据数据字典生成DDL语句等。北行系统开发设计人员使用行内数据标准设计和维护所负责系统的数据库，并在数据管控平台中申请提交完善后的数据字典；数据治理管理人员负责审核提交的数据字典是否合理，是否符合规范，是否会影响数据库表的可扩展性、可读性，完成数据字典的初审、复审，确保需求对应设计的数据字段符合数据标准的设计原则，规范信息系统开发。目前，北行在数据管控平台上纳管数据仓库和154个业务系统，合计310个数据字典，管理范围基本覆盖全行关键业务系统。

（4）数据质量管理系统化。数据质量起到了衡量数据满足业务运行、管理与决策契合程度的作用，衡量指标包括真实性、精确性、有效性、完整性、及时性、一致性、唯一性等。数据质量管理的工作主要包括数据质量检核规则的配置、数据质量的诊断、数据质量问题的跟踪等。北行工作人员通过数据管控平台，依据182个业务稽核规则对行内若干系统进行自动化的质量检查，分析质量原因并形成报告提示异常数据变动，实现数据质量的闭环管理。

**3.对标落标，推动数据标准化**

为了更好地提高系统数据标准化水平，北行总结系统数据落标经验，整理归纳出解决线下管理难监控、事后管控难落标工作痛点的方法，并着手对IT项目数据管控流程进行优化改造，针对性地提出并形成“1管9控3验1签”的IT项目全流程管控工作机制。

（1）1管：线上联动管控

北行IT项目统一使用敏捷管理平台进行项目管理，而系统数据落标基于数据管控平台实施。为了掌握实时的项目进度，推进项目各主要阶段对标落标工作，北行实现了敏捷管理平台与数据管控平台对项目和需求的线上联动管理。

（2）9控：关键环节实时管控

数据管控可将IT项目流程分为项目立项、项目采购、项目合同签订、项目人员入场、需求分析、设计开发、测试阶段、项目上线、项目运维等9个关键环节，实施全流程监控，重点监督各环节系统对标要求的落实情况。一是项目立项，对供应商提供的系统产品进行数据落标调研。二是项目采购，将数据落标的要求明确写入项目需求。三是项目合同签订，合同明确落标要求及需要达到的标准。四是项目人员入场，进行标准介绍及落标要求说明。五是需求分析，了解北行数据标准并对业务进行分析是否涉及标准新增及修改。六是设计开发，使用数据模型工具进行数据库的实体、表、字段设计，使用数据模型工具生成的SQL进行开发。七是测试，保持数据模型工具内容与数据库表、字段一致。八是系统上线，项目投产上线需要通过数据落标检核，未通过不能投产上线。九是项目运维，不定时检查生产数据库表、字段是否与数据模型工具内容一致。

（3）3验：检查数据落标产出物

一是对标工作检验，系统产品自带的内容是否与北行的标准建立映射关系。二是数据库模型设计检验，使用模型工具进行实体及表结构设计，并通过数据管控平台审核。三是项目各阶段数据落标差异分析报告检查。在项目测试阶段、上线评审阶段检核数据落标差异分析报告，报告结果为“通过”才能进入下一个环节。

（4）1签：验收付款强管控

为了确保数据落标的执行效率及效果，项目投产及每次付款都需要数据治理主管部门签字，数据治理主管部门根据行内数据标准要求进行检核，未按要求完成数据落标工作，将无法投产上线及完成付款。

北行通过“1管9控3验1签”的工作机制，对数据落标工作实现了全流程管理，“1签”成为系统对标、落标工作中强有力的抓手，顺利推动并提高对标落标工作执行效率，提升数据落标占比。

### （二）夯实数据管控基础平台，开展数据中台与湖仓一体大数据平台建设，提升数据治理水平

**1.完善数据管控平台，提升治理系统管理能力**

经过新一代系统群项目建设，北行数据治理工作稳步发展。随着数据治理工作实践的深入，数据治理的重要工具——数据管控平台暴露出一些新的问题。

其中，最为紧迫的问题：一是对标推荐功能精确性不够高，手工处理费时费力；二是系统间联动性较差，IT项目管理与数据管控工作脱节；三是数据安全管理功能缺失，不支持数据分级分类；四是血缘元数据构建不完善，未实现自动化数据血缘解析。这些问题集中体现了数据管控平台对数据治理工作要求支撑力不足，为此，北行启动了数据管控平台二期项目，旨在通过优化、改造系统，解决上述问题。

（1）增加同义词对标规则

通常，系统数据对标主要依赖于数据标准单词、数据元成分进行拆词与数据字典字段进行匹配的规则。此规则虽然能够尽可能多地匹配出字段所可能涉及的数据标准，但也带来了一个弊端，因为字段所对应的标准太多，需要大量的人工分析、判断和选择工作，对于字段数成千上万的系统，这样的工作量是不可接受的。

北行在实践中探索出了新的对标匹配规则——同义词匹配。通过新增同义词库功能，补充数据标准同义词属性。同时，因为两两数据标准间不存在相同的业务属性，其同义词也不相同，以同义词作为对标的依据，能够有效

提高对标准确性，进而提升对标效率，减少人工干预。数据管控平台在开展系统对标时，首先会以同义词维度，自动完成第一轮对标，而后再以拆词、历史登记等方式进行二次对标，最终达到准确对标目的。同时，同义词库还可以引入文本相似度算法等新技术新方法，借助行内建模平台，利用机器学习技术，不断丰富同义词库。

（2）完成敏捷管理平台与数据管控平台对接

IT项目管理流程依托于敏捷管理平台，但由于敏捷管理平台与数据管控工作没有很好的整合，信息系统先开发后对标的问题频发，已逐渐成为当前北行实现全行系统数据标准化的主要制约因素之一，敏捷管理平台与数据管控平台系统间的联动性较差，无法实现跨系统联动是问题的关键。

为实现在项目管理过程中系统对标落标强管控目标，北行打破了敏捷管理平台与数据管控平台系统间壁垒，通过开发系统接口，敏捷管理平台能够实时获取数据管控平台上各系统落标的落标分析结果；反过来，数据管控平台也能够通过落标状态反馈，督促系统完成落标要求，最终实现IT项目流程和数据管控流程的任务状态的交互与核验，达到系统对IT项目全流程对标监督和强管控目标。

（3）加强数据分级管理

随着《数据安全法》的发布，数据作为一种新型的、独立的保护对象，已经获得立法上的认可。国家标准GB/T 35273《信息安全技术　个人信息安全规范》《金融数据安全数据安全分级指南》也对企业数据安全提出了要求，明确了数据分级分类工作内容。

实践中，北行在数据管控平台中新建了数据分级功能板块模块，创新性地将系统数据对标、落标与数据安全分类分级相结合，通过为数据标准增加安全等级属性，在完成系统数据字典对标的同时，也将对应标准的安全等级信息分配至对应的数据表、字段上，实现系统对标与数据安全分级工作整合，取得了事半功倍的效果。

（4）构建数据血缘

数据血缘关系反映了数据从产生、加工、使用、归档的全过程，是数据之间类似于人类社会血缘的关系。数据血缘是数据溯源能力的表现，体现了数据的来龙去脉，能帮助我们追踪数据的来源，追踪数据处理过程，对数据应用分析、数据质量评估与问题查找等工作起到非常重要的作用。

北行在数据治理实践中，逐步摸索出以系统自动解析为主、手工维护为辅的数据血缘建设模式。数据血缘自动解析通过对数据管控平台元数据功能进行改造，开发基于命名规范、SQL脚本、接口文档等标准化、规范化材料的功能，读取其中蕴含的数据间关联关系信息实现。同时，结合手工编辑的功能补充，共同实现对数据血缘关系构建。目前，北行已完成数据仓库、监管数据集市的应用试点工作，初步建立起数据血缘关系库，并将不断扩展应用。

**2. 以数据中台赋能数据应用，盘活数据资产**

（1）推进数据中台底层数据汇聚融合

数据中台是指通过数据技术，对海量数据进行采集、计算、存储、加工、共享的数据服务体系，以对外提供数据服务为目的。因此，数据中台的首要工作就是实现数据大集中。北行数据中台目前已完成了数据仓库、全行各个业务系统等行内数据以及所有已采购的外部数据资源整合。由于外部数据来源广、标准规范不统一，对外部数据的整合最为关键，通过建设外部数据管控平台，将原来分散、孤立的外部数据资源进行集中接入、传输、交换、提供统一服务，平台的建立是外部数据统一管理、治理的有效手段。

（2）做好数据中台中层数据提炼加工

随着北行的快速发展，业务创新和系统建设速度的加快，应用开发对数据提出了多样化的需求。为整合数据资源，实现数据价值输出，基于全行数据架构蓝图，北行整合内外部数据源，打造了“架构统一、业务全面、数据贯标”的数据中台，形成了“两中心一平台”的中台核心。其中，公共数据中心是对全行基础数据进行跨业务、跨部门、跨地区、跨系统数据汇总，以规划的15个主题模型为依据，根据全行系统建设情况，落地了11个主题的150个数据模型，满足业务人员自主分析和下游数据需求，保障整合模型层的数据标准化效率；萃取数据中心是以业务为视角，建设汇总层、指标层和标签层，包括针对零售、对公、同业主题的指标和标签，同时统一标准和口径，沉淀了911个指标和标签，为全行统一指标和标签管理奠定了基础；数据服务平台，以Hbase+ElasticSearch的模式，支撑海量的数据查询服务，通过服务接口的方式对数据进行封装和开放，生成API服务，快速、灵活地应用到业务场景中，开放了多个通用接口服务，打破数据壁垒，为全行各个系统提供数据共享。

（3）实现数据中台上层数据资产化管理

自2020年3月，中共中央、国务院发布《关于构建更加完善的要素市场化配置体制机制意见》以来，“数据即资产”这一理念已深入人心。数据资产管理能力作为数据中台的重要组成部分，处于中台架构的最上层，直接服务于数据使用者，重点解决数据“有什么”“在哪儿”“怎么用”的管理问题。

北行借鉴行业先进实践经验，基于“平台管控自动化+制度”一体化思维，构建一站式数据资产管理平台，打造全行数据资产服务生态，持续赋能业务场景。以数据中台、数据管控平台推动数据资产管控和运营的自动化、可视化、线上化。首先通过盘点，搜集全行不同种类、不同形式的数据资产，覆盖135个系统，沉淀出元数据、报表、指标、标签、主题数据、数据服务接口、模型算法等数据资产共计130万个，解决数据“有什么”的难题。接着以全行数据资产地图、资产目录智能导航、算法模型高热度推荐、权威认证资产标签等方式，解决数据“在哪儿”的难题。最后构筑数据资产360°视图，全方面展示数据资产的各项属性，并利用数据资产分析、共享功能联动统一报表平台，实现报表、指标一触即达，降低数据的使用成本，解决数据“怎么用”的难题。

**3. 规划构建湖仓一体大数据平台，打造统一治理引擎**

北行在数据仓库维护、数据中台赋能和数据治理管理实践中发现，在数据采集、加工、应用等数据生命周期的一些关键节点，存在数据存储冗余、重复加工、加工链路过长、关键元数据缺失以及元数据和管控平台使用不充分等问题，原有的底层大数据技术架构已经不能很好地服务于未来业务发展和数据赋能需求。经过深入研究决策，北行基于湖仓一体大数据平台建设思路，以数据治理为驱动、数据价值实现为目标，重构全行技术平台底座，打造数字化转型的坚实基座。

北行湖仓一体大数据平台规划，将基于业界先进的“存算分离、湖仓一体”理念重构全行技术平台底座，构建全行级数据湖、数据仓库和数据应用及服务支撑平台。统一全行数据开发规范，统一数据模型设计，统一业务、技术元数据，强化元数据、数据质量管控，形成数据安全管理体系。构建全链路元数据存储和分析能力，统一数据服务，提升数据治理效能，加速以元数据为驱动的数据价值变现，提升数据资产运营，全面支撑数据应用及其服务。

构建统一数据开发平台，完善统一元数据管控能力。北行湖仓一体大数据平台，坚持“元数据驱动、数据标准先行”的原则，构建具备自主开放能力与全栈数据研发能力的一站式、标准化、可视化、透明化的智能大数据全生命周期研发和治理平台。平台遵循“DataOps”理念，贯穿数据接入、数据开发多个能力模块，所有数据类开发统一项目管理、需求管理和任务管理，开发结果统一测试与发布，持续完善大数据全生命周期管控。数据开发平台完全对接行内数据标准，数据模型全面落标，支持自动化数据血缘解析，建立统一的元数据视图，便捷地提供元数据搜索和数据发现能力。

作为最底层的数据平台，北行湖仓一体大数据平台将成为数据治理新引擎，更好地支撑上层数据治理、数据应用服务，构筑北行数据综合治理体系，发挥元数据效能，持续提升数据质量，加速数据资产化进程，全面提升数据应用及服务效率。

### （三）构建双向监督机制，促进数据质量管理升级

#### 1. 以监管报送治理为切入点，坚持问题导向，查找问题源头，促源系统整改

近年来，各监管机构对银行数据报送质量要求日趋严格，各类报送任务密集、主题突出、内容明确、规则繁多，对各家银行的业务合规性、数据有效性都提出了更高的要求。这对银行来说既是压力，更是推进数据治理的动力。监管关注的数据领域，既是服务实体经济的重点、防范化解金融风险的痛点、推动金融数字化发展的要点，也是深化数据治理的切入点。北行以监管报送为抓手，构建了“以监管提意识，以检查推整改，以整改治根本”的监管报送数据治理体系。

“以监管提意识”即以满足监管要求为基本要求，全面提高数据治理意识。数据质量不高、整改动力不高，多是由于缺乏统一的数据治理意识。北

行忠实践行“十四五”规划中的数字化发展战略，将推进数据治理和数据标准建设作为重点之一，指定牵头部门组织学习监管部门金融数据治理规则，传达监管部门金融数据治理精神，把监管数据治理要求纳入考评及问责机制，将驱动业务发展的内在动力和满足监管要求的外在压力相结合，把全行数据治理意识向聚焦服务实体经济、防控金融风险、深化金融改革的高度推动。

“以检查促整改”即根据监管检查或行内自查的结果，落实整改责任，推进问题整改。监管报送需求覆盖银行主营业务的方方面面，满足监管报送的数据体系，必然已满足绝大多数数据治理要求。以银行业金融机构监管标准化数据（EAST）为例，北部湾银行在EAST5.0建设期间，根据《银行业金融机构监管数据标准化规范》要求，对监管集市中客户信息、会计记账、各项贷款等10个信息域的数据进行梳理，核查出需要整改的数据300余项。除技术部门通过规则核查数据质量外，北部湾银行还在监管报送过程中，通过线上反馈、线下报告、监管通报等多种渠道收集数据问题，汇总形成全行数据质量问题台账，定期发布数据治理简报，督促各整改责任单位有效落实数据整改责任，数据质量得到有效提高。

“以整改治根本”即坚持整改从问题源头做起，既要治标，更要治本。北行坚持问题导向，查找问题源头，保障源头数据质量。一是充分暴露数据质量问题，不为了能一时满足监管报送要求而通过批量赋固定值、替换脏数据等方式长期掩盖实际存在的数据质量问题。二是针对数据质量问题台账及数据治理简报中的数据质量问题，坚持“谁主管、谁负责”的数据源头管理原则，明确数据实际归属地，督促源系统整改，拒绝“边污染边治理”的情况发生。数据治理的过程亦是一个业务治理、公司治理的过程，把数据和业务的治理相结合，数据治理成效将达到一个新的高度。

**2.加强源系统质量管控，保障下游监管报送数据质量**

以监管问题为导向，促进业务源系统整改的数据质量工作“由外到内”模式，具有更好的数据质量管理价值体现。然而，随着各项业务的不断发展，新的业务系统不断开发上线，这些新系统在开发、测试过程中没有把控住的业务问题、系统问题最终会形成数据问题源源不断地汇集到以监管报表为代表的下游数据系统。传统的以问题为导向的整改已无法满足如此广泛的数据质量管理需要。由此，北行也认识到，在以问题为导向的同时，更要“由内到外”，系统地建立源系统数据质量管控机制，将数据管控向下游系统延伸。

针对如何对源系统开展数据管控工作，保证各项业务需求既能按期投产，又能保证投产后的数据质量，北部湾银行在数据治理实践当中结合监管报送要求，逐渐探索出以下治理方案。

（1）梳理监管数据资产目录，识别关联数据源系统

以金融统计大集中报表、EAST、1104报表等为代表的监管报表经过多年的迭代，其涵盖的报送指标基本覆盖了银行全方面业务，同时其口径设计、模块设计、表间校验规则设计、总分校验规则设计，在合理性、严谨性方面都为商业银行数据治理提供了极具意义的工作导向。

由此，北部湾银行提出了梳理监管数据资产的工作方案，通过整理监管数据资产目录，可以有效地为监管数据质量管控工作提供基础数据支撑和方向指导，识别各监管报送报表数据来源业务系统。

（2）优化系统项目管理流程，把好项目投产数据关卡

结合监管数据资产目录，北部湾银行逐步探索将监管数据管控工作嵌入信息系统项目开发管理工作当中。在项目立项中明确要求系统建设在满足业务需求的同时满足监管数据质量管控要求。在系统概要设计、详细设计当

中，以监管数据资产为导向，把控系统设计是否符合监管数据要求。在SIT测试、UAT测试等工作当中，除了测试功能性是否满足业务需求外，也把控好数据产出是否满足监管数据要求。

在加强项目流程管控的基础上，结合流程银行的建设工作，北行在OA系统和项目管理系统中设置了信息系统变更评估流程，同时设计了标准化的评估模板，通过行内经验丰富的监管数据开发人员，依托监管数据资产目录，评估实际投产后对监管各模块各报表的影响。如经过评估不满足监管数据质量要求的项目则退回上线申请，重新进入开发测试流程。如经过评估满足监管数据质量要求，但需要监管集市做配套变更，则调整监管集市，更新监管数据资产目录。

（3）拓宽问题反馈渠道，做好数据源质量检核与整改

面向全行各层级人员，北行建立了便捷的OA线上数据质量问题反馈渠道。同时，总结历史发现问题，制定数据质量检核规则，借助数据管控平台数据质量定时自动检核功能，分批次开展对监管报表数据来源系统的数据质量检核，逐步形成数据质量检核常态化工作机制。

## 五、北行数据治理展望

### 1.完善数据治理体系，提升数据质量管理新高度

北行将持续以金融科技和业务创新为驱动，健全数据治理体系，充分挖掘数据和信息资产价值，以创新激发数字化发展动力活力，推动全行数字化转型。一是着手主数据管理提升。明确主数据的需求范围和建设目标，在数据稳定性、数据质量保障、数据安全、数据成本管理等多个层次，围绕信息技术、数据技术、数据思维、组织职能等四个维度开展，制定核心业务中的

主数据处理和管控实施方案，实现数据治理为解决业务诉求、驱动业务发展赋能的目标。二是构建更合理、更健全、更多元的数据资源管理方案。目前北行数据管理的规范和标准已逐步成型，贯穿数据全生命周期，涉及主要的应用过程数据，未来将在实践中吸取经验，形成更完善的资源管理体系。三是持续监测和管理实现高水平的数据质量监控体系。北行数据管控平台已有的数据标准定义和管理功能的基础上，建立数据采集、修改和维护的全流程质量监控，提供数据在转化过程中的质量自动化评估功能。开展数据协同维护机制，由业务部门和技术部门共同检查和完善现有数据质量规则，建立一致的度量标准、数据评级和监管机制，约束相关数据处理人员的行为，明确管理责任人，对数据质量检查和问题解决进行全过程跟踪。

**2.深化数据平台建设，打造数字化发展新动能**

未来，北行将着眼于建设适合自身实际的数据平台，强基固本，开放共享，迈向数据赋能建设新高度。一是建设完成具有新架构、新思路、新技术的湖仓一体化大数据平台。二是完善数据中台数据架构，沉淀全行统一指标和标签，降低重复开发成本。三是打造智能报表平台，提供更简捷、更灵活、更完善、更高效的报表平台，实现数据的在线处理及在线分析，加强报表数据安全管理，强抓数据授权、数据加密、灵活授权。四是不断拓展外部数据资源，依法合规做好内外部数据协同互补，支撑业务数据需求，实现外部数据创新应用。五是深入探索数据资产智能运营、数据资产使用权限精细化管理等工作领域，打造以“数据+算法+场景”的数据资产应用场景，实现数据资产开放共享。

# 第15讲　探索符合农商行特色的实用型数据治理实践之路

商军雷

近年来，随着对数据治理监管的深入学习和研究，我行率先践行数据治理思想，坚持以实用为原则，以“普惠金融助力百姓美好生活”为使命，推进“坚持客户中心、坚守普惠金融、坚定数字转型”核心战略，持续探索符合实际情况且满足监管要求的数据治理实践之路，努力打造为客户创造价值的服务型银行，开启新时代农商行数据治理新征程。

## 一、数据治理背景

### （一）监管合规的明确要求

随着数字时代的来临，外部监管正发生巨大变化，对银行数据治理的要

作者系上海农村商业银行数据治理部副总经理。

求越来越高。2018年5月21日，中国银保监会印发《银行业金融机构数据治理指引》（银保监发〔2018〕22号），要求将数据治理纳入公司治理范畴，遵循“全覆盖”“匹配性”“持续性”和“有效性”四大原则开展数据治理工作，并与监管评级挂钩。2020年7月14日，为深入贯彻党的十九大精神和党中央、国务院关于国家金融基础数据库建设的部署，认真落实《国务院办公厅关于全面推进金融业综合统计工作的意见》（国办发〔2018〕18号）的工作要求，中国人民银行决定建立金融基础数据统计制度，下发《中国人民银行关于建立金融基础数据统计制度的通知》（银发〔2020〕164号），要求银行及时、准确、全面完成金融基础明细数据统计。

### （二）自身发展的必然诉求

近年来，商业银行同质化竞争突出，要在产品创新、客户营销、风险管理、决策效率等方面呈现自身特色，离不开高质量的数据和高水平的数据应用。加强数据治理、挖掘数据价值是错位经营差异化高质量发展的有效途径。

同时，市场竞争日趋激烈。从行业市场竞争来看，随着互联网、大数据和云计算带来的技术能力急速释放，出现了越来越多的跨界竞争，如阿里、百度、腾讯等互联网企业均已深度涉足金融业。众多传统金融机构也积极拥抱新技术，力求在新的竞争态势下能够掌握主动劝，抢占发展先机。

## 二、农商行实用型数据治理实践

### （一）数据治理顶层设计

#### 1.数据规划

为贯彻落实《银行业金融机构数据治理指引》相关要求，农村商业银行应结合自身发展战略与监管要求等因素，制定全行数据规划。通过风险管理、业务经营与内部控制等领域中的数据应用，逐步落地规划要求，实现数据驱动，发挥数据价值。

以上海农商行为例，在“坚持客户中心、坚守普惠金融、坚定数字转型”的核心战略指导下，以“数据支持经营决策的及时灵敏”为数据治理总体目标。坚持“实用性”原则，以“解决实际业务数据问题”为导向开展数据治理活动，始终保持目标清晰和方向明确，避免开展华而不实、不符合农村商业银行实际情况的无用工作，逐步递进，实现短期有数可用、中期数据好用、远期用好数据。

**2. 组织架构**

数据治理是一项需要多部门通力协作的工作，为确保数据治理工作有效组织、充分协调、沟通顺畅，农村商业银行应建立体系化的组织架构，明确各层级职责分工，力求与日常各项工作达成良好衔接。

以上海农商行为例，2019年4月正式成立数据治理工作领导小组，由行领导及各部门负责人共同组成，领导小组下设专项工作组，协调数据治理相关工作，推动数据治理积极落实。

2019年12月，在计划财务部下设立数据治理部（二级部），统一归口管理全行数据治理工作，并根据监管要求及全行数据治理工作部署，构建数据治理体系，组织开展数据治理实施。建立定期沟通协调机制，组织召开数据治理工作研究会，由行领导对重要事项进行研究和决策。

**3. 制度建设**

农村商业银行应根据《银行业金融机构数据治理指引》内容，结合监管报送要求，细化设计数据治理制度体系，标准化规定数据管理的具体领域、各个数据管理领域内的目标、遵循的行动原则、需完成的明确任务、实行的工作方式、采取的一般步骤和具体措施等。

以上海农商行为例，数据治理制度体系为“1+10+10”模式，包括1项纲领性文件、10项专项管理制度和10项监管数据报送制度。

1项纲领性文件：《数据治理实施办法》对数据治理组织架构与职责分工、岗位与人员设置、数据管理、数据质量控制、数据价值实现、问责与激励进行原则性指导。

10项专项管理制度：包括数据质量、数据标准、数据资产目录管理、外部数据管理、数据需求、数据质量考核、数据治理自评估、数据安全、数据生命周期、技术元数据管理等，以规范化、精细化管理数据治理各专项领域。

10项监管数据报送制度：包括银保监各类监管报表报送制度　、业务制度以及人行金融统计报送制度等。

### （二）数据治理体系建设

#### 1.数据标准管理体系

数据标准是数据治理的首要工作和重要基础，农村商业银行应基于业务和数据特征，构建覆盖客户、产品、协议、机构、员工、事件、资产、财务、渠道、营销等十大主题的数据标准体系，其中包括定义数据标准分类以及数据标准的基础属性、业务属性、技术属性和管理属性等四大属性。促进数据共享，对数据录入、流转、存储与应用实现有效管理，持续推动数据标准落地，根据数据标准落标方案，开展数据标准落标的试点及推广。

以上海农商行为例，将“明确定位、合理规划，试点先行、分步实施，价值驱动、贴近业务，切合实际、确保执行，管控保障、持续跟踪”作为指导性原则，结合信息系统建设现状，明确“项目建设驱动为主，数据标准驱动为辅”的落标策略。参考同业经验，基于数据标准规范数据字典的建立，在数据模型设计时严格参照数据字典执行，保证系统数据模型对数据标准的合规引用，满足标准的定义、格式、长度、取值范围等要求。利于信息系统上线运行时所产生的数据合乎标准规范，保障数据在采集、交换、共享、加工、使用等整个生命周期中的合规性和一致性，减少甚至避免数据不必要的清洗和转换，提高数据的质量以及可用性。

实际数据标准落标过程中，在系统设计开发阶段设计《XXX系统落标差异分析报告》，基于此作为落标工作的重要输入，指导落标工作的开展。后续考虑引入数据建模工具规范数据模型及数据标准建设，提高管理能力与效率。

**2. 主数据管理体系**

主数据是跨越组织架构、业务流程、信息系统的，被内部广泛认可的高价值数据。农村商业银行应以梳理与识别主数据为切入点，明确主数据的定义、录入、审核、改进等各环节责任者，使数据责任关系明确化。结合数据质量整治工作，通过规范录入行为以及纠正录入错误强化责任意识，消除数据冗余，提升数据处理效率。

以上海农商行为例，结合行内中台建设、企业级客户信息系统（ECIF）优化、新一代对公授信信息管理系统、智慧人事系统等项目的开发进度，推动客户唯一性识别及客户信息采集、产品目录建设和机构树建设，明确各部门职责分工，科技部作为实施落地部门，协调业务部门，从客户主数据、产品主数据和机构主数据三方面协同发力，共同推动良性数据治理。

（1）客户主数据

构建客户主数据管理体系，重塑客户主数据管理系统，统一各渠道客户信息，实现规范采集、集中管理、有效共享。分三步开展相关工作。

一是打基础，通过盘点工作厘清家底。梳理实际业务场景，完善业务流程，全面盘点源业务系统，厘清与客户主题有关的数据字段，进行标准化命名，基于标准化后的数据字典清单，开展主数据的筛选和定义，最终形成客户主数据目录，确认数据权威来源系统，明确维护流程，使数据认责清晰、职责明确。

二是改问题，稳步解决数据质量问题。针对精确识别客户身份这一诉求，通过关键识别要素（客户名称、证件类型、证件号码）和辅助识别要素（对公：法人信息、注册地址；对私：出生日期、手机号码），形成17条客户唯一性识别规则，用以定位问题数据，稳步推进客户唯一性问题的整改工作，提高数据质量。

三是落系统，以主数据管理视角完善相关系统。对所有客户信息采集渠道的现状进行摸排摸，制定改造方案，优化现有的客户信息采集规范与流程，将ECIF系统打造成客户主数据管理系统，从而统一客户信息采集手势。

（2）产品主数据

为统一产品视图及营销产品数据标准，解决产品共识、后端产品定位等问题，同时满足监管相关产品数据标准要求，从梳理产品目录、统一产品目录管理流程开始，分步开展产品主数据工作：

一是理目录：从各系统各渠道中的产品和产品管理制度入手，统一标准原则，梳理全行的产品目录，目录包括产品分级分类信息、产品名称以及产品管理属性（产品主管部门、产品定义、产品的业务管理办法和产品状态等）。

二是定编码：制定企业级营销产品编码标准，在合理保留源业务系统产品编码的基础上，明确产品编码的8位定长标准规范。

三是建机制：在调研同业产品目录管理流程的基础上，结合现有产品管理流程，厘清产品全生命周期各环节中的各部门职责，形成产品目录管理规程，逐步开展产品目录管理工作。

四是落标准：参照数据标准落标系统分类，分新建业务系统和存量业务系统分别推进落标工作。一是新建业务系统试点贯标落地；二是存量业务系统落标，通过营销产品映射规则梳理，于数据管控平台系统开展标准落地工作。

（3）机构和员工主数据

以新的人资系统建设为契机，统一机构编码和名称，规范机构管理流程，应用机构和员工主题数据资产成果，推动机构和员工主数据落地。目前，已完成全行机构主数据和员工数据标准的梳理，整合管理机构和账务机构，形成31项机构的主数据信息项。发布机构主数据管理规程，明确机构主数据范围及责任部室，明确机构新增、修改、删除等流程中各相关责任部室的职责分工，规范机构主数据管理流程，并确定机构统一编码规范，保障全行机构数据统一，避免机构相关信息的二义性。

3.数据质量管理体系

农村商业银行应建立完善的数据质量管理、核验、评估、整改和执行机制，优化数据质量管理流程，以数据管控平台为抓手，落实数据质量问题的闭环管理流程，持续推动各类数据质量问题的整改，提升数据质量；围绕EAST及辐射的源业务系统，持续完善数据管控平台的数据质量检核规则，探查全行的监管明细数据，实现日常监控，及时派发，加快整改效率；以问题为导向，在发现问题、分析问题、落实整改的过程中，不断提高全行数据质量。

以上海农商行为例，一是制定并发布数据质量管理办法，管理范围包括数据质量问题预防、数据质量监控与检查、数据质量整改、数据质量评价。二是积极推动数据管控平台的应用推广，便于业务部门在发现数据质量问题后及时协调解决。三是以监管报送为出发点，梳理EAST、反洗钱、人行基础数据的监管报送检核规则，通过管控平台对源头数据进行检核。

**4.数据资产管理体系**

农村商业银行应通过数据资产盘点，厘清有价值的数据资产，形成数据资产目录，助力信息系统建设和数据应用，避免大海捞针式查找数据。以上海农商行为例，截至2022年，完成了客户、产品、协议、机构、员工、事件、资产、财务、渠道、营销十个主题的数据资产盘点，累计形成30000多项数据资产信息，并基于数据资产目录形成企业级概念模型，结合数据安全分类分级，为数据中台建设提供重要输入，为后续各层级人员的取数用数打好基础。

**5.外部数据管理体系**

随着银行业利用外部行业相关数据推动业务发展、提升数据质量已是常态，农村商业银行应规范外部数据管理，对可共享类外部数据实现统一采购，严控同质外部数据采购、把关外部数据质量，搭建外部数据管理系统，实现外部数据的集中存储和共享，避免重复采购和资源浪费。

以上海农商行为例，一是区分同质采购。根据需求提出部门拟采购外部数据的类型、用途、面向客群、具体信息项等，匹配外部数据登记情况表中同类型外部数据相应信息，若范围基本一致，则牵头、需求提出部门和登记情况表中已采购部门开展讨论，确认同质情况。二是把关质量：首先严格通过竞争性磋商方式、按年采购外部数据；其次结合准确性、完整性和及时性要求，在采购前对外部数据开展数据质量测试，作为评分标准的重要内容；最后开展外部数据质量年度评价，对于质量不符合行内需要的外部数据，及时更换外部数据供应商。三是后评估：以外部数据“谁使用谁评价”为原则，每年由需求提出部门牵头数据使用部门和科技部门提交客观、翔实的外部数据评价报告，各数据使用部门负责该年度数据源实际使用系统和数据源可用程度、响应速度、数据质量和稳定性等内容的评价。科技部门负责技术评价。归口管理部门通过外部数据管理系统获取访问系统实际情况和评价报告做核对，确保评价报告使用系统的全覆盖。四是前瞻性确定外部数据来源：根据各需求提出部门提交的年度外部数据需求计划表，对不同部门提交的同类型外部数据进行分析。一是通过和各部门调研了解具体采购需求；二是参考头部银行已采购同类型外部数据供应商；三是排摸市场上该类型外部数据主要供应商情况，适时组织相关供应商和相关需求提出部门进行讨论。

**6.数据需求管理体系**

农村商业银行应在分析数据需求现状的基础上，结合同业实践经验，编制数据需求管理方案，明确数据需求管理的范围与内容，制定数据需求管理流程，指导未来的数据需求管理工作开展。避免部分数据需求提出时要素缺失，需要反复沟通；部分需求交叉重叠，影响实施效率。

以上海农商行为例，对数据需求进行统一扎口管理，通过事前审核及事后分析等方式对于冗余需求进行评估和管控，建设公共数据层，减少重复实施，提升实施效率；在数据需求中增加落地数据标准的环节，推动数据标准的落地与执行。

数据需求管理机制变化的初期必然会导致部分现有流程的改变，而现有流程已沿用多年，使用习惯改变较为困难，归口管理部门需加强与科技部等流程制定部门的沟通，开展培训指导，促进新老流程的融合。

### （三）数据治理运营体系建设

**1.人才培养和文化宣贯**

数据治理能力建设是一个长期的系统工程，需要融入企业文化当中。当数据治理植根于企业文化，数据治理策略和行动就能够自然而然进行。

农村商业银行应结合实际，创新运用。将文化宣贯与实际工作紧密结合起来，寻找不同的切入点，将理念体系创新地融入工作实践中，形成自身特色，增强宣贯效果。在人才培养过程中对相关问题积极沟通、及时反馈，以迅速做出调整措施。

以上海农商行为例，在人才培养及文化宣贯方面，一是制作数据治理月报，向行领导、各部门负责人及数据治理联系人分享数据治理工作进展成果。二是通过鑫培伴平台发布数据治理小课堂，以生动易懂的形式帮助全行共同了解、学习数据治理相关基础知识。三是建立数据治理相关责任人的培训和发展体系，定期开展项目管理、业务管理以及平台管理等培训工作，普及数据治理知识，同业案例开展介绍。内外结合，发挥外部专家优势，帮助业务部门快速了解数据应用的相关内容。与此同时，加强专管员队伍建设，提升数据治理工作执行力，并在《上海农商银行科技序列管理办法》中明确数据治理作为科技序列专业序列进行管理评定。

**2. 数据管控平台建设推广**

农村商业银行应通过数据管控平台展现数据治理成果及对数据治理工作进行系统化、自动化、流程化管控，以支持基础数据服务和深度数据挖掘能力建设为目标，为管理决策和业务运营提供全面、高效、及时的数据视角和参考信息。

以上海农商行为例，截至2022年，已实现数据资产、数据标准、数据质量、元数据、数据考评的联动，对数据进行全方位的管控。一是从上游获取60多个业务系统及数据仓库、大数据平台等平台类系统的数据字典，为数据分析挖掘应用提供支撑。二是将数据治理咨询项目梳理的全量数据资产、数据标准成果在数据管控平台进行展示，便于业务部门和科技部门了解资产信息项和数据标准，有利于数据查询和落标开发。三是将数据质量检核规则布放管控平台，按旬跑批，并将产生的数据质量问题分发至相关部门和分支行，同时通过数据质量提升计划，将监管报送和经营管理发现的数据质量问题分发牵头部门和协办部门，并通过问题响应率和整改率指标进行考核，按月单方督促总行部室和分支行整改。

**3.指标平台建设推广**

农村商业银行应以存贷款指标为业务核心，以指标集市为数据基础，结合“统一指标标准、统一指标口径管理、统一指标计算、统一指标服务”的系统建设目标，大力推动全行数据应用。

一是指标可配置。通过基础指标组成新的派生指标，或自由组合合并成自定义报表，提高统计分析效率。同时依托指标下钻功能可探索明细数据，业务人员通过查数用数，降低业务试错成本，提升使用效率，提高业务人员的能动性和积极性。

二是指标可管理。规范指标流程管理，通过指标管理功能建设，对指标的维度、分类、权限、计算等进行统一管理。指标使用评估管理，通过指标地图和热度分析，识别高频访问指标，挖掘高价值数据，清理低价值数据。

三是指标可追溯。通过指标的血缘分析功能实现表级穿透，支持上溯至源系统表且下探至应用报表。采用图形方式展示，反映指标的加工流程，便于定位数据来源，实现从定义指标到加工数据的无缝连接。对于问题指标，可快速定位数据质量问题，提高解决效率。

四是指标可视化。通过指标卡片与指标看板功能，实现指标的全局预览、查询、可视化。指标全局预览可由主题、报表等维度对指标进行查看，针对单个指标可查询指标标准、统计指标等内容；同时将每个指标涉及的分布、构成、趋势等进行展示。

### 4.数据治理量化考核

农村商业银行应加大考核力度，通过考核体系，对各部门日常开展的数据治理工作进行定量与定性评估，将责任落实明确到部门，具体到事。配合加分机制激励全行各部门主动开展数据治理工作。

以上海农商行为例，开展全行范围的数据考评，涵盖总行部室及分支机构，考评结果纳入行内绩效考核、内控评价和数据治理自评估机制。一是根据监管数据相关要求，结合行内存在的主要问题，明确包括数据质量、数据标准、数据字典和数据资产等四个领域的数据考评。二是采用激励约束的考评方式进行考评，督促和鼓励全行数据治理工作开展。三是新建数据考评模块，通过数据管控平台首次开展线上化考评，做到考评的客观公平、透明高效、结果可追溯。

## 三、农商行数据治理总结与展望

数据治理是一项长期的、需要逐步建设和完善的综合性工作。农村商业银行应以“释放数据治理成效、实现数据价值”为核心目标，利用新兴技术实现开放与共享，从而为数据应用奠定基础，为数据服务提供强劲动力，使数据以更为便捷高效的方式应用到全行的经营决策中。

未来上海农商行仍将踔厉奋发，笃行不怠，推动全行数据门户的建设，统一集成全行数据应用和报表入口，提供面向行内微观、中观、宏观层面的经营数据分析，实现数据服务和数据产品的整合，并适应数据要素市场趋势，推动数据应用服务化，由传统的需求开发模式向数据产品服务模式转变。

# 第16讲　多级法人背景下数据治理的创新和应用实践

杨　明

随着经济社会发展中的数字化应用程度不断提升，数据要素也成为推动增长与创新的重要动力。近年来，国家出台一系列推动数字经济发展的重大部署，如《国家信息化发展战略纲要》《“十四五”数字经济发展规划》等，数字经济的战略定位越发凸显，数据要素市场制度建设的方向和改革任务进一步明确。在技术驱动与政策引领的双重作用之下，数据必然成为数据经济下的核心资产，释放数据生产力将是银行数字化转型的核心成为行业共识。

浙江农商银行系统先行先试，以数字化转型为契机，开创了一条既符合多级法人体制特征，又具备浙江农商银行系统特色的数据治理实践道路。

---

作者系浙江农村商业联合银行科技管理部总经理。

## 一、统分结合，金融科技赋能全系统高质量发展

### （一）浙江农商联合银行基本情况

2004年4月18日，在时任浙江省委书记习近平同志的亲自部署下，浙江省农信联社成立。2022年4月18日，省委、省政府召开深化农信社改革暨数字普惠助力共同富裕推进会，袁家军书记与王浩省长共同为浙江农商联合银行揭牌，标志着全国深化农信社改革“第一单”正式在浙江落地。在省委、省政府领导下，依法承担对全省行社“管理、指导、协调、服务”的职责。作为全省农村金融主力军和乡村振兴主办银行，遵循省县两级“合作、开放、特色”的科技服务理念，支持法人行特色化经营、管理和决策，始终坚持以服务“三农”、小微企业和地方经济社会发展为宗旨，助力乡村振兴和共同富裕。

目前，浙江农商银行系统已经发展为浙江最大规模的金融机构，在全省11个设区市设立管理部，下辖82家县（市、区）行社，其中包括81家农村商业银行、1家农村信用联社；拥有4122个营业网点、1万多个丰收驿站、2万多个村级金融服务点，员工5万多人。

### （二）省县两级、统分结合的科技治理模式

浙江农商联合银行与82家行社构成的多级法人体制架构，具有法人机构众多、覆盖范围广泛、客户群体庞大的特点，决定了全省农商银行系统业务发展客观呈现出地区差异化特征，为浙江农商银行系统科技发展带来极大的挑战。浙江农商银行系统通过积极探索，逐步构建起“小法人、大平台”省

县两级、统分结合、管理科学、服务高效、稳健安全的农商银行系统科技治理体系。

“小法人、大平台”管理服务体系是由省县两级法人农信机构组成的，小法人发展有活力、大平台服务有效力、全系统体系有合力的有机统一体。省农商联合银行是科技信息组织建设者，负责编制和落实全省农信系统科技信息建设规划，制定技术、数据、架构标准，集中建设统一应用系统。县级行社是信息科技使用者，为信息科技发展提供需求和建议，同时承担辖内信息系统的运维和安全保障职责。浙江农商银行系统以“共建、共享、共用”及集约化统筹为基本原则；以省级统一规划、集中管控为总体目标；以兼顾共性与个性，平衡统一性和特色性为指导思想，解决县市农商银行“做不了、做不好、做了不经济的事”，增强系统整体竞争力，确保全系统体系完整。目前已经建成运行外拓经营类（35套）、渠道平台类（43套）、产品系统类（94套）、内部管理类（146套）、技术服务类（107套）五大类430多套应用系统。数据仓库数据量逾130TB，涉及6000多万客户、713万贷款客户、1.2亿个存款账户。

## 二、运筹帷幄，制定数据治理工作规划

一直以来，浙江农商联合银行党委高度重视科技信息建设，全面践行“科技创新革命”理念，鼓励积极开展创新尝试。2019年，浙江农商银行系统发布了全面数字化转型的重大战略，将数字化转型确定为未来的核心工作，数据治理工作也应势正式全面启动。浙江农商银行系统坚持金融科技驱动，深入探索实践，在全省农商银行系统内统一思想、统一行动，引领82家成员单位，全面推进数据治理，提升数据质量。

### （一）数据治理必要性

**1.数据治理成为国家数字经济发展的核心驱动力**

十九届四中全会首次将“数据”列为生产要素参与分配，十九届五中全会提出建设数字中国，加快数字化转型发展，数据正成为国家基础性战略资源。2021年国家《“十四五”数据经济发展规划》，提出数字经济是继农业经济、工业经济之后的主要经济形态，是以数据资源为关键要素，以现代信息网络为主要载体，以信息通信技术融合应用、全要素数字化转型为重要推动力，促进公平与效率更加统一的新经济形态。同年，人民银行印发的《金融科技发展规范（2022—2025年）》指出金融科技作为技术驱动的金融创新，是深化金融供给侧结构性改革、增强金融服务实体经济能力的重要引擎。

浙江省相继提出实施数字经济“一号工程”“五年倍增计划”“数字赋能626”行动，深入推进云上浙江、数字强省建设，为数字中国建设贡献浙江力量、提供浙江样本。2021年，浙江省委印发了《浙江省数字化改革总体方案》，全面启动“浙江数字化改革”。

**2.数据治理是监管合规的必然要求**

2018年5月，中国银保监会印发《银行业金融机构数据治理指引》引导银行业金融机构加强数据治理，提高数据质量，充分发挥数据价值，提升经营管理水平，全面向高质量发展转变。《指引》也明确提出，银行业金融机构应当将数据治理纳入公司治理范畴，并将数据治理情况与公司治理评价和监管评级挂钩。另一方面，从监管数据报送内容看（包括监管数据标准化、反洗钱要求、金融基础数据统计等），监管数据监测从指标类向明细类过渡，对数据精度与质量提出了更高要求，对数据规范的处罚力度明显加大。中国银保监会已经将数据治理上升到银行常规管理的战略高度，明确要将银行数据治理工作常态化、持久化，这也标志着银行已经全面进入数据治理时代。

**3.数据治理是浙江农商银行系统金融科技发展的核心保障**

（1）数字化转型的必要条件

数据治理是浙江农商银行系统数字化转型的基础，更是推进浙江农商银行系统高质量发展的核心保障。2019年，浙江农商联合银行党委正式提出数字化转型战略，围绕以人为核心的全方位普惠金融发展战略及建设一流社区银行的愿景，通过科技驱动数字化转型，充分发挥科技的作用和价值，并催生业务创新，借助金融科技能力来建立新一代的数字化银行，并成为全国农信系统内数字化转型标杆。同时，浙江农商银行系统数字化转型对数据管理工作提出了较高的要求，战略提出必须围绕“1+5+1”数字化转型框架体系，稳扎稳打落实各项主要任务，即1个数字应用门户、5个重点数据应用领域（包括打造全流程数字化营销体系、创建互动发展渠道新格局、重构数字金融产品体系、提升精细化管理水平、赋能决策分析）和1个统一数据框架的建设。与此同时，各同业机构也纷纷启动数据治理，银行业加强数据治理工作已势在必行。

（2）金融科技规划的重点任务

浙江农商银行系统数字化转型战略要求以科技赋能、全方位做深做实普惠金融战略，全面连接每个家庭和有需求的企业，借助金融科技能力来建立新一代的数字化银行。贯彻浙江农商银行系统“十四五”金融科技发展规划，按照数据治理总体框架实施，有序解决数据问题，实现数据的保值增值和数据价值的最大化，其要素主要包括：组织架构及协调、数据治理制度、数据资产目录、元数据、主数据、数据模型、数据标准、数据质量、报表及数据服务、数据治理工作运行体系十个方面。数字化转型金融科技规划总体目标是：前沿技术应用能力全面提升，五大领域转型应用不断深化，持续促进科技和业务深度融合创新，助力全面数字化转型。

基于上述因素，为符合外部监管要求，顺应行业发展趋势，发挥数据价值，提升内部管理，浙江农商银行系统数据治理工作已经成为全面落实浙江农商联合银行党委提出的数字化转型战略，全面推进浙江农商银行系统信息化再上新台阶的必要性、前置性工作。

### （二）数据治理策略

数据治理是一项专业性强、复杂程度高的系统性工程，是方法论、机制保障和平台工具有机体，是一个从上至下指导、自下而上持续推进的工作。浙江农商银行系统坚持“边治边用，以用促治”的数据治理原则，提炼出“数、人、治、志”的治理策略。

“数”是数据治理的对象，治理的难点和目的在于如何全面、准确地掌握数据。通过系统盘点，制定数据流转图、资产清单，便捷快速地找到数据。

“人”是数据治理的具体执行者，治理过程所依赖的七分靠人及责任体系。与执行相关的数据治理流程、制度、职责和认责要明确，建立权责分明、流程清晰、运行有序的治理体系是前提。

“治”是数据治理的方法，数据治理的关键是找到正确的方法，从而保证事半功倍。正确的方法是突出重点，抓住数据源头、加工、产出这条主线的核心环节，即主数据、标签数据和监管报表，通过数据标准、数据结构模型、质量监测等技术手段提升核心环节质量，倒逼或推动其他数据质量提高。

“志”是数据治理蓝图，治理伊始需要明确统一的目标方向，从而持续推进该项工作。数据治理的目的有狭义和广义之分，狭义的数据治理通常为专项数据治理（如客户数据专项治理）或提升监管报送质量（反洗钱、监管数据标准化等），广义的数据治理重在提升数据价值。

（三）数据治理对象及范围

数据治理是以数据资产为对象展开的系列工作，促进数据在“内增值、外增效”两方面的价值提升，因此并非所有的数据都需要治理。治理的直接对象是数据，但影响制约数据源头、加工、产出的因素也要同步治理。对于浙江农商银行系统而言，数据治理的对象是基于省农商联合银行统一开发的信息系统所产生的、统一外部接入的能产生价值的数据，覆盖数据的全生命周期，覆盖业务经营、风险管理和内部控制流程中的全部数据，覆盖内部数据和外部数据，覆盖监管数据，覆盖所有省县两级机构，以及对应的组织架构、制度流程等管理短板。

（四）数据治理目标及方向

浙江农商银行系统数据治理的宗旨是数据出效率、出价值，突出以“支持决策、创造价值”为目标导向，主要围绕客户的账户、交易、身份特征和行为四大数据集群展开，实现灵活归集、深入挖掘、多元运用，从而形成核心竞争力，构建“业务→数据→业务”的数据生态闭环。

账户数据治理要求达到客户的精准唯一识别以及客户主数据信息的黄金版本，支持“客户只需一次注册或使用任何账户，都能便捷获悉并完成全部业务”，“客户信息一处修改，全局生效；一处留存，多处填充”。交易数据治理的目标是最大化攫取交易数据蕴含的信息价值。身份特征数据治理的目标是完善客户精准画像。行为数据的目标是最大化挖掘行为数据背后的业务价值。

（五）数据治理五年规划

浙江农商银行系统数据治理将坚持问题导向，分期推进、渐进实施，从根源上、在重点领域突围。浙江农商银行系统数据治理规划从机制、制度、管理等方面着手治理，由省县两级统一规划，分级实施、统筹落地，数据治理任务的实施路径划分为三个阶段。

第一阶段：地基建设阶段。初步构建数据治理体系，加强数据治理管理（2020—2021），构筑数据治理的地基，主要从人员架构、流程制度和系统支持方面奠定数据治理工作推进的资源保障，并聚焦短板问题领域，实践数据质量的提升，锁定前期成果。

第二阶段：主体建设阶段。构筑数据治理运行机制，持续提升数据质量（2022—2024），此阶段重点将正式实施数据治理主体建设，持续提升数据质量，落实主体责任，将数据治理职能部门、数据角色、工作流程、系统功能等各就其位，为数据治理持续开展奠定坚实基础。

第三阶段：价值提升阶段。该阶段提升数据应用服务，充分发挥数据价值（2024—2025），从质量保障向价值贡献转变，旨在形成数据建设、资源投入、价值兑现的良性循环，构建健康良好的数据生态闭环，进一步反哺业务，充分展示数据治理的成效。

## 三、紧扣规划，提升数据治理工作实战实效

### （一）建设多级法人制下的数据综合治理体系

#### 1. 建立多级法人下“三位一体”的数据治理组织架构

数据治理组织是全面开展数据治理工作的前提。浙江农商联合银行多级法人体制存在其特殊性，82家县级行社在省农商联合银行统一管理下，形成“统分结合”的省县两级数据治理体系。为了对数据进行有效治理，浙江农

商联合银行在金融标准化工作委员会下成立数据治理工作组，全面领导全系统数据治理工作，工作组下设办公室，牵头组织开展数据治理具体工作，统筹推动数据治理积极落实。

省农商联合银行负责建立统一的数据治理体系，明确数据治理的目标，在全省范围内建立对数据治理的统一认识，奠定共同有效的管理基础。县级行社作为参与者，全方位接受省本级的协调、指导和支持。基本形成“省县两级、数据治理部门牵头、业务部门主导、科技部门支撑、县级行社为责任主体”的“三位一体”数据治理组织架构。

**2.构建责任体系，明确省县两级职责**

在数据治理的实践中，“确权、定责”非常关键，是明晰省县两级责任分工的重要措施，浙江农商银行系统通过统筹规划、扎实推进，明确职责边界，强化部门协同，形成省县两级管理责任体系。数据由业务链产生，从县级行社端录入，在IT系统中承载，因此对数据进行有效治理，需要数据治理团队牵头、业务部门和科技部门主导、县级行社源头承担主体责任，三轮齐驱，缺一不可。

科技管理部（数据治理室）负责：①牵头实施数据治理体系建设；②建立数据治理系列管理制度、跨部门沟通协调机制；③提供数据治理的基本方法和原则；④牵头组织制定数据标准，打造数据标准黄金版本；⑤建立数据监测、问题追踪、监督评价等机制。

业务部门负责：①按照数据治理团队提供的统一规范拟定数据的业务定义、业务标准；②在新产品研发、系统优化中严格执行数据标准；③负责本条线数据清洗；④监督县级行社本条线源头数据质量；⑤协同落实跨部门数据治理工作事项。

科技部门负责：①拟定数据的技术定义、技术标准；②在系统开发、运行中严格执行数据标准；③提供科技支撑，落实数据清洗方案；④加强系统同步管理，加强数据血缘监测。

县级行社负责：①按照省农信联社统一部署开展数据治理工作；②严格执行数据标准，规范源头数据录入；③加强员工数据标准与执行培训；④提高数据应用能力；⑤加强数据质量考核。

**3.健全管理制度体系，规范省县两级数据治理流程**

人和规范是推进数据治理最基本的保障，健全的数据治理制度体系建设是保障组织架构正常运转和数据治理各项工作有序实施的主要手段之一。浙江农商银行系统根据中国银保监会《银行业金融机构数据治理指引》的监管要求，调研同业机构的数据治理情况，借鉴同行实践，结合自身实际，形成《浙江农商银行系统数据治理管理办法》《元数据管理办法》《主数据管理办法》《数据标准管理办法》《数据质量管理办法》。在此基础上，浙江农商银行系统以数据治理管理政策为指引、管理办法和实施细则为具体流程，实施工作模板和方法工具为细化，逐步完善数据治理管理制度体系建设。

### （二）探索形成浙江农商银行系统特色数据治理“五步工作法”

浙江农商联合银行数据治理团队认真落实数据治理规划，基于数据治理目标中的四大数据集群，参照最佳实践，将数据治理体系分为按主题、系统、业务流程三个维度。数据治理团队将主数据分为客户、账户、产品、协议、交易、资源、渠道、财务、机构和公共等10大主题。经过探索与实践客户信息主题数据治理，建立起一套有浙江农商银行系统特色的“五步工作法”，五步法已经成为浙江农商银行系统数据治理的主要工作方法，其有效性在客户主题、信贷专题上得到了充分的验证。该五步法包括：

**1. 清基数，全面梳理相关信息基础数据**

清基数阶段主要是通过全面盘点系统，厘清所有系统中与该主题有关的数据字段，明确信息在系统间的分布情况和数据流向，了解码值设置、字段是否已废弃不用等基础情况，并对数据做分类分级。

**2. 定主数据，明确数据权威属主**

主数据定义需要主数据信息项、落地系统、库表和字段，明确数据权威属主，权威属主指实现主数据黄金版本的权威落地系统。在梳理主数据工作中，推行数据标准化命名“主题语+修饰词+词根”的组合规则，避免同名不同义、同义不同名、命名不准确、含义有歧义等情况，为后续提炼主数据及制定标准打下基础。在定义主数据方面，制定了“3+3准入原则”，即三个基本原则：跨系统原则、同步其他系统数据原则、被数仓应用加工原则，以及三个补充原则：业务重要性和信息完整性原则、新产生数据原则、未来业务及可扩展性原则。在落实主数据管理权责方面，明确数据治理团队、权威属主管理部门以及业务属主管理部门三方的责任，建立主数据的长效管控机制。

**3. 定数据标准，从重点问题着手治理**

该阶段主要对主数据字段定义明确的数据标准，包括业务标准、技术标准、管理标准。制定标准后，通过评审和发布流程更新到数据标准库，便于相关人员查阅使用，同时可以利用新发布的数据标准，分析生产实际数据与标准的差异，形成数据质量管理域的数据问题来源，对推动数据质量提升计划活动作用很大。

在制定数据标准的工作中，浙江农商银行系统将数据标准分为基础数据标准、技术数据标准和指标数据标准三类。基础数据标准可用数据质量提升，技术数据标准可用开发数据规范提升，指标标准可用于监管报送质量提升。

**4. 定方案，明晰问题数据解决方案**

根据基础数据标准对标分析发现的重点问题，数据治理团队牵头组织讨论解决方案，包括历史数据清洗方案和系统改造需求两方面，坚决杜绝“脏数据”边治边产生。浙江农商银行系统结合各种实际业务场景，也形成符合多级法人特点的“控增量、提存量”的数据质量管理实施策略。所谓“控增量”指结合数据标准和控制规则，在源头系统上控制不规范、不准确数据进入系统，提高信息采集规范；“提存量”指在前端交易操作过程中，增加存在不规范数据的提醒功能，让问题数据“看得见”，提高数据整改的针对性。

**5. 抓落实，上下联动部署执行整改方案**

一方面，数据治理团队牵头各部室统筹推进标准执行，定期组织县级行社培训，指导县级行社配合数据治理相关数据的补录、清洗工作，省县两级上下联动，共同推进数据治理工作。另一方面，数据治理体系中全面建立“省县两级”数据治理问题反馈机制，协同业务部门定期反馈县级行社提出的相关数据问题，使得问题的收集和反馈工作常态化，形成求真务实、齐抓共管的协同推进局面。

至此，针对每一个数据质量问题、每一个数据治理专题，在数据治理团队的统筹组织协调下，数据质量问题可以从源头上治理，从根本上解决，切实提高数据的准确性、可用性、安全性，提高数据质量和应用效率。

### （三）依托技术支撑，构建省县两级数据治理管控平台

数据治理不能仅停留在手工管理层次，需要将制度、规范、流程等通过系统支撑来实现，以促进数据治理高效执行。数据治理管控平台是实现数据治理闭环流程的工具支撑，数据治理团队将数据治理理念、制度要求落实到平台建设中，满足县级行社业务发展诉求及管理提升需要，重点梳理与构建

四项管理流程，包括元数据管理流程、主数据管理流程、数据标准管理流程和数据质量管理流程，已经初步形成“一个平台+四项流程”的数据治理运作体系。同时，对接业务/科技/县级行社，优化需求，实现元数据定义、主数据管理、数据标准落地、数据质量动态监测、问题追踪等全流程闭环管理，提升用户体验度，保障数据治理工作高效推进。

**1.元数据强制管理，打好数据“地基”**

业务变化引起的元数据变更通过开发技术经理实施申报、补申报、差异分析等流程补齐，并且利用库表字段规范性检查等检核规则审核、标准化命名等手段来达到数据含义明确、定义明确、口径明确，为进一步落实开发规范打下基础。数据治理团队通过统一规划、统一管理，发布形成一本“企业级数据字典”，供县级行社人员、业务人员、科技人员探索数据结构信息、理解数据含义使用。此外，通过数据血缘分析形成跨系统数据链路，为科技人员定位数据问题、剖析业务逻辑提供支持。

**2.主数据智能推荐管理，构建“黄金版本”**

主数据是具有共享性的基础数据，可以在系统内跨越各个业务部门被重复使用，处于相对高价值、高共享，相对稳定的状态。提炼、确定和管理主数据是数据治理的一项重要工作。数据治理管控平台通过存储和发布主数据信息，让业务和技术部门能够快速地使用主数据，同时平台还集成了主数据确定的原则逻辑关系，可以生成主数据智能化推荐，动态调整主数据权威属主、业务属主，形成精细化管理，解决系统交互的数据一致性、同步性问题。

**3.数据标准统一管理，建立数据“标尺”**

为了解决在县级行社使用过程以及跨系统开发过程中数据一致性问题，数据治理室组织业务部门明确数据标准的管理主体，构建国家标准、行业标准、农信标准三级的数据标准层级分类，在数据治理管控平台上发布并定期维护数据标准，并共享开放给数据治理参与者查询使用。平台支持数据标准的对标、落标工作，建立数据与数据标准的映射关系，保障浙江农商银行系统内部数据标准的完整性、有效性、一致性和规范性。

**4.数据质量全程监测，打造“清洁”数据**

在数据治理管控平台建立业务数据监测和同步监测两种监测方式，定期将数据问题反馈至数据治理参与者，由数据治理参与者进行整改。对前端交易过程造成的数据问题执行业务数据监测，将问题数据明细开放供县级行社人员查询并开展整改，从数据源头解决业务数据的准确性问题。按业务场景对主数据权威属主和业务属主之间的一致关系执行同步监测，将监测结果推送至技术经理进行整改。同步监测对象分为码值监测、非码值监测。码值监测检验数据信息的一致性、完整性、有效性、准确性以及合理性。非码值监测检验数据信息的一致性。同时，对于问题数据整改情况形成统计报表，方便省县两级做好数据质量跟踪监测与督导工作，提高问题解决效率，提升省县两级数据治理工作质效。

### （四）建立切实有效的保障机制，推动省县两级数据治理长效运作

浙江农商银行系统高度重视数据治理工作，通过落实组织保障、机制保障和技术保障，强化数据治理体系建设，确保数据治理保障机制的长效化。

1.强化组织保障，建立省县两级长效机制。浙江农商银行系统结合自身实际，根据外部监管要求和内部管理要求，积极践行“数字化转型和大零售转型”两大战略部署，切实承担数据质量主体责任，促进业务发展与经营管理的高质量发展。省县两级成立数据治理领导组织，明确分管班子成员，牵头部门、参与部门（数据使用部门），明确各角色的职责要求，分工协作，层层落实，确保数据治理工作有效实施。同时，系统范围内大力支持数据治

理人才培养，加强县级行社数据治理队伍建设，定期组织数据治理培训，提高员工队伍对数据治理理念的认知度。

2. 构筑机制保障，夯实省县两级责任落实。数据治理具有长期性、复杂性的特点，“突击式”和“运动式”的整治难以达到治理的目标与效果。省农商联合银行数据治理团队制定推进客户信息治理方案，县级行社建立协同的工作沟通机制，并定期召开数据治理工作推进会，听取各部门、各支行工作推进进度，明确后续工作方向和重点，提高数据治理工作的有效性、针对性。坚持数据“谁产生、谁主管”的原则，对数据主管部门落实相应责任，建立数据治理考核评价机制，优者奖，劣者罚，形成重视数据，强化治理的良好氛围。

3. 落实技术保障，省县两级共同推进数质量提升。省农商联合银行构建省县两级统一使用的数据治理管控平台，县级行社分级利用数据治理管控平台数据质量整改监测与问题数据明细查询功能，形成数据质量闭环管理，做好数据质量跟踪监测与督导工作，借助技术手段，提高治理的工作效率。

## 四、未来展望

未来，浙江农商银行系统将全面贯彻《浙江农信发展“十四五”规划》中关于“把科技元素和数据文化注入浙江农信生产经营、管理决策的全流程、全领域、全业务”的转型目标，以及《浙江农信“十四五”金融科技发展规划》中关于“推进数字化体系建设，提升数据服务能力”的相关要求，以数字化转型为引领，以数据技术为支撑，全面打造“数据治理、数据资产、数据应用、数据安全”四位一体的浙江农信大数据场景生态。发挥自身深耕本土的地缘优势、服务体系的独特优势和数字技术的先发优势，夯实数据基础，盘活数据资产，提升数据质量，发挥数据价值，保障数据安全，全面赋能业务经营管理效能提升。

一是稳固省县两级数据治理机制。数据治理是企业信息化和数字化的基础。浙江农商联合银行将遵循全覆盖、匹配性、持续性、有效性的治理原则，进一步健全数据治理组织架构，制定和实施系统化的制度、流程和方法，确保数据统一管理、高效运行、发挥价值。

二是盘活数据资产要素。数据资产是关键生产要素。浙江农商联合银行将持续强化数据及信息资产规划、开发、控制和价值提升，不断保障数据资产保值增值。盘活内部数据资源，充分融合业务、技术和管理，强化客户数据治理和分析，提供批量式、定制化的线上服务。用好外部数据资源，与内部数据现成交叉检验，有效解决信息不对称问题。建立从数据洞见、策略执行到策略反馈的闭环管理体系和数据指标体系，实现高效快速应用数据资源，实行闭环式管理。

三是提升数据应用能力。浙江农商联合银行坚持以市场为导向，业务需求为指引，强化多领域、多源多模态数据融合应用，以数据驱动业务发展，引领经营管理能力提升。推动线上化、自动化、智能化、场景化运营模式转型，拓宽数据获取渠道，为产品设计、差异定价、市场营销、风险管控、经营管理、场景生态建设等提供数据支撑。

四是完善数据安全规范。数据安全是数据管理的基石，数据安全管理贯穿于数据治理全过程。浙江农商联合银行将细化数据安全策略与标准，依法合规采集和应用数据，依法保护客户隐私，实施数据分级分类管理，完善数据安全技术，定期审计数据安全。

（周伟武、张坤烽、饶韵怡对本讲亦有贡献。）

# 数字技术篇

# 第17讲　银行数据治理视角下的量子态数据嵌入方法探析

王彦博

## 引　言

人类开启下一个科技革命时代需要哪些技术？毋庸置疑，量子科技是答案之一。2022年10月16日中国共产党第二十次全国代表大会在人民大会堂开幕，习近平总书记代表第十九届中央委员会向大会作了题为《高举中国特色社会主义伟大旗帜　为全面建设社会主义现代化国家而团结奋斗》的报告。习近平总书记在报告中指出"一些关键核心技术实现突破，战略性新兴产业发展壮大，载人航天、探月探火、深海深地探测、超级计算机、卫星导航、量子信息、核电技术、大飞机制造、生物医药等取得重大成果，进入创新型国家行列"。其中，量子信息作为取得重大成果的关键核心技术被强调。

---

作者系龙盈智达（北京）科技有限公司首席数据科学家。

党的二十大前夕，2022年10月4日，诺贝尔物理学奖不负众望地颁给了量子信息领域，法国物理学家阿斯佩（Alain Aspect）、美国物理学家克劳泽（John F. Clauser）以及奥地利物理学家塞林格（Anton Zeilinger）凭借他们在量子信息科学方面取得的成就获奖，这不仅意味着诺贝尔物理学奖认可了量子力学的正确性，也印证了基于量子力学的新兴科学技术走在了正确的道路上。再向前追溯，早在2020年10月16日，习近平总书记在主持中共中央政治局第24次集体学习时就强调要“加强量子科技发展战略谋划和系统布局，把握大趋势，下好先手棋”。量子科技作为当前时代的前沿精尖技术代表，已经在金融行业展现出巨大应用潜力，加快推动量子科技相关技术落地实践在具体的金融场景中，开拓“量子金融科技”新方向、新领域，具有重要的战略意义和现实意义。

本讲内容聚焦量子金融科技在商业银行应用过程中的量子数据治理相关问题，重点关注经典态数据向量子态数据转换这一核心问题，以期从源头为商业银行的量子金融科技应用发展奠定良好的数据基础，并为后续开展量子科技相关应用提供坚实的技术支撑。

## 一、基于量子金融科技视角的量子数据治理

当前数字经济时代，以大数据、人工智能、区块链、脑机接口、数字孪生[①]等新兴技术为代表的科技变革正在很大程度上重塑金融行业服务的内涵及外延。在众多领先技术中，量子科技作为一项前沿精尖技术，在商业银行应用领域已初步展现出巨大潜力。当前量子科技蓬勃发展，在量子计算

① 数字孪生：充分利用物理模型、传感器更新、运行历史等数据，集成多学科、多物理量、多尺度、多概率的仿真过程。

机（Quantum Machine）、量子计算方法（Quantum Method）、量子数据算料（Quantum Data Material）[①]、量子记忆存储（Quantum Memory Storage）、量子保密通信（Quantum Secure Messaging）、量子金融市场（Quantum Financial Market）、量子货币（Quantum Money）和量子测量（Quantum Measurement）等领域均取得了长足的发展。其中，量子数据算料和量子记忆存储这两个领域与银行数据治理尤为相关。

一直以来，量子态[②]的存储都是学术界关注的难点之一。当前研究表明，中国科技大学郭光灿院士团队研究的固态量子存储器，能够成功地将光量子所携带信息的存储时间提高到60分钟，而且保真度高达99.3% ± 0.2%，并可以实现根据需求"按需读取"，是量子存储器发展历史上的一个重要里程碑，对构建量子网络等量子科技基础设施有着重要的意义和影响。当前，量子记忆存储技术发展现状与业界实际应用仍有一定距离；银行量子数据治理的核心焦点主要集中于加快探索量子数据算料的高效制备[③]，即探索经典态数据向量子态数据转换的体系化方法。本讲对经典态到量子态的数据转换嵌入方法进行研究，以期为商业银行量子金融科技相关工作提供借鉴。

## 二、经典态数据向量子态数据转换的主流技术方法

经典态数据向量子态数据的转换方法多样、各具特点，不同的转换方法直接影响了后续量子态数据的应用，主流技术方法包括基础嵌入法、角度嵌

① 量子数据算料：在量子计算机中用于存储和处理信息的量子比特（qubit）的材料。

② 量子态：一组量子表征，用来表示量子力学孤立系统的状态。

③ 这里说的量子算料的制备是指经典数据嵌入至量子比特，得到量子态数据。常见的方法包括基础嵌入法、角度嵌入法、变分嵌入法、振幅嵌入法、矩阵嵌入法、瞬时量子多项式嵌入法、哈密顿量演化嵌入法等。

入法、变分嵌入法、振幅嵌入法、矩阵嵌入法、瞬时量子多项式嵌入法、哈密顿量演化嵌入法等。

基础嵌入法，先将经典态数据转换为整数，再表示为二进制字符串，而后将字符串依次嵌入量子态。对于任意给定的经典态数据，均可转换为非负整数。对于任意不超过$N$的非负整数，可使用$\lceil log_2(N) \rceil$个量子比特将经典态数据进行嵌入。以简单的案例说明，若将经典态数据$a$=4.53进行量子态嵌入，可运用直接取整法$a$1=4、四舍五入取整法$a$1=5等方法，进而判断整数4和5均不大于8，故$log_2(8)=3$，即使用3个量子比特便可实现量子态嵌入。

角度嵌入法，将经典态数据转换为角度值，而后作为旋转门[①]的参数，将含参数的旋转门转换为不含参数的旋转门，并将此门作用于初始的量子态中，由此将经典态数据嵌入量子态。常用的单比特含参数的旋转门包括Rx、Ry和Rz。

变分嵌入法，将经典态数据转换为嵌入量子线路的量子门参数，一般使用固定的量子变分线路进行经典态数据编码。该方法先通过线性归一化操作使原数据转换到［0, 1］区间，再运用反正弦函数将数据映射处理到［0, π/2］区间，以弧度制的形式表示原经典态数据，由此将变换后的经典态数据作为量子线路中的门参数嵌入量子比特。

振幅嵌入法将经典态数据作为量子态的振幅嵌入量子态中。若量子态由$n$个量子比特构成，则其共有$2^n$个振幅。该方法可以实现对经典信息的指数级编码，大大节约了资源。然而，该方法需要较深的量子线路，对当前的量子设备提出了进一步发展的要求。

---

① 量子旋转门是量子计算中的基本量子门之一，用于将量子比特绕一个特定的轴旋转一定的角度。旋转门的作用是改变量子比特的相位，从而改变其所处的位置。

矩阵嵌入法，考虑到在量子计算中某些问题的数据可以直接转换为希尔伯特空间[①]上对应的酉矩阵，天然地融入量子计算进行操作。如利用相位估计算法求解矩阵的特征值问题，可以直接利用量子线路实现$U$门操作，无须将矩阵对应数据使用其他方法嵌入量子态中。

瞬时量子多项式嵌入法，使用双量子旋转门和单量子旋转门组合的方式，将经典态数据转换为量子态数据，并类似角度嵌入法，将数据的每个维度上的值作为旋转门的角度进行量子态嵌入，该方法使用的量子比特数量等于经典态数据的维数。

哈密顿量演化嵌入法，往往用于寻找某类问题的基态能量，该方法将数据嵌入哈密顿量的基态能量中，它运用了特罗特公式（Trotter Formula）来近似一个哈密顿量演化过程，进而将数据嵌入。其中，特罗特公式对应的量子门主要是由含参数的双比特旋转门组成。

## 三、基于经典态数据向量子态数据转换的量子金融科技应用

### （一）基础嵌入法在量子通信中的应用

量子通信工程技术BB84是量子密码学中的第一个密钥分发协议，由Bennett和Brassard在1984年提出[②]，也是使用和实验最多的量子密钥分发方案之一。BB84协议就应用了基础嵌入法。BB84协议通过光子的四种偏振态

① 希尔伯特空间是指完备的内积空间。

② Bennett C H, Brassard G. Quantum Cryptography: Public Key Distribution and Coin Tossing, Proc. of IEEE Int. Conf. on Comput. Sys. and Sign. Proces. 1984.

进行编码：线偏振态|↕>和|↔>以及圆偏振态|⤢>和|⤡>。BB84协议的实现需要两个信道：经典信道和量子信道。经典信道要确保收发双方（Alice和Bob）之间能够进行一些必要的信息交换，而量子信道用于传输携带信息的或随机的量子态。接下来进一步举例说明。

发送方Alice随机产生一组二进制序列$s_A$。假定该序列为8bit，数值为［01100101］。而后Alice再随机生成另一组相同长度的随机序列$m_A$，假定该序列为［10111100］。这就是在量子信道汇总发送的序列，根据这两个序列，调制产生8个光子，并调制每个光子的状态。

**表1　光子状态调制表**

| $s_A$ | $m_A$ | 调制光子的态 |
| --- | --- | --- |
| 0 | 0 | ↔ |
| 0 | 1 | ⤢ |
| 1 | 0 | ↕ |
| 1 | 1 | ⤡ |

基于此，可调制|⤢↕⤡⤢⤢⤡↔↕>在量子信道中进行传输。需要说明的是，在调制时|↔>和|⤢>表示0，并且|↕>和|⤡>表示1。

（二）基础嵌入法在量子关联规则挖掘中的应用

量子关联规则挖掘算法使用基础嵌入法将事务数据库数据嵌入量子态。

关联规则挖掘是一种常见的数据挖掘方法，它主要是通过归纳总结的方法找到某一数据库（事务数据库）中是否存在某种特定关系的组合，进而根据挖掘出的结果指导实践并进行决策。关联规则挖掘在生活中有非常多的应用场景，“购物篮分析”就是一个常见的场景，这个场景从消费者的交易记录中挖掘商品和商品之间的关系，进而通过捆绑销售或者相关推荐的方式带来更多的销售量，著名的“啤酒和尿片”案例[①]就是关联规则挖掘的一个应用。

在实际计算过程中，关联规则挖掘算法的复杂度主要由“挖掘所有频繁项集的过程”决定，因此高效地执行该过程，即快速地从候选$k$项集中找到频繁$k$项集，是降低整个算法复杂度的关键。量子关联规则挖掘就是为该过程设计了相应的量子算法和量子线路，高效地挖掘出事务数据库中对应的频繁项集。2016年，吁超华等人使用振幅放大的技术和引入新的量子态层析技术（Quantum State Tomography）[②]提出了较经典算法更具多项式加速优势的量子关联规则挖掘算法[③]。2022年，吁超华采用基础嵌入法，在IBM量子计算机上实现了2×2和4×4事务数据库中频繁项集的关联规则挖掘[④]。相关技术具有向金融领域投资组合管理、战略绩效管理等方向应用延伸的价值潜力。在量子关联规则挖掘算法中，将事务数据库嵌入量子态所使用的方法就是基础嵌入法。将一个两阶的事务数据嵌入量子态对应的示例线路如下：

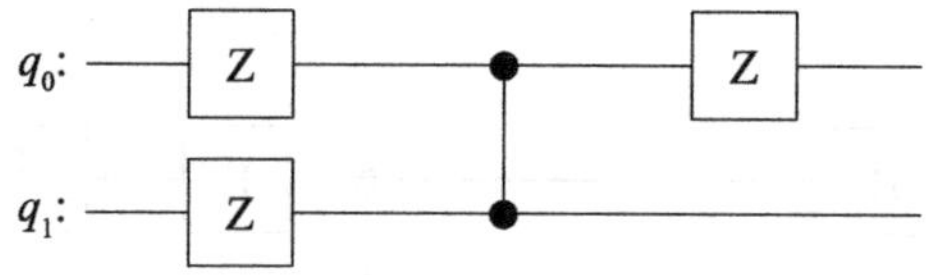


图17-1 事务数据基础嵌入法对应的量子线路图

① 20世纪，超市收银员发现了一个奇怪的现象，结账时顾客的购物车里，啤酒和纸尿裤总是摆在一起。经过调查发现，大部分具有相同购买习惯的顾客为“奶爸”这一群体。发现这个秘密后，超市大胆地把纸尿裤与啤酒摆放在一起，方便“奶爸”购买。结果，二者的销量双双上升。

② 量子态层析技术（Quantum State Tomography），也称作量子态预测（Quantum State Estimation），主要用于量子系统中状态的重建。

③ Yu C H. Experimental implementation of quantum algorithm for association rules mining[J]. arXiv preprint arXiv:2204.13634, 2022.

④ Yu C H, Gao F, Wang Q L, et al. Quantum algorithm for association rules mining[J]. Physical Review A, 2016, 94(4): 042311.

（三）角度嵌入法在量子聚类分析中的应用

聚类分析是机器学习的一种无监督学习过程，即在没有先验知识标签的情况下能够合理地按照数据自身的特征来进行样本归类，其中K–means算法是划分聚类的典型代表，根据待归类样本特征之间的相似程度进行样本聚合，将具有相同特征的样本归为一类，体现了“物以类聚，人以群分”的朴素思想。

2022年2月，吴永飞等人发表了《量子聚类算法在商业银行智慧运营场景中的应用》一文[①]，其中量子K–Means算法所采用的量子态转换方式即为角度嵌入法。该算法将量子特性与传统K–Means算法相结合，并对聚类精度有所提升。量子K–Means算法模型是在量子最近中心算法的基础上构建的，主要是通过将样本特征和聚类中心特征压缩到$|\varphi>$和$|\phi>$两个量子态中，运用Controlled–SWAP门和Hadamard门将两个量子态的距离转移到第一个控制比特上。

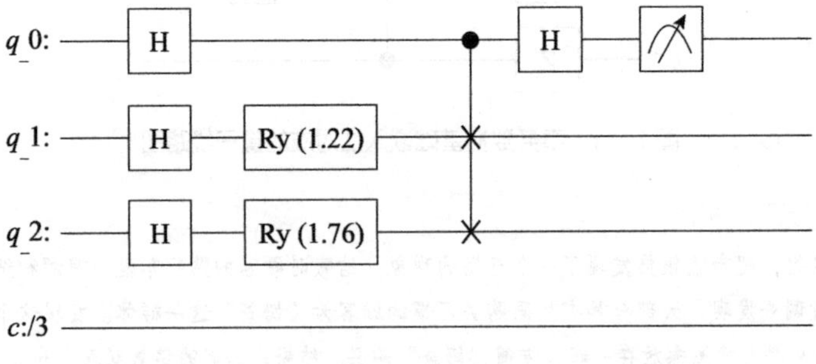


图17–2 量子K–Means算法对应的量子线路图

① 吴永飞，王涛，王彦博，张立伟，关杏元，项金根，史杰，徐奇，杨璇，高新凯.量子聚类算法在银行智慧运营场景中的应用［J］.银行家，2022（1）：108–110.

### （四）变分嵌入法在量子神经网络中的应用

神经网络是一类应用极为广泛的有监督学习方法，它通过多层神经元，一步步地提取数据之间的特征，挖掘数据内在的规律。现有的神经网络算法在处理结构化数据、文本数据、图像数据等方面有着很强的优势；而对于数据挖掘分类问题，BP神经网络是一种广泛使用的人工神经网络算法。

量子神经网的研究可以追溯到1995年，卡克（Subhash C. Kak）提出了量子神经计算的概念①；随后1996年，贝尔曼（E.C. Behrman）提出了一种基于量子点的神经网络模型②；同年，托特（Geza Toth）研究了量子细胞神经网络③；1998年，文图拉（Dan Ventura）研究了量子叠加态神经网络④；2000年，松井（Nobuyuki Matsui）研究了量子门电路神经网络⑤；2006年，周日贵研究了量子感知机⑥；2014年，舒尔德（Maria Schuld）研究了由量子随机行走来构建神经网络⑦。

2020年12月，吴永飞等人发表了《量子科技在商业银行的应用》一文，

---

① Kak S C. Quantum neural computing[J]. Advances in imaging and electron physics, 1995, 94: 259–313.

② Behrman E C, Niemel J, Steck J E, et al. A quantum dot neural network[C]. Proceedings of the 4th Workshop on Physics of Computation. 1996: 22–24.

③ Tóth G, Lent C S, Tougaw P D, et al. Quantum cellular neural networks[J]. Superlattices and Microstructures, 1996, 20(4): 473–478.

④ Ventura D, Martinez T. An artificial neuron with quantum mechanical properties[C]. Artificial Neural Nets and Genetic Algorithms. Springer, Vienna, 1998: 482–485.

⑤ Matsui N, Takai M, Nishimura H. A network model based on qubitlike neuron corresponding to quantum circuit[J]. Electronics and Communications in Japan (Part III: Fundamental Electronic Science), 2000, 83(10).

⑥ Zhou R, Qin L, Jiang N. Quantum perceptron network[C]. International Conference on Artificial Neural Networks. Springer, Berlin, Heidelberg, 2006: 651–657.

⑦ Schuld M, Sinayskiy I, Petruccione F. Quantum walks on graphs representing the firing patterns of a quantum neural network[J]. Physical Review A, 2014, 89(3): 032333.

其中量子神经网络算法所采用的量子态转换方式即为变分嵌入法①。吴永飞等人研究的量子神经网络本质上是一种参数化的量子线路，其训练过程主要是利用量子线路不断预测类别标签并计算损失函数，而后使用梯度下降、反向传播的方法得到最小化损失函数下的最优量子线路参数。量子线路主要是由量子门组成的，而量子门是以矩阵形式表示的，可以对由经典态数据转换为量子态数据的输入向量进行计算并输出预测结果；同时，基于反向传播可以对量子门的参数进行调节，这一点允许量子线路能够充分借鉴经典神经网络的思想进行参数优化。量子神经网络既可以用来运行量子变分算法，如用来寻找哈密顿量的基态；亦可以用来处理与经典神经网络相同的目标问题。相比经典神经网络，量子神经网络在较大规模的量子计算机上具备处理数据更多且模型表达能力更强的优势。同时，在小样本学习方面，量子神经网络算法为解决该世界性难题提供了全新思路。

以两个量子比特为例，量子神经网络算法中的变分嵌入法线路如下图所示。

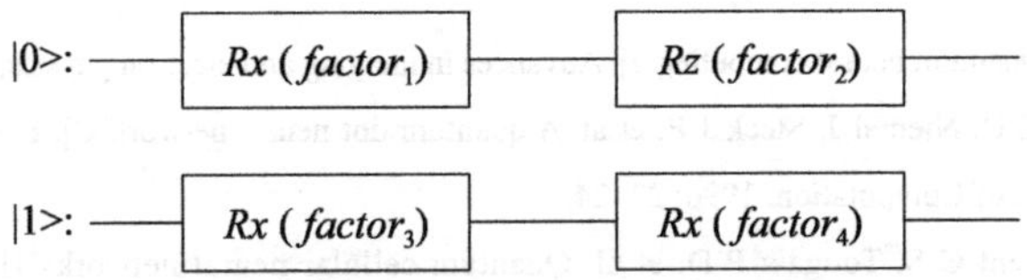


图 17-3 量子变分嵌入法对应的量子线路图

其中，$factor_1$~$factor_4$为经典态数据集对应的特征归一化处理后的数据字段，Rx和Rz为旋转门，将此门作用于初始的量子态中，从而将经典态数据转换为量子态数据，以此实现量子态嵌入。

① 吴永飞，王彦博，王秋实，施巍．量子科技在商业银行的应用［J］．银行家，2020（12）：87-89+8.

### （五）振幅嵌入法在量子图像识别中的应用

在量子图像识别问题中，常用振幅嵌入法将图像经过经典预处理后得到的结构化数据嵌入量子态中。量子图像识别领域包含多个重点研究方向。其中一个研究重点是量子图像的表示和处理，这是一个专注于将常规图像处理任务和操作扩展到量子计算框架的领域，它源于2003年Venegas-Andraca和Bose提出的用于编码量子图像的Qubit Lattice表示法[①]。随后在2005年Latorre提出可以使用希尔伯特空间的Real Ket来表示图像的像素值，并可以对原始图像进行压缩[②]。在2011年，Phuc Q. Le提出了第三种量子图像表示方法，即量子图像的灵活表示（FRQI）[③]；对于量子图像处理研究，量子启发式图像处理是重要方法之一，该方法旨在利用量子算法的高效性，来加速常见的非量子经典数字图像处理任务。对于这一方法，Beach等人在发表的论文中集中地探讨了适用于图像处理任务的现有量子算法[④]。量子图像识别领域的另一个研究重点是研究量子机器学习算法，来替代现有图像识别技术中广泛使用的经典机器学习方法，以期实现对图像识别技术效率的加速。2014年Wiebe等人提出了用于有监督和无监督学习的量子版最邻近算法，相较于经典的最近

---

① Venegas-Andraca S E, Bose S. Storing, processing, and retrieving an image using quantum mechanics[C]. Quantum Information and Computation. International Society for Optics and Photonics, 2003, 5105: 137–147.

② Latorre J I. Image compression and entanglement[J]. arXiv preprint quant–ph/0510031, 2005.

③ Le P Q, Dong F, Hirota K. A flexible representation of quantum images for polynomial preparation, image compression, and processing operations[J]. Quantum Information Processing, 2011, 10(1): 63–84.

④ Beach G, Lomont C, Cohen C. Quantum image processing (quip)[C]. 32nd Applied Imagery Pattern Recognition Workshop, 2003. Proceedings. IEEE, 2003: 39–44.

邻算法实现了多项式级别的加速①。

量子图像识别算法有两种策略：第一种是直接利用量子系统的特性构造全新的图像识别模型，再利用该模型进行图像识别；另一种是把经典图像识别算法中的部分子过程转换为量子形式来解决，再从量子系统中读取结果转为经典形式。我们可以称第二种为"量子-经典混合型"算法。在量子图像识别的过程中，将经典态数据进行量子态转换是必不可少的。2021年5月，高晓峰在《量子数字图像识别及其可视化研究》一文中提出使用振幅嵌入法将所处理的量子图像对应的经典态数据嵌入量子态中②。

（六）矩阵嵌入法在量子线性回归分析中的应用

量子线性回归算法（HHL）在解决线性模型未知参数求解时使用的数据嵌入方法即为矩阵嵌入法。该算法由Aram W. Harrow、Avinatan Hassidim和Seth Lloyd在2009年提出③，相关论文为发表于*Physical Review Letters*上的"Quantum Algorithm for Linear Systems of Equations"，是继1988年量子信息奠基人之一的安东·塞林格（Anto Zeilinger）最早提出细胞自动机的量子推广。当$N$元线性方程组的$N \times N$系数矩阵$A$稀疏时，经典方法求解该问题的计算复杂度为$O(N \log N)$，而量子算法的计算复杂度为$O(\log_2 N)$，量子算法相较于经典算法会有指数级的加速。目前，量子线性回归算法（HHL）在金融领域已有初步应用：有团队在高频量化交易领域提出基于协整性检验的高频统计套利量子算法。相关研究成果发表在国际物理学领域的专业期刊New

① Wiebe N, Kapoor A, Svore K. Quantum algorithms for nearest-neighbor methods for supervised and unsupervised learning[J]. arXiv preprint arXiv:1401.2142, 2014.

② 高晓峰.量子数字图像识别及其可视化研究［D］.华中科技大学，2020.

③ Harrow A W, Hassidim A, Lloyd S. Quantum algorithm for linear systems of equations[J]. Physical review letters, 2009, 103(15): 150502.

Journal of Physics上——利用以HHL算法为核心的量子线性回归算法，快速计算多列数据的线性回归系数，从而计算残差和进行后续统计假设检验。

HHL算法求解线性模型的过程如下，设线性模型的表示如下所示。

$$Y=X\theta+\varepsilon$$

其中，$X$为数据矩阵，$\theta$为未知参数，$\varepsilon$为误差项，且满足$\varepsilon \sim N(0,\sigma^2)$。对于一般线性模型而言，数据矩阵的行数（样本）远远大于特征的个数，在HHL算法求解过程中，需要满足$X$为哈密顿矩阵。若$X$不是哈密顿矩阵，则可以通过数学转换得到对应的哈密顿矩阵。为了方便说明，这里假设$X$为哈密顿矩阵，即假设数据集有$n$个样本和$n$个特征，此时上述线性模型各部分对应的矩阵表示如下。HHL算法对应的量子线路如下所示。

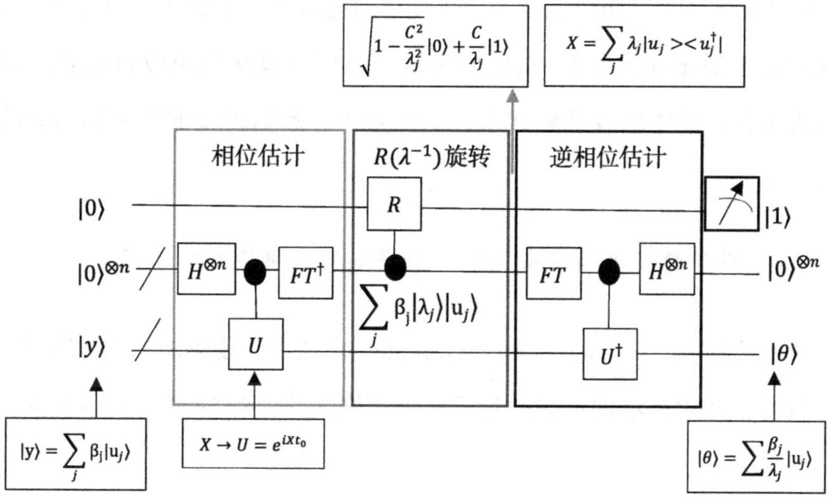

图17-4　HHL算法对应的量子线路图

通过对上图中三个模块进行操作后，当第二寄存器的量子态转换为$|0\rangle^{\otimes m}$时，第三个寄存器中的量子态即为对应的参数估计。

### （七）矩阵嵌入法在量子近似优化中的应用

量子近似优化算法（Quantum Approximate Optimization Algorithm，QAOA）于2014年由Edward Farhi等人提出[①]。QAOA算法是一种包含经典计算与量子计算的混合算法，可用于解决组合优化问题、最大分割问题等难题。该算法在解决某些NP–hard问题时有明显的加速效果，可以在多项式复杂度下给出问题的近似解。QAOA算法的核心思想是通过量子绝热优化算法从初始哈密顿量的基态[②]，逐步迭代演化至目标问题的哈密顿量的基态；在此过程中需要逐步优化量子绝热算法的参数，参数的优化过程主要是在经典计算上完成，绝热演化过程是在量子计算上完成。

2021年10月，吴永飞等人发表了《量子近似优化算法在我国股票市场的应用研究》一文，将股票投资组合优化问题转化为了数学上的二次无约束优化问题（QUBO问题），然后使用量子QAOA算法算出收益高且风险小的投资组合。其中涉及的经典态数据向量子态数据转换的方法即为矩阵嵌入法[③]。

### （八）瞬时量子多项式嵌入法在量子支持向量机中的应用

在量子SVM（Support Vector Machine）算法中，使用的经典态数据向量子态数据转换的方法即为瞬时量子多项式嵌入法。SVM算法利用了少数的

---

① Farhi E, Goldstone J, Gutmann S. A Quantum Approximate Optimization Algorithm[J]. Eprint Arxiv, 2014.

② 初始哈密顿量的基态是指系统在时间t=0时的最低能量态，它是在没有外部干扰的情况下系统的最稳定状态。

③ 吴永飞，纪瑞朴，王彦博，马寅.量子近似优化算法在我国股票市场的应用研究［J］.银行家，2021（10）：120–122+7.

支持向量，通过一个分类超平面将数据样本按类别区分，使类别之间的间隔最大化，因此它也被称为最大间隔分类器。SVM只利用了少量的支持向量，但是在计算上还是遍历了所有的样本和所有的特性，因此时间复杂度是特征数量$N$以及样本数量$M$的多项式级。当样本数量很大时，计算量也相当大。在大数据的背景下，量子算法能够提供一个指数级的加速。

关于量子SVM的有关研究，最早是Anguita等人于2003年使用量子计算的方法，解决了SVM的运算效率问题①。随后Rebentrost等人在2014年提出了量子版本的SVM②，其核心思想是利用量子算法解决训练数据的内积运算问题。而后，他们将核矩阵与量子系统的密度矩阵联系起来，由于量子态之间的演化具有高并行性，因此可以完成对应核矩阵计算的加速。Li等人在2015年通过核磁共振的方法，在物理上实现了4量子比特的量子SVM，并对基本的手写数字6和9进行识别，实验结果显示识别精度高达99%③。2019年，Vojtech Havlicek等人发表了"Supervised Learning with Quantum Enhanced Feature Spaces"一文④，其中提到瞬时量子多项式嵌入法目前在量子核函数上有着广泛的应用，可以应用于量子SVM算法。

### （九）瞬时量子多项式嵌入法在量子自然语言处理中的应用

在量子自然语言处理（QNLP）中，由剑桥量子公司发布的量子自然语

---

① Anguita D, Ridella S, Rivieccio F, et a1. Quantum optimization for training support vector machines[J]. Neural Networks, 2003, 16(5–6): 763–770.

② Rebentrost P, Mohseni M, Lloyd S. Quantum support vector machine for big data classification[J]. Physical review letters, 2014, 113(13): 130503.

③ Li Z, Liu X, Xu N, et al. Experimental realization of a quantum support vector machine[J]. Physical review letters, 2015, 114(14): 140504.

④ Havlíček V, Córcoles A D, Temme K, et al. Supervised learning with quantum-enhanced feature spaces[J]. Nature, 2019, 567(7747): 209–212.

言处理工具包（lambeq）就是采用了瞬时量子多项式嵌入法，它可以将句子转换成量子线路，为文本挖掘、语言翻译和生物学语料库提供了一个新的研究视角。在工具包（lambeq）中，首先，根据选择的成分模型（Compositional Model，CM），通过组合范畴语法（Combinatory Categorial Grammar，CCG）可以获得句子的句法树（Parse Tree，PT）。然后，句法树被转换为线图（String Diagram，SD）形式，线图可以被看作是句子的抽象表示，反映了选择的成分模型所定义的单词之间的关系。，图可以通过使用重写规则进行简化或以其他方式进一步转换。例如，有的规则可用于删除单词之间多余的联系，有的规则可以使线图更适合量子处理单元的计算。随后，根据特定的参数化方案和拟设的具体选择，生成的线图可以转换为张量网络[①]（Tensor Network，TN）或量子线路（Quantum Circuit，QC）。最后，张量网络可以在传统计算机上进行量子模拟来得到最优化参数；而量子线路则会被量子编译器处理，并上传给量子计算机进行参数学习与优化。2022年9月，吴永飞等人发表了《量子自然语言处理算法在金融领域的应用探析》一文[②]，其中将Financial PhraseBank数据集制备为量子态即采用了瞬时量子多项式嵌入法。

（十）哈密顿量演化嵌入法在费米–哈伯德模型基态寻找中的应用

2020年，Chris Cade等人在寻找凝聚态物理中的费米–哈伯德模型的基态能量中[③]，采用了哈密顿量演化嵌入法，将数据嵌入哈密顿量的基态能量中，从而在相对较低的量子线路深度中，以较高保真度找到了费米–哈伯德

① 张量网络是指把一个高阶张量写成多个低阶张量缩并的形式。

② 吴永飞，王彦博，周代数，靳志伟，陈生，孙喆，俞淼，杨璇.量子自然语言处理算法在金融领域的应用探析［J］.网络安全与数据治理，2022，41（9）：19–22+27.

③ Cade C, Mineh L, Montanaro A, et al. Strategies for solving the Fermi–Hubbard model on near–term quantum computers[J]. Physical Review B, 2020, 102(23): 235122.

模型的基态。费米-哈伯德模型是发现材料电子和磁性特性的重要的方式。

## 四、结语

当前人类科技的发展已从互联网、大数据时代逐步进入了人工智能、量子科技时代，在此契机下商业银行同样需要依托金融科技的创新，全面推进企业数字化转型，以提升银行智能化经营管理水平，从而攫取科学技术跨越式进步为商业银行带来的巨大红利。本讲通过对经典态数据向量子态数据转换的研究与探索，总结了几种在当前量子计算中实现量子态嵌入的主流实用方法，以期在数字经济时代为商业银行量子金融科技的广泛应用发展提供借鉴。

[本讲作者感谢南京云信达科技有限公司创始人&CEO张兵对本讲提供的支持。龙盈智达（北京）科技有限公司大数据事业部杨璇、张军、徐奇、王杰、金祖璋、周晓君、曹晓峰、樊佳豪对本讲亦有贡献。]

# 第18讲 市场化个人征信机构的数据治理实践与探索

田 昆

征信业务是对企业和个人的信用信息进行采集、整理、保存、加工，并向信息使用者提供的活动。作为重要的金融基础设施，个人征信业通过债务信息共享机制来判断债务人的融资能力，服务主体包括以消费为主要目的的普通个人、具有突出经营属性的个体工商户，以及新市民和农户等长尾人群。数据是征信机构的核心生产要素，在数据要素市场持续健康发展的过程中，加强征信数据治理，提高数据质量，促进数据融合，保障数据安全合规，从而挖掘数据价值，全面提升征信机构的数据服务能力，是推动征信机构的核心任务。

百行征信有限公司是中国首家获得个人征信业务经营许可的市场化公司，由市场自律组织—中国互联网金融协会与芝麻信用、腾讯征信、前海征

---

作者系百行征信研究部总经理。

信等8家市场机构按照共商、共建、共享、共赢原则共同发起组建。自成立以来，百行征信始终贯彻落实人民银行党委“政府+市场”双轮驱动征信发展模式的决策部署，坚持“市场化、法治化、科技化”的经营方向，深入开展征信数据治理与标准建设工作，以打造高科技赋能的征信生态圈及产业链为目标，不断推动完善公司数据治理的全流程、全业务和全体系，将数据治理作为市场化征信机构高质量发展的抓手，深挖征信数据价值、释放数据潜能、实现数据多向赋能，探索构建具有征信基因的数据治理创新路径与模式。

## 一、数据治理是市场化个人征信机构的核心任务

### （一）征信数据治理的概念与特点

根据国际数据管理协会（DAMA）的定义，数据治理（Data Governance）是对数据资产的管理行使权力和控制的活动集合。其目标是通过充分的治理，促进数据资产的有效应用和价值释放。区分于数据管理等类似概念，数据治理站位更高，主要对具体的数据管理活动提出目标、原则、组织、制度、流程等要求，强调对数据管理活动的规划、监控和执行等。此外，数据治理注重协调，除了涉及对具体数据管理工作的纵向管理外，也包括对不同业务、不同系统间的指导，促使数据的相关方达成一致利益，实现横向间的顺畅协同，从而解决“数据烟囱”等问题。

在金融领域，数据治理的内涵与目标得到了进一步的丰富与细化，数据安全合规、数据质量等方面的要求更加突出。2018年5月，银保监会印发《银行业金融机构数据治理指引》，指出银行业金融机构应当建立数据治理自我

评估机制，明确评估周期、流程、结果应用、组织保障等要素的相关要求，覆盖数据治理架构、数据管理、数据安全、数据质量和数据价值实现等多个方面。2021年2月，人民银行发布《金融业数据能力建设指引》，引导金融机构深挖数据要素潜能的同时，也提出了用户授权、安全合规、分类施策、最小够用、可用不可见等五项基本原则。2021年12月，《金融科技发展规划（2022—2025）年》明确提出，建立协调一致、涵盖数据全生命周期的数据治理体系，统一数据编码规则和接口规范，建设企业级数据字典和数据资源目录，运用数据多源比对、快速校核、血缘关系分析等技术手段增强数据可信溯源和校核纠错能力，提升数据准确性、有效性和易用性。

征信机构的数据治理包括“一个聚焦三个全面”。“一个聚焦”指，聚焦于征信机构对外服务的数据治理，即市场化个人征信机构从外部金融机构、互联网平台采集信用数据，经过整理加工，再重新服务于金融机构、互联网平台的过程。不包括一般银行业机构内部管理运营方面的数字化转型等。“三个全面”包括全流程、全业务和全体系。“全流程”是指，数据治理涵盖征信机构对外部数据进行采集、整理、保存、加工，以及数据挖掘、对外服务等数据全流程。“全业务”是指，征信机构数据治理的重点不仅包括元数据、主数据、数据标准等传统内容，还应延伸至数据合规、数据安全、数据生命周期管理，以及异议处理等相关工作。“全体系”是指，数据治理本身具有较强的体系化特点，既包括核心的数据资产管理平台的建设，也包括数据治理的战略规划、人员等制度保障等多个层面。

### （二）征信数据治理具有紧迫性和必要性

征信机构本身不生产数据，主要通过与金融机构数据共享，与政务、公共事业等各类数据源合作的方式获取数据，数据具有来源广、种类多、数量大、质量参差不齐等特点。从“用”的角度，征信机构采集信息包括身份识别信息（Identity）、反欺诈信息（Anti-Fraud）、信用信息（Credit）、还款能力信息（Capacity）、品行信息（Character）五类，服务信贷业务的获客、审批全流程。市场化个人征信机构开展数据治理工作具有较强的紧迫性和必要性。

**1.征信数据的质量提升需要数据治理**

数据质量问题贯穿整个“数据供应链”，是征信服务的基础。《个人信息保护法》要求，处理个人信息应当保证个人信息的质量，避免因个人信息不准确、不完整对个人权益造成不利影响。市场化个人征信机构想要实现征信数据的准确、有效与易用，产出高质量的分析成果，首先需要保障源头的数据质量，防止出现数据“garbage in，garbage out”的情况。从数据采集端来看，市场化个人征信机构与银行、助贷、小贷等各类主体广泛开展信贷数据共享合作，数据来源渠道众多，共享的方式多样，不同机构的数据治理水平层次不齐，在缺乏强制性手段的情况下，采集端信贷数据质量难以保证。另一方面，支付等各类替代数据也是市场化个人征信机构重要数据采集来源，但替代数据标准建设尚不完善，机构间没有形成对数据项的统一认识，替代数据共享容易产生数据结构、定义不一致的典型问题。提升数据质量是市场化个人征信机构开展数据治理的直接目标，需要完善数据治理机制，建立覆盖数据全生命周期的数据质量评估、优化及监测体系，丰富校验规则，灵活应用自动化工具。重点从完整性、准确性、一致性、唯一性、有效性五个维度提升征信数据的质量。

**2.保障数据合规安全需要数据治理**

征信作为具有公信力的基础设施，肩负着维护信息主体合法权益，防止个人信息泄露和滥用的职责，需要遵守更为严格的安全和合规要求。合规方面，《个人信息保护法》要求，个人信息处理应当落实“告知—同意”规则，并按照“最小必要”原则采集个人信息，严格限制对敏感个人信息的处理。《征信业管理条例》赋予了信息主体多种权利，包括信息主体了解征信系统处理的关于消费者个人的信用信息内容的知情权，针对错误信息进行修改的异议权，以及删除超出一定期限的不良信息的被遗忘权。市场化个人征信机构要保障上述权利的实现，在保证数据质量的基础上，还需要做到对数据库内数据的精细化、可视化、实时化管理，这也离不开数据治理制度与系统的支撑。安全方面，市场化个人征信机构保存大量个人敏感信息，在事前事中事后均需要加强数据安全治理。按照《数据安全法》的要求，明确数据安全负责人和管理机构，建立定期的数据风险评估与监测制度；建立健全态势感知、监测预警、安全防护、应急响应、恢复等数据运行能力保障，从访问控制、身份认证、数据加密、数据防泄密、备份审计等角度实现“进不来”“改不了”“看不懂”“拿不走”“走不脱”的数据安全保护目标。

**3. 征信数据融合应用需要数据治理**

个人征信的市场化发展推动了征信数据来源、采集方式的迅速丰富，也产生了各种征信数据之间融合应用的需求。在推动信贷数据共享合作过程中，市场化个人征信机构对信贷、助贷、担保等的不同机构适用不同形式的接口，对于相同类型的机构可能也会采用“一行一策”，满足金融机构的个性化诉求，包括对具体数据标签项的增改，也包括针对少数标签的“轻采集”方式，以及“二代征信”报文直接转化的方式。相关数据均最终在同一份信用报告中展现，数据融合的复杂性可见一斑。此外，市场化个人征信机构正积极推动替代数据的应用，如支付、运营商、电商等。征信机构一方面要考虑来源特点，发挥同类型数据的融合互补作用；另一方面要结合信贷数据和其他替代数据，共同融合开发成征信产品。这其中千头万绪都要求市场化个人征信机构梳理盘点数据资产，开发统一的管理平台，并持续深入至数据治理工作中。

## 二、金融科技筑牢征信数据治理的关键基础

金融科技的进步推动了征信行业的快速发展，征信数据治理工作离不开金融科技A（人工智能）、B（区块链）、C（云计算）、D（大数据）的基础支持作用，主要的应用场景包括如下方面。

### （一）推动搭建统一的数据中台

进入数据驱动、创新驱动时代，市场化个人征信机构可以全局统筹构建开放式大数据中台，按照全局架构与初始化应用、迭代升级深化应用、全面推进业务数据智能化等阶段，变革组织文化，搭建数据沟通渠道，逐步完善数据层、产品层、开放平台层和行业层的差异化技术架构和管理机制，提升海量数据采集、存储、加工、治理和应用能力，深入挖掘数据赋能业务发展的积极价值。

技术实现上，数据中台主要运用Hadoop技术栈、New SQL技术栈和图数据库技术栈等，结合数据仓库、元数据、数据沙箱等技术，采用批流结合的数据处理模式，构建产品迭代的高速流水线，数据存储能力达PB级别，日数据加工能力达TB级别，数据服务TPS达数万级别，降低数据资产管理成本。

数据中台建设需要从横向、纵向上综合把握。首先，横向实现跨多段全域应用分析以及智能数据构建与管理，实现不同数据源的入库、支持与传输，以及数据建模、加工、计算与分层。其次，纵向完成数据可视化输出，嵌入各业务线工作流程，实时智能分析，全方位、多渠道洞察客户需求和行

业发展痛点，实现业务智能化增长。为此，要逐步形成确立征信主数据标准和应用规范，实现多源异构数据入湖统一治理，形成数据质量全流程跟踪，实现批流一体化，人工与系统智能结合识别和标记异常数据，保障数据加工结果的正确性，全面提升数据服务时效性。

此外，数据中台可以基于全生态征信产品标签集市为应用层提供灵活可扩展的Data API，通过微服务架构、应用程序接口等方式连接各种生态，输出组件化服务，提升产品迭代速度，通过向公司各部门开放数据使用能力，使数据成为全局性资产，促进数据深度探索与挖掘，加快数据智能化整体转型。

同时，数据中台可以支撑建模平台服务，在做好金融数据治理，实现数据资产精细、动态、系统化管理的基础上，通过平台的开放，将数据中台建成连接合作伙伴的纽带、促进行业发展的抓手，在安全合规、自主可控的前提下，实现数据智能驱动，成为数据共享、行业应用的孵化器，以及打通信息流、商务流、资金流的价值中枢，全面提升数据能力、产品能力、技术能力和整体对外服务能力，在业务平台化的基础上，实现产业生态化，构建专业开放、协作共享和高科技赋能的征信生态圈和产业链。

（二）云服务创新征信数据存储与服务模式

新冠疫情加速了金融行业无接触、线上化、云端化的发展，数据中台、产品平台及客户服务平台均对弹性计算和存储、灵活的IT资源管理提出了更高要求，云架构不仅在测试、开发等环境中得到应用，而且正在快速延伸至核心系统、数据中台等大量关键性生产系统，其大规模、可扩展、可演进等特点能够以灵活的方式支撑业务和服务的敏捷升级。

征信机构可以通过建设征信行业云，聚焦于征信服务相关的云基础设施和行业解决方案，将监管和行业规范贯穿征信行业云建设的全过程和运营全流程，完成数据中心从“一主一备、离线切换”的单工运行模式向“多活互备、同时在线”的多工运行模式升级，敏捷支持各类业务高峰和服务活动，在信息安全和业务连续性方面达到金融行业领先标准，实现“亿级客户、秒级响应”，打造多活数据中心一体化管理的云平台，全面提升客户服务能力。

技术实现上，将通过底层虚拟化技术、中层容器化技术和高层微服务技术，打造集约高效的物理资源应用基础，沉淀形成通用共性模块化组件，构建可伸缩、高可用的“云平台+微服务”软件架构，支撑交互频次高、查询时效强、峰谷波动大等新一代征信服务发展需要，实现一体化、自助式、全栈式云服务。

系统运维上，可以充分发挥云计算无缝迁移、弹性扩展、快速部署等能力，按照金融行业最高标准，生产应用全部以平滑不间断的方式升级，多角度多维度地运行监控，为客户提供7*24小时运维支持服务，持续建设具有快速处置应急预案系统的运维服务体系，提升IT对业务发展的持续交付能力。信息安全上，需要构建全方位、多层次的信息安全体系，加强企业信息安全战略执行，针对互联网、VPN、专网业务采用差异化、针对性的安全防控手段，对敏感数据严格执行统一的传输、存储、交换标准。

服务形式上，提供全量云、混合云、专有云的解决方案，助力上下游产业协同发展。服务模式上，从经典的查询式征信服务向主动推送的征信服务演进，利用APP、微信小程序等全渠道方式触达目标用户，通过可视化界面提升用户体验，集成多渠道平台。服务内容上，以征信、风控、增值信息服务为主的SaaS平台能够覆盖贷前、贷中、贷后，端到端、全生命周期的金融服务。在服务客群上，服务体系将从B（机构）端、C（个人）端逐步扩大到G（政府）端、S（社会）端用户，面向全社会提供普惠征信服务。

（三）区块链助力征信数据共享

区块链本质上是一个新型的分布式数据库，采用分布式账本、链式存储等技术实现数据共享和防篡改，区块链技术具备多方参与、加密、共识、可追溯、公开透明、集体维护等特性，能够在数据采集、存储、处理、共享以及个人信息保护等诸多方面，为市场化个人征信机构提供助力。

2021年，百行征信牵头的《非银金融业务征信技术路径研究分析报告》获得了广东省优秀金融科研成果三等奖，课题系统地提出了双层多链的业务模式。征信机构可以进一步探索建设征信行业区块链，利用点对点分布式记账方式、多节点共识机制、非对称加密和智能合约等多种技术，建立起强大的信任关系和价值传输网络，深度融入传统产业，通过融合、共享和重构等方式助力传统产业升级，重塑信任关系，创新数据共享机制，使用“轻采集，广覆盖”，解决金融与实体产业间信息不对称问题。

其次，可以探索以区块链的方式重点切入供应链金融场景，通过行业区块链增强上下游业务数据的可信度，统一数据标准，降低风控难度，强化多方信任协作，通过链上可拆分的电子凭证实现资金的流转融通，解决多级供应商融资难、资金短缺等问题，打通信息流、物流和资金流，打通企业实体与经营者个体的征信数据，实现供应链全流程可信化、数字化和智能化发展。

此外，市场化个人征信机构可以探索运用联盟链，在个人信息保护方面，防范化解“一次授权，多次使用”等问题。由征信机构主导，基于一定的会员准入标准和管理制度，联合金融机构、数据源、金融科技公司，建立个人授权存证区块链联盟，将授权范围、授权时间、授权用途等个人授权相关信息在链上存证。联盟内，征信机构担任类会员服务机构，负责每个信息主体授权的验证码下发、校验服务，对征信数据的每次查询进行授权核验与记录存证，及时发现超越授权的查询行为，强化后期存证记录追责，更好地维护信息主体的合法权益。

### （四）金融科技赋能征信数据安全管理

完善个人信息保护技术措施，既要善于运用现有的安全技术解决各类需求，又要探索运用新技术提升信息保护质效，高质量保护个人信息的准确性与安全性。征信业务开展中，征信机构要在做好个人信息分类分级保护的基础上，不断优化现有技术保障体系，进一步实现场景化安全防护要求，形成个人征信数据保护基因及信息保护最佳实践。

首先，征信机构可以争取实现敏感数据识别技术的自动化，在此基础上通过去标志化、匿名化等方式实现个人敏感信息的脱敏。其次，争取实现数据防泄露技术的智能化，探索通过机器学习等人工智能技术，自动识别和阻断个人信息外泄，弥补基于规则识别覆盖不全的缺陷。最后，要落实数字水印技术和数据血缘追踪技术，对征信报告加载水印，确保个人信息溯源追踪。此外，可以采用同态加密技术，降低数据分析、联合建模等场景的个人信息泄露风险。同时，可以尝试通过区块链、同态加密及零知识证明等技术持续完善征信机构个人信息授权核查机制，进一步探索运用联邦学习、机器学习和多方安全计算等技术解决联合建模涉及的信息保护难题。

## 三、市场化个人征信机构的数据治理工作框架与建议

百行征信有限公司是国内首家持牌的市场化个人征信机构，自2018年5月开业以来，严格按照中国人民银行构建“政府+市场”双轮驱动征信市场发展模式的总体部署，与国家金融信用信息基础数据库“错位发展、功能互

补”，共同构建运行安全、功能完善和覆盖全面的征信市场体系，助力社会信用体系和诚信文化建设。截至2022年8月底，百行个人征信系统收录个人信息主体5.2亿人，企业征信库收录企业主体超6209万户。已接入替代数据源渠道基本实现个人征信和企业征信业务中公安、司法、工商、电力、税务、电信运营商、银联、航旅等基础数据源的广泛覆盖，以及数据的深度应用。

根据业务发展需要，百行征信成立专门的工作组，从战略规划、组织制度、系统建设三个层面持续深化数据治理工作，制定数据能力建设指引，广泛开展内外部调研，积极推进数据资产管理平台建设，形成元数据、数据安全与合规等一整套制度规范，构建完整、有效的覆盖数据全生命周期的管理体系，推动数据能力全方位提高。

（一）绘制数据治理的规划蓝图

加快制定公司层级的数据治理战略规划。数据治理是涉及公司多方位的体系化改造，要求各业务线、前中后台之间的有效协调，也需要结合公司技术系统建设水平、数据资源以及业务应用的开展现状进行综合考虑。应当从管理层、领导层出发，从上向下全局部署数据治理方向，从而形成全面的标准规则体系和执行调度流程。战略规划是数据治理成为企业战略核心任务应用的重要部分，是数据资产得到一定程度内外部应用的指导蓝图。

具体执行上，首先结合市场化征信业务特点，制定征信领域《数据能力建设参考意见》，明确数据治理工作的总体目标，以及数据质量、合规等细分方向的要求。在此基础上，可进一步开展内外部调研工作，重点对一线员工进行访谈，总结归纳内部存在的问题及外部建议，形成调研报告。调研应当覆盖数据采集、数据运营、元数据、数据挖掘、数据安全合规等主要业务流程。结合公司资源禀赋与业务发展战略，制定实施路径建议，划分工作层次，明确责任部门、资源投入与周期，分别确定数据治理推进路径。总体上可按照“打基础、建系统、定制度”的三步走路径。

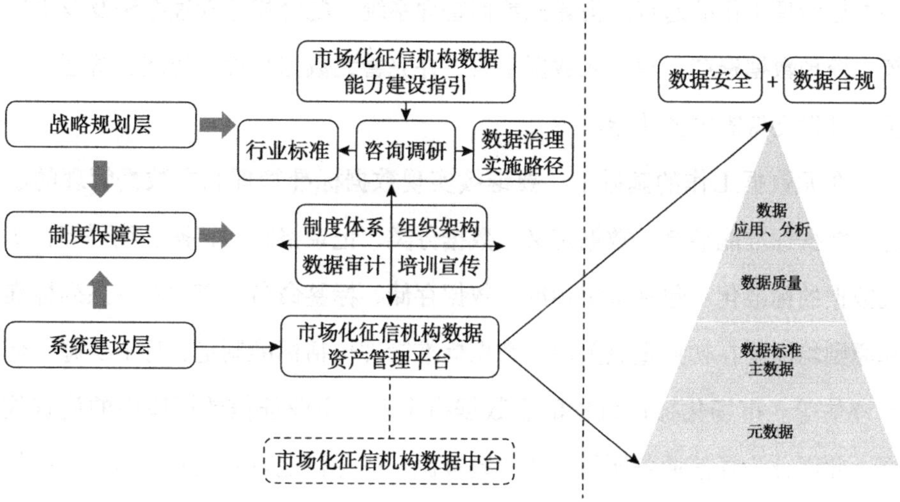


图18-1　市场化征信机构数据治理总体框架

## （二）持续加强数据治理系统建设

系统建设是数据治理战略落地的主要载体，也是数据管理活动的实操平台，需要市场化征信机构尽快整合技术资源，搭建统一的数据资产管理平台，具体包括元数据管理、主数据管理、数据标准管理、数据质量管理、数据应用管理、数据安全管理、数据合规管理七个方面的职能模块。

市场化征信机构数据治理的基础系统工作是元数据管理。元数据是数据的数据，是对数据的结构化描述，使得数据更容易理解、查找、管理和使用。元数据主要包括业务元数据和技术元数据两类。业务元数据可以消除数据二义性，尤其是相似信贷数据之间的混淆，让业务人员对数据有一致的认识，避免“各说自话”，进而为数据分析和应用提供支撑。技术元数据通过理清数据关系，明确存储、机构，让业务人员快速定位所需的数据，实现数据血缘追溯和影响分析，为产品开发和系统集成服务。元数据构成了征信数据从采集、加工再到延伸拓展的关键节点，应当作为市场化个人征信机构开展数据治理工作的起点。搭建元数据管理系统，配合相应管理办法及技术规范，梳理数据资产，建立元数据字典，并完善元数据采集、访问、管理、分析、开发支持等主要功能。

在元数据工作的基础上，要继续实现数据标准管理和主数据管理的职能。数据标准能够统一数据定义、数据分类、记录格式和转换、编码等，实现数据的标准化。包括采集标准、数据存储、标签命名、衍生等一系列标准和原则均需要在初期重点关注。数据标准管理包括标准制定、标准实施、标准评估等。市场化征信机构的主数据指个人、企业征信数据库中的信贷数据，此部分为征信业务所需要的关键资源，应尽快地建立技术、运营、产品共享的主数据库，可考虑建设单独的主数据库。针对市场化征信机构使用频繁的替代数据亦可纳入主数据的管理范畴。

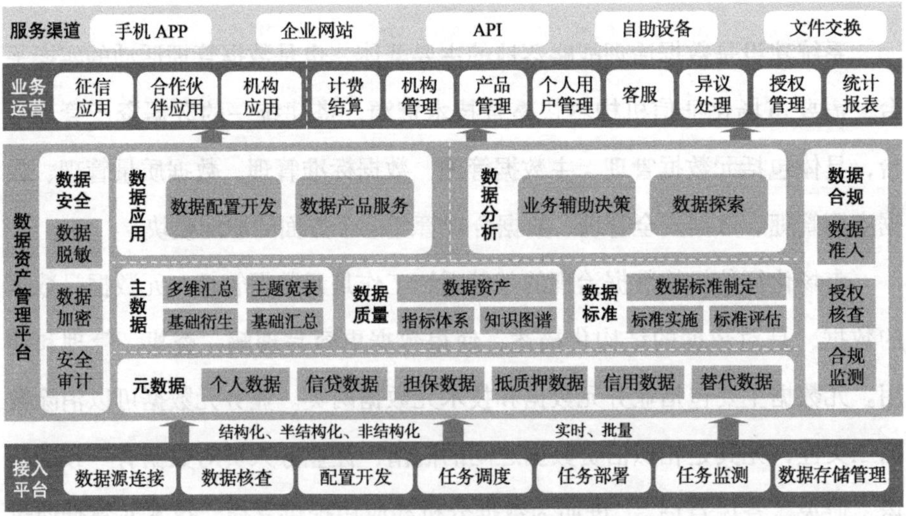


图18-2 市场化征信机构数据资产管理平台

在上述架构、标准、规范工作的基础上，可以进一步完善市场化征信机构数据质量管理，具体包括来自信息主体的数据准确性评价和来自产品开发部门的价值评价。市场化征信机构可建立起数据质量需求、数据质量检查、数据质量分析、数据质量提升在内的一整套自动化系统方案，对采集、使用过程中的数据进行持续的格式、逻辑校验与分析，确保数据的完整性、准确性、一致性、及时性，提升数据应用效果的稳定性。数据质量是数据应用分析的保障，在高质量数据管理的支持下，可以实现数据挖掘、数据应用等主要功能。

在此过程中，数据安全管理、数据合规管理将贯穿数据治理与标准工作始终。其中数据安全包括数据安全策略、数据安全管理、数据安全审计，可以借助纵深防御体系等成熟的技术防护架构，建立多重安全防护架构，确保核心数据防泄露，并加强数据使用行为监控审计，可以运用安全态势感知、大数据分析技术，主动发现和追溯数据泄露，及时采取有效控制措施。数据合规包括数据采集规则、数据授权、授权核查管理，以及异议处理更正、征信数据过期销毁等环节，可考虑尝试通过区块链及零知识证明等技术持续完善征信机构个人信息授权核查机制。相关工作为各项管理职能落地和统筹提供了有力支撑。

### （三）强化数据治理的制度保障

为了保障数据治理工作的有序开展和长效落地，市场化征信机构还应设计一套有针对性的数据资产的管理流程、管理机制和考核评估办法，通过管理手段明确各方“责权利”，并建立一套覆盖数据共享、处理、应用等覆盖数据生命周期的管理办法，从制度层面保障数据治理工作规范有序、长期运转。具体包括但不限于元数据管理办法、数据标准管理办法、数据质量管理办法、数据安全管理办法等对应具体管理模块的规范。

同时，管理办法还需配套相应的技术规范文件，明确实操的技术细节，为办法落地提供基础，避免笼统性、概括性表述。以元数据管理为例，可包括元数据的获取、命名规则、数据模型、注册分类、日常维护、落地应用等一系列流程，并考虑指定相应的牵头部门进行管理。制度执行的过程中需要进行事中监控与事后考核，确保制度落实到位。事中监控包括对项目的评审，以及数据运营情况的动态监测；事后则需建立考核指标，真正将数据治理纳入部门日常工作职责中来。

## 四、征信数据治理助力银行业数字化发展

数据是金融数字化发展的基础资源。征信数据治理将为银行业提供更多高质量、高可用的征信数据产品与服务，为银行数字金融业务提供风控的“工具”。

目前，百行征信已初步建立起征信产品矩阵，广泛服务于国有银行、股份制银行、城商行、农商行、互联网银行等各类主体。在个人征信方面，形成了包括个人信用报告等在内的个人基础产品、增值产品、信用服务平台等序列；在企业征信方面，研发推出数据共享、风险识别、经营分析、解决方案等产品和服务。截至2022年8月底，百行征信个人信用报告累计调用量7.9亿笔，特别关注名单、信息核验、反欺诈系列等增值产品累计调用量34.5亿笔，小微企业征信产品累计调用量4.1亿笔，百行征信所有征信产品日调用量峰值超过1700万笔，累计调用量46.5亿笔。

其中，百行征信“信用白户”征信服务平台面向缺乏信贷记录的“白户”或“准白户”群体，运用数字化手段探索创新征信服务新模式，整合信

贷数据资源，挖掘支付、电商、运营商及设备等替代类数据价值，集合身份核验、反欺诈、智能标签和普惠评分等征信产品，提供覆盖“白户”信贷全生命周期的征信服务。

适应金融机构服务中小微企业、个体工商户融资的业务发展方向和需求，百行征信与富民银行、北大光华管理学院等机构的专家学者合作开展课题研究，从收单数据入手，探索推动征信数据与金融场景的深度融合，建立针对小微企业经营者和个体工商户的信用评价模型。在课题成果的基础上，富民银行研发了面向小微个体工商户的线上个人经营性信用贷款产品，并获得了人民银行2019年度银行科技发展奖三等奖。

在中国互联网金融协会互联网金融标准研究院的指导下，百行征信作为发起单位之一，协同金融机构、数据源、金融科技公司，推动制定《小微企业经营者和个体工商户信用评价指南》团体标准，探索进一步推广相关数据在金融领域中的应用。《指南》是首个针对小微企业经营者和个体工商户的信用评价团体标准，提供了小微企业经营者和个体工商户信用评价的基本原则、评价参考数据、基本流程和评价结果等方面的指南，将帮助银行等金融机构开展信用评价工作，助力缓解小微企业经营者和个体工商户因征信评价基础设施不完善、银企信息不对称等原因导致的“融资难、融资贵”的问题，推动市场主体纾困发展，加强金融对实体经济的有效支持。

# 第19讲　个人信用数据治理：国内外经验及朴道的探索

金　波

当前，数据治理尚无标准的概念界定，可从宏观和微观角度进行理解。宏观上的数据治理可认为是在大数据时代，以国家、国际组织或利益相关者等为主体，对数据权利、数据流通、数据管理等方面的治理；微观上的数据治理可理解为对数据的实用性、可用性、完整性、安全性等的整体管理。2021年10月18日，习近平总书记在主持十九届中央政治局第三十四次集体学习时指出，“要完善数字经济治理体系，健全法律法规和政策制度，完善体制机制，提高我国数字经济治理体系和治理能力现代化水平”，这为宏观上的数据治理指明了方向。数据治理最终是为了实现数据价值，即提升数据可用性、数据质量和数据安全性。从微观层面，数据治理需要企业组织等市场主体履行数据处理和数据保护责任。具体到个人信用数据治理，也要从宏观和微观两个层面考虑。

---

作者系朴道征信有限公司副总经理、朴道征信研究院副院长。

# 一、个人信用数据治理的国内外经验

## （一）欧美国家的个人信用数据治理

美国作为全球数据治理领域的主导国之一，已形成了一套较为完整的数据治理机制，包括顶层设计、中层衔接和基层实践三个层面。

美国数据治理的顶层设计是从美国国家层面出发，完善战略层面的部署，注重改进政府公共部门的数字化工作，更好地管理、保护和共享数据，为民众服务；其数据治理的中层衔接包括政策协同机构，首席数据官、机构网络和数据管理，法律和监管框架，技术能力建设、协作和知识共享等；其数据治理的基层实践包括数据价值循环、国家数据基础设施和架构。2019—2021年，美国相继发布《联邦数据战略和2020年行动计划》《国防部数据战略》等文件，强调"将数据作为战略资源开发"，并采取严格措施保护国防等重要数据安全，构筑国家安全屏障。

具体到个人信用数据领域，美国个人数据和隐私保护立法较为完善，且从产业利益出发，对个人数据持积极利用态度，相关法律规定较为宽松。

在联邦层面，与个人数据和隐私保护相关的现行法律主要有《隐私权法》（1974），针对联邦行政部门收集、利用和保护个人数据等做出规定；《金融服务现代化法》（1999），规定金融信息的收集、使用和披露规则，限制非公开个人信息的披露，数据主体有选择不共享其信息的自由；《公平信用报告法》（1970）和《公平准确信用交易法》（2003）规定消费者信用信息的使用用途；《电话消费者保护法》（1991）和《反垃圾邮件法》（2003）对电话号码和电子邮箱地址的收集和使用进行规定。

在州层面，《加州消费者隐私法》（2018）是美国目前最全面和严格的隐私法，赋予消费者多项新权利。例如，有权要求删除个人数据，有权要求机构公开如何收集和共享信息，有权要求机构不得出售个人数据，对违反本法律的人或机构，消费者有权提出诉讼等。

美国有关个人信用数据保护的监管，坚持以市场为主导、以行业自律为主要手段，辅以政府监管，主要由联邦贸易委员会（FTC）和联邦通信委员会（FCC）负责。

FTC成立于1914年，在监督个人数据隐私方面发挥主要作用，其下属的消费者保护局负责处理由消费者、国会和行业组织等提出的互联网隐私投诉，并开展调查。2017年9月，Equifax（艾克飞）发生个人数据泄露事件，波及1.4亿美国消费者。FTC为此展开调查，2019年7月，Equifax与FTC达成和解，支付4.3亿美元帮助受数据泄露影响的个人。

FCC成立于1934年，主要对电信行业（电信运营商）进行监管。2014年，FCC对美国最大的无线运营商和最大的无线数据供应商Verizon Wireless进行调查，指控其雇用第三方使用无法删除的“Supercookies”跟踪客户在线行为，而客户并不知情。最终，双方达成和解协议，Verizon Wireless做出整改并被处以135万美元罚款。

美国的三大征信机构Experian（益博睿）、TransUnion（环联）、Equifax（艾克飞）非常重视个人信用数据治理。

在数据方面，美国三大征信机构不断增强基础数据，扩大数据资产的深度和广度。例如，环联虽已拥有消费者信贷信息、违规驾驶记录、医疗资格信息、商业数据、租金支付记录和公共记录等个人信用数据，但仍在不断扩展数据集，如联系人数据和汽车资产数据，以满足更广泛的客户需求；益博睿支持信贷机构在获取消费者授权后连接网银账户，识别和访问消费者公用事业和电信支付等替代数据记录，然后添加至益博睿个人信用报告中，以帮助消费者提高信用评分，同时帮助信贷机构更好地评估信用风险。

在科技方面，美国三大征信机构加强金融科技投入和应用。例如，益博睿推出包含数据和分析工具的“分析沙盒”平台，以混合云的形式帮助机构用户实时访问2.4亿美国消费者近20年来的匿名信用数据、收入趋势、租金等数据，进行实时评估、构建模型、情景分析并做出准确决策。艾克飞加快云部署，开发神经网络模型信用评分，大幅提高预测准确性，帮助放贷机构提高决策能力。环联面向金融机构推出综合性、多功能的在线实时数据分析平台，可使金融机构获取大量匿名数据集，用于信贷管理基准检验和建模。

在安全防护方面，美国三大征信机构致力于提升数据和技术安全能力，保障信息安全。例如，艾克飞在2017年数据泄露事件后，积极营造安全文化，将数据和技术安全作为所有决策的首位，广泛采用先进数据和技术安全工具、服务和流程，增强其数据安全防护能力，仅2018年就已完成3亿美元投入。

在服务方面，美国三大征信机构不断提升面向本人的征信服务。例如，艾克飞推出新的在线消费者服务平台——My Equifax（“我的艾克飞”），让消费者更便捷地在线查看和管理其信用信息，及时通知异议处理的进展；环联推出面向消费者的信贷冻结服务，提供快速、免费冻结和解冻个人信用报告服务，帮助防范个人信息被盗用导致的欺诈风险。

欧盟作为世界上起步最早的数据治理组织，在数据监管方面始终走在前列，重点监督对个人数据的处理行为，致力于保护数据主体的人格权和隐私权，通过明确权利义务、统一立法标准、设立专门机构、设置数据保护官等手段，调动欧盟、成员国、数据控制者等多方力量保障数字时代公民权利，形成了欧盟与成员国两级共建、具有统一性和独立性的监管模式，为世界各国的数据监管提供有益参考。

《欧洲人权公约》(1950)可视为欧洲数据监管的萌芽，赋予公民个人隐私权。欧洲委员会通过的《个人数据自动化处理中的个人保护公约》(1981)是全球第一部数据保护国际公约，确保每个缔约方管辖范围内的公民，不论国籍或居住地，其个人数据在进行自动化处理过程中均可得到保护，尊重其权利和基本自由，特别是隐私权。《数据保护指令》(1995)规定公正合法、目的明确、知情同意等数据处理原则，是欧盟数据监管统一立法的开端。《通用数据保护条例》(GDPR，2018)强调监管机构独立性，细化了数据控制者和处理者的权利义务，要求企业设置数据保护官，加强内部监管。在GDPR严格的数据保护框架下，欧盟对信用信息和征信机构给予了特殊规定，市场化征信机构可依据GDPR第6条"合法利益"原则，基于正当利益而不是数据主体同意作为部分信息处理活动的依据。

2020年以来，欧盟发布多份数据战略文件。《欧洲数据战略》(2020)概述了欧盟未来五年实现数据经济所需的政策措施和投资策略。《数据治理法案》(2022)作为《欧洲数据战略》的重要组成部分，通过增强对数据中介的信任，增强整个欧盟数据共享机制以提升数据的可用性。例如，数据中介机构需要在指定的主管当局进行备案，数据中介机构帮助个人行使其在一般数据保护条例下的权利，帮助人们完全控制其数据，在其同意基础上分享数据等。《数据法》草案(2022)提出要推动创建跨部门数据访问和使用治理框架，在保障数据安全的同时，改善欧盟内部市场数据共享机制，提升数据的可用性和流动性，充分释放欧洲数字经济潜力。

### (二)韩国的个人信用数据治理

韩国是全球信息通信技术基础设施最先进的国家之一，领先的信息通信技术环境推动韩国形成了独特的数据治理模式，韩国借鉴欧盟数据治理经验，十分重视个人信息保护，并不断在数据治理中寻求公共利益和私人利益、国家监管和市场创新之间的平衡。

《信用信息使用与保护法》（1995）是韩国信用信息领域的基本法律，专门对企业和个人信用信息的收集、使用与保护进行全面和具体的规范，该法历经20多次修订完善，确保持续满足市场主体需求和加强信用信息保护。《信息通信网络利用促进和信息保护法》（2006）主要规范信息通信服务提供者的数据处理行为。《个人信息保护法》（2011）规定了个人信息使用、收集和公开的基本原则，以及构建全方位的个人信息保护体系等内容，是韩国个人信息管理基本制度。2020年韩国国会通过上述三部法律的修订案，一方面加强信息安全和消费者个人隐私保护，另一方面降低征信和个人数据应用新业务进入壁垒。2022年韩国成立以国务总理作为委员长的“国家数据政策委员会”，制定数据和新产业相关制度，放开相关限制，让企业可以通过开发一对一的创新服务，确保基于数据新产业的竞争力，该委员会在2022年9月召开第一次会议，发表了8个数据领域、5个新产业领域的改善计划，通过数据保护和应用的协调，能够安全使用数据，并促进数据应用。

在个人信用数据处理和保护监管方面，韩国金融服务委员会（FSC）监督信用信息企业及其对《信用信息使用与保护法》的遵守情况，有权命令任何违规的公司采取纠正措施；金融监督局（FSS）根据FSC的指导和要求执行监管；个人信息保护委员会（PIPC）监督个人信息保护，指定韩国互联网与安全局（KISA）为接收个人信息泄露报告的专属机构，由KISA履行教育公众、培训专家、调查分歧案件等职责；通信委员会（KCC）监管个人位置信息处理企业对《位置信息法》的遵守情况，若不遵守规定，KCC可通过停止运营令撤销对位置信息提供商或基于位置的服务提供商的许可，期限从一定时间到永久。

良好的立法环境和市场机制，促进了韩国个人数据产业的发展。其中，韩国的本人数据管理（MyData）行业作为新兴数字经济产业发展很快。MyData就是我的数据我做主，通过MyData，个人可以一次性地把分散在各个机构和企业的个人数据进行整合管理，并通过向企业提供自己的信息，享受各种商品和服务，以及个人数据变现。MyData为解决数据孤岛问题提供了新的理念：MyData依然服务原有客群，但通过较强的兼容性，吸收人工智能、大数据、区块链等先进技术和开放银行、通用数据保护等模式，让数据的流通量呈几何倍数地增长，数据维度也在增加。通过共享数据，MyData打破跨行业壁垒和行业内竞争壁垒，使得各方享受共享红利。2020年，韩国开始MyData牌照运营，在全球范围内第一个推行MyData，目前已有60家机构获得牌照，机构类型包括金融机构、征信公司、电信公司、金融科技公司等，MyData在韩国的金融、征信、公共事业等领域得到广泛应用。

（三）我国的个人信用数据治理

党中央、国务院高度重视数据安全、数据治理和社会信用体系建设，先后出台一系列相关法规和政策文件，数据治理和社会信用体系建设取得积极成效。

如前所述，数据安全成为世界主要国家战略布局重点，数据安全是国家安全的重要组成部分。近年来，在总体国家安全观指引下，我国加快数据安全相关立法。2021年，《数据安全法》《个人信息保护法》《网络安全法》出台，数据安全保护要求进一步明确。网信、工信、公安等涉及网络安全的管理部门制定配套立法，落实顶层法律中数据安全管理规定。全国多省市制定本地区数据发展或促进条例，探索数据要素流动共享安全规则。

社会信用体系是国家治理体系和治理能力现代化的重要内容。2022年4

月，中共中央办公厅、国务院办公厅印发《关于推进社会信用体系建设高质量发展促进形成新发展格局的意见》，对新时期社会信用体系建设高质量发展做出全面系统安排，为各地区各部门推进信用建设提供重要行动指南。党的二十大报告提出："构建高水平社会主义市场经纪体制。完善产权保护、市场准入、公平竞争、社会信用等市场经济基础制度，优化营商环境。"一方面说明社会信用对市场经济体制很重要，是基础之一；另一方面说明社会信用对构建新发展格局推进高质量发展的重要性。

个人信用作为整个社会信用的基础，不仅是一个国家市场伦理和道德文化建设的基础，更是一个国家经济发展的巨大资源。党的十八大以来，习近平总书记在国内外多个重要场合强调诚信，包括个人诚信的重要性，"人与人交往在于言而有信，国与国相处讲究诚信为本""要抓紧建立覆盖全社会的征信系统"。2016年12月，国务院办公厅发布《关于加强个人诚信体系建设的指导意见》指出，金融信用信息基础数据库和个人征信机构要大力开展重点领域个人征信信息的归集与服务；要完善个人信息安全、隐私保护与信用修复机制，明确个人信息查询使用权限和程序，做好数据库安全防护工作，严格按照相关法律法规，加大对金融信用信息基础数据库、征信机构的监管力度，确保个人征信业务合规开展，保障信息主体合法权益；对金融机构、征信机构、互联网公司、大数据公司等实施重点监控，规范其个人信息采集、提供和使用行为。这为加强个人诚信体系建设指明了方向。

自2003年被国务院赋予"管理信贷征信业，推动建立社会信用体系"职责以来，人民银行坚决贯彻落实党中央和国务院关于征信体系建设的重大决策部署，着力完善诚信建设长效机制，健全覆盖全社会的征信体系，提高征信服务质量，保障信息主体权益，推动我国征信业高质量发展。

人民银行先后发布《征信业管理条例》（2013）、《征信机构管理办法》

（2013）、《征信业务管理办法》（2021）等征信法规，为履行征信业监管职责和促进我国征信业规范发展提供法律保障。其中，《征信业务管理办法》明确了符合“依法采集，为金融等活动提供服务，用于识别判断企业和个人信用状况的基本信息、借贷信息、其他相关信息，以及基于前述信息形成的分析评价信息”为信用信息，将征信替代数据应用纳入监管；规定从事个人征信业务的，应当依法取得中国人民银行个人征信机构许可，有效解决“无证驾驶”问题，将原先游离于监管之外的新兴征信活动纳入法治监管的轨道，促进市场公平，维护国家金融稳定和金融安全。

进入新时代，我国征信体系秉持“征信为民”理念，有效实施“政府+市场”双轮驱动，形成“全国+地方”双重发展战略布局，取得了显著的成效，为普惠金融发展提供了有力支持。在征信机构体系上，形成了“1+2”格局，即人民银行征信中心和两家市场化个人征信机构（百行征信、朴道征信）。

各家征信机构在经营过程中均积极开展数据治理相关工作。以人民银行征信中心为例，目前，由其主导建设的金融信用信息基础数据库，立足全国范围内个人和企业信贷信息全面共享应用，已成为世界上规模最大、覆盖人口最多、收集信贷信息种类最全的征信系统。人民银行征信中心作为金融信用信息基础数据库的建设、运行和管理单位，多年来坚持以市场需求为导向，不断强化信用数据治理，保障信用数据安全和信息主体权益，实现数据流动和权益保护双平衡。在数据采集方面，建立数据报送标准，通过专网报送信用数据，上线二代征信系统优化系统架构、报数规则和报告界面，征信系统的扩展性、数据更新的及时性明显提升。在数据质量管理方面，实施数据入库全流程跟踪管理，保证数据准确性。在数据安全方面，构建多层级“人防+技防”数据安全管控体系。在数据产品服务方面，利用征信科技和数据处理技术，挖掘信贷数据和替代数据价值，提供信用报告和多种征信增值产品与服务，满足信息主体的知情权、信贷机构的业务需求和有关部门的管理需求。

## 二、当前个人信用数据治理的问题及挑战

### （一）征信业快速发展的同时，也出现了个人数据违规收集、滥用、隐私泄露等乱象

在信息采集方面，某些互联网平台在用户注册、使用过程中，大量采集个人身份、通信、出行、照片等隐私信息，存在信息过度采集、强制授权或授权告知不明确的问题；在信息处理方面，某些互联网平台运用人工智能、机器学习等大数据技术对个人进行信用评分，却并未向信息主体清晰告知数据在模型中的处理规则，存在“黑箱”，可能导致分类不当引发异议，且异议原因难以查找等问题；在信息使用方面，某些互联网平台将个人信息提供给第三方机构使用过程中，存在信息“一次授权，多次使用，长期使用”等问题，增加了信息使用链上个人信息泄露的风险，对个人人身和财产安全造成负面影响。

### （二）当前个人信用数据治理的体系、组织、制度、机制有待完善，技术水平有待加强，基于个人信用数据的产品和服务水平有待进一步提升

在治理体系方面，尚缺乏系统性的个人信用数据治理框架和体系，无论是研究还是实践，相关内容都较为分散。在治理组织方面，有的机构尚未设置专门的数据治理牵头部门，也没有将个人信用数据利益相关者（如个人信用数据提供者、处理者和使用者）全面纳入治理的组织框架。在治理制度

方面，已出台的征信业务相关法规中的个人信用数据治理要求多为原则性规定，尚缺乏数据治理细则和具体标准。在治理机制方面，相比于数据采集，对于个人信用数据采集后的质量监测和持续治理关注度还不够，即贯穿于采集前规范、采集中监测和采集后评价的全流程个人信用数据治理机制尚待完善。例如，《个人信息保护法》和《征信业务管理办法》均规定个人信息处理遵循最小、必要原则，前者还规定了个人信息处理机构应开展个人信息保护影响评估，但在实践中仍然缺乏对个人信用数据采集是否遵循最小、必要原则的评估机制。

在大数据时代，包括个人信用数据在内的数据质量管理是一项庞大工程，需依托技术手段实现智能化、自动化管理。通过在系统中设置数据质量检查规则，实现系统全流程自动化闭环管理数据质量，将为个人信用数据治理提供全面支撑，目前这方面还有很大提升空间。同时，在数据使用过程中确保数据资产安全、数据生命周期安全和隐私保护等均需要进一步强化技术支撑。

在个人信用数据产品和服务方面，信贷数据和替代数据融合产品还不够丰富，利用新技术研发征信产品的能力需进一步提升，针对不同细分领域和各类主体需求的产品应用场景也需要不断挖掘，如何实现数据赋能实体企业、惠及百姓民生、助力乡村振兴等方面也有待继续加强。

## 三、朴道征信的实践探索

朴道征信于2020年12月取得个人征信业务经营许可证，是中国人民银行批准设立的第二家全国性市场化个人征信机构。朴道征信的成立不仅是我国征信系统建设“政府+市场”双轮驱动模式探索的又一重要成果，而且顺应数字经济发展的潮流和需求。数字经济的深化发展要求充分发挥数据要素的核心引擎作用，传统、单一的征信供给已难以完全满足数字经济，特别是数字金融发展的迫切需求，亟须大力推动征信服务的数字化、现代化，挖掘数据价值，提升增值征信产品供给，推动征信与大数据技术、信息科技服务的融合发展。

### （一）在个人信用数据治理体系方面：朴道征信基本构建“1+N”市场化征信生态体系

自成立以来，朴道征信致力建设朴道征信、信息提供者、信息使用者、第三方机构等多方参与的“1+N”市场化征信生态体系，实现行业伙伴共建、共享、共赢。其中，在数据端，朴道征信联合几十家数据服务商、政府及公共事业单位等信息提供者，打通数据孤岛，引入涵盖身份验证、资产和支付、交通出行、司法涉诉、互联网行为（包括头部互联网公司BATJ等）、履约信用等数据源，初步形成数据生态，个人信用数据类型基本覆盖金融机构等客户需求，不断推动信用信息共享，激活数据要素价值；在产品端，朴道征信联合科技公司强化科技赋能，面向市场需求，面向实体经济发展需要，面向人民群众的美好生活需要，不断创新开发多元化征信产品和增值服务，丰富产品种类，提升产品质量，降低交易成本，提高资源配置效率；在客户端，累计与400余家金融机构建立业务联系，覆盖持牌金融机构、地方金融组织、互联网平台机构等多种客户类型；在其他信用服务端，积极参与地方征信平台、融资信用服务平台建设，创新拓展职业信用、社会信用等领域服务，推动完善社会信用体系建设。截至2022年末，已上线画像、评分、核验等征信产品千余款；运用先进的技术和整合能力，实时从各数据源取数、实时处理并实时提供给各金融机构，为客户累计提供超66亿次的征信产品调用服务，日调用峰值超过5000万次，且保持良好的增长态势，信用信息基础设施的作用初现。

（二）在个人信用数据合规采集、安全管理方面：朴道征信将合规理念贯穿于个人信用数据处理全流程，打造组织、制度、流程和科技“四位一体”数据安全智能管理体系

《数据安全法》《个人信息保护法》《征信业务管理办法》等对个人信息的合规处理和安全提出了明确要求，朴道征信作为持牌个人征信机构，高度重视个人信息保护，将合规发展作为公司发展的基石，并积极影响和推动我国征信服务市场净化提升。

在推进个人信用数据依法合规处理方面，朴道征信践行全流程合规理念，打造全覆盖合规审核，建设全方位合规文化，保障信息主体合法权益。在制度建设上，制定公司《个人信息保护管理办法》《数据引入管理办法》《数据产品引入审核办法》《信息使用者准入管理规范》《个人征信异议处理和征信投诉管理办法》等；在业务开展中，严格落实对信息提供者的信息来源、信息质量、信息安全和信息主体授权等必要内容的实质性穿透审核，关注信息流转的完整授权链路，在信用信息“断直连”政策出台至今一年多时间里，通过穿透式审核，累计审核拟合作的数据产品1200余款，对众多包含不合规信息的数据产品做出不合作或合规化改造处理，累计剔除不合规数据标签变量超过3200个。剔除类型包含未授权处理数据、超范围采集数据、法律法规明确禁止采集的数据以及不符合法律法规保存期限要求的数据等，并对精确位置、账户财产等敏感信息的对外提供进行合规化改造，贯彻落实法律法规对个人信息处理的要求，有效确保数据产品的合规性，发挥持牌征信机构的专业优势，有效推动我国征信服务市场净化提升。

在个人信用数据安全管理方面，搭建组织、制度、流程、科技“四位一体”的数据安全智能管理体系，确保无风险事件发生。在组织架构上，朴道征信建立专职数据安全管理团队，组建包括领导层、管理层、执行层和监督层的数据安全小组，在各部门设立数据安全员，确保数据安全管理无盲区；在制度建设上，制定公司《信息安全管理办法》《数据分类分级管理细则》《数据加密管理规程》《数据脱敏管理规程》等关键制度和安全规范。在流程上，制定并推进业务开展各环节数据安全策略和流程，对数据传输、存储、展示等环节潜在风险进行加固并持续优化，持续开展数据安全自评估和数据安全培训，多途径提高全员数据安全意识及安全管理人员专业能力；在科技上，朴道征信数据中心建成投产双活数据中心，通过物理、技术等多层面措施加强安全防控，全方位保障信用数据安全和运维安全，数据中台和数仓建设有序推进，为公司业务承上启下提供保障。朴道征信主数据中心和同城双活数据中心均为中国质量认证中心认证的增强级（A级）机房，具有ISO050001能源管理体系、ISO22301业务连续性管理体系，ISO027001信息安全管理体系等相关认证。双活数据中心的建设，使得公司征信业务和科技业务的应用系统与数据都能够实现双活运行，业务连续性达到99.999%，能够满足大型互联网平台对于C端客户服务连续性的苛刻要求。

### （三）在个人信用数据使用和服务方面：朴道征信贯彻“征信为民”理念，在监管部门指导下参与网络平台助贷业务中的征信“断直连”工作，提升个人信息利用和金融服务质效

要想保障我国个人征信市场的高质量发展，就必须持之以恒贯彻“以人民为中心”的发展思想和“征信为民”的理念。当前传统的以借贷信息为主的征信服务已经无法完全满足数字经济时代日益发展的征信需求。朴道征信

通过采集、整理、加工个人网络信贷信息和信贷信息以外的征信替代数据，帮助缺乏传统金融机构信贷记录的人群享受普惠金融服务，实现信用信息取之于民、用之于民，不断提供让人民满意的征信服务。

如前所述，金融科技、数字金融的发展在促进经济金融发展的同时，也让征信、风控、助贷等边界变得模糊，甚至引发了数据乱象、平台机构越界经营、部分中小银行独立自主的风控能力弱化等问题。如何实现既符合时代趋势又有效保护各方权益的发展目标，需要征信机构、平台企业等行业多方共同探索。在《个人信息保护法》出台和网络平台个人信用信息“断直连”（信用信息“断直连”即平台机构在与金融机构开展引流、助贷、联合贷等业务合作中，不得将个人主动提交的信息、平台内产生的信息或从外部获取的信用信息直接向金融机构提供，必须通过持牌征信机构向金融机构提供信用信息）的背景下，朴道征信与网络平台一道，探索联合运营模式，建设“双赢、多赢、共赢”的征信科技云平台：由持牌的朴道征信依法合规开展信用信息加工、评价等个人征信业务，网络平台负责流量的引入、自有数据的提供和技术支持，双方合作将助贷业务中信用信息相关服务改造成规范的征信科技业务。该联合运营模式为“断直连”背景下加强网络平台企业信用信息治理、依法合规开展金融业务提供了一条可行的路径，兼顾了效率、公平和保护，推动助贷平台、征信机构、金融机构回归本源，各司其职，实现全链路新分工和持牌经营、依法经营，推进信息处理合规化、个人信息利用透明化，更好地服务于普惠金融及经济新发展格局。

经过一年的摸索打磨，朴道征信配合网络平台“断直连”整改取得积极成效。其中，与京东科技联合运营的京东金条业务的“断直连”方案，已经于2022年3月30日正式落地上线，截至2022年6月末已跑通几十万笔调用，完成后续放款、还款环节的全流程应用，起到良好的行业示范作用。朴道征信按照监管部门对网络平台的整改标准，与20多家网络平台机构完成改造沟通，明确合作意向的有十几家，并将按监管部门的时间安排，配合完成助贷“断直连”改造。

当下，我国个人征信市场参与主体众多，包括数据源、网络平台、金融科技公司等，各参与主体在现有征信体系中的角色不清、定位不明，造成市场中参与主体鱼龙混杂，征信产品冗余重复，同质化严重。金融机构使用的诸多同类征信产品，总体差异性不明显，但需要投入大量的时间、人力、财力，与众多机构开展商务对接、产品测试、接口开发、后期维护等，成本巨大。“断直连”后持牌征信机构将对征信市场数据、技术、产品逐步进行整合，促进参与方各司其职，最终为金融行业提供统一、标准、规范的征信数据和产品，提升个人信息利用和金融服务质效。在推动“断直连”改造落地过程中，通过改变业务分工，有效打破原来助贷业务信息处理的“合同黑箱”，促进个人信息处理的公开化、透明化。此外，依托独立第三方身份，通过持牌个人征信机构采集和提供整个借款人群体可信的征信信息，有助于破除互联网时代日趋严重的信息垄断和信息壁垒等问题，促进信用信息共享，有助于提升征信产品的有效性并最终提升金融服务质效。

# 第20讲　数据治理运营体系建设和推广之理论与实践

郑保卫

## 一、数据治理“六难”

近年来，大数据应用带来了颠覆性变革，银行业表现得尤为明显，从客户画像到精准营销，从风险管控到运用优化，所有环节都与大数据息息相关。为规范银行业金融机构的数据管理活动，银保监会发布了《银行业金融机构数据治理指引》。但随着数据治理工作的不断深入，实际效果却不容乐观，本讲将详细阐述银行业金融机构在数据治理方面存在的诸多挑战。

### （一）理解和人才培养难

数据治理有狭义和广义之分，国内更多使用的是广义概念，其中包括

---

作者系上海静安国际数据资产管理协会（DAMA）理事。

DAMA数据管理体系中定义的数据治理、数据架构、数据建模和设计、数据安全、参考数据和主数据、元数据、数据质量等知识领域；2020年4月，“数据”与土地、劳动力、资本、技术并称为五种生产要素后，数据资产也被数据治理包含在其中，作为独立的知识领域而存在。

上述数据治理的八大知识领域中，各知识领域既是相对完整、独立的个体，又与其他知识领域紧密相关，因此数据治理体系和运行机制学习、理解起来具有一定的难度，导致数据治理人才培养周期长、见效慢。

理解和人才培养难具体体现在如下三个方面。

第一，数据治理的内涵和外延、各知识领域的概念和内部机制、各知识领域之间的关联关系、价值体现等方面的理解都具有一定的难度。

第二，通常从事数据治理的人才应具备业务、数据、管理、技术等方面的技能，对人才的综合能力要求较高，专业跨度较大。

第三，根据数据治理工程师和数据治理专家认证情况统计，数据治理工程师的成长周期平均为两年，数据治理专家的成长周期平均为十年，由此可见，数据治理相关人才的成长周期普遍偏长、难度也相对较大。

### （二）体系建设和融入难

数据治理体系建设涉及“组织和岗位角色设置”“管理制度和办法制定”“工具搭建”“流程变革和设计”“考核机制建设”等方面的工作，体系建设需要坚持“勇于面对、敢于创新”的原则，采用“破与立”并举的方法，稳步推进。

数据治理体系建设和融入方面存在诸多困难，具体困难如下所示。

第一，组织和岗位角色设置难。不同的银行对数据治理组织的定位各有不同，主流包括如下三种类型：归属在计划财务部门，由计划财务部门主责牵头统筹管理，业务部门给予配合，科技部门给予全部技术支撑；归属在数据管理部或数字银行部等独立的数据部门，由数据部门主责牵头统筹管理，业务部门给予配合，因数据部门具备一定的技术能力，故科技部门给予部分技术支撑；归属在科技部门，由科技部门主责牵头统筹管理，业务部门给予配合。该三种模式各有利弊，在组织的融入方面都存在或多或少的难度。

第二，工具搭建难。工具是数据治理的重要抓手，工具的选择和建设至关重要，工具建设后，数据能够很好地融入行里现有的业务和科技体系中，直接决定全行数据治理工作机制和最终效果。

第三，数据治理会对现有部分流程提出优化要求，同时也会增设新流程，现有流程的改造和新流程的设计及推广会遇到众多阻力，新老流程能否融合，将会影响数据治理的推广效果。

第四，数据治理工作需要业务部门和分支机构配合，在一定程度上会增加相关部门人员的额外工作，为了要求各相关部门给予高度配合，需增设考核机制，以便起到约束和鼓励的作用，但是在全行增设数据治理考核指标和实施考核机制也会遇到诸多阻力。

### （三）运营平台建设难

数据治理平台建设和运营在数据治理体系建设中占据着核心地位，平台体系架构和运营模式直接影响着数据治理体系的建设效果与成本开销，甚至决定着数据治理的成败，因此平台选型并非易事，具有较大的挑战。

平台选型需要相关参与者和决策者具有战略发展眼光和开拓创新精神，需要对数据治理体系有深入理解，具备接受新知识、迎接新挑战的态度和魄力，坚持以强管控为原则，以智能化和自动化为主要实现方式，以支持流程深度融入为保障，以方便应用推广和确保治理效果为目标。

### （四）架构支撑和流程打通难

数据治理效果直接受制于运营机制的建设，影响运营机制建设的关键工作是架构的支撑和流程的打通。

为了保障数据治理目标的达成，不仅要有业务架构、数据架构、应用架构、安全架构等层面的政策、制度、规范、体系的支撑，也要将需求、设计、开发、测试、部署、运维等开发流程与管理流程融合。唯有通过架构层面的支撑和流程的融合，才能确保数据治理的落地和内容的保鲜，才能满足用户对数据治理成果的期望和要求。

因此，实现架构支撑和全流程融合，势必涉及众多组织和人员，且流程复杂、遇到的阻力大，对构建可持续的数据治理运营体系具有较大的挑战。

### （五）推广应用和挖掘用户难

数据治理是一项基础工程，支撑着银行数据体系的建设。由于工作内容过于基础，从而使得数据治理团队经常忽略或不重视推广应用工作，或者在推广和用户挖掘过程遇到阻力后而回避推广工作。

在实际案例中，经常会遇到一些银行投入了大量人力和物力，构建了体系和平台，但用户非常少，投入产出不成正比，甚至还出现了工作人员比用户还多的情况。与此同时，业务、科技、管理在数据标准和数据质量等治理方面的问题却未得到解决，平台和体系无法及时有效地满足用户对历史数据和日益增长的数据在治理方面的需求，导致业务、科技、管理用户对数据治理团队的信心不足，支持力度不够，从而使得数据治理推广和用户挖掘更加艰难。

因此，如何构建有效的推广应用机制，增强用户信心、确保用户黏性，实现用户数稳中有增长，将是数据治理团队在构建数据治理运营体系时面临的巨大挑战。

（六）落地程度和效果评估难

2021年9月，实行的《商业银行监管评级办法》的评级指标中增加了数据治理，权重为5%；同时在2022年9月《人民银行办公厅关于开展深化金融科技应用推进金融数字化转型提升工程的通知》中也提出了对数据治理的要求。但如何客观或相对客观地评判数据治理的成效和水平，仍缺乏明确的标准，虽然目前正在推行数据管理成熟度评估（简称DCMM），但因其评估的颗粒度不够细致，大量工作依赖于人工，参照数据样本不全，行业特征反映不够，评估的结果与真实情况之间的差距仍然存在，这就使得DCMM难以成为监管机构或者银行客观、准确、全面评估数据治理工作成效的标准。

由于针对银行业数据治理评估标准的缺乏，使得各地监管机构对所管辖区域内的银行要求不同，各家银行在落地数据治理工作的方法、范围、深浅程度等方面各存差异。例如，在数据标准方面的落标、对标、贯标等工作的要求和程度存在较大差异，落标率、对标率等计算口径也不尽相同；数据字典纳管的方式和范围，以及数据字典的质量等方面也同样存在差异，类似这样的具体工作缺乏统一指引和标准。

因此，数据治理究竟具体以何种方式、应当做到何种程度、应以何种评估指标、如何客观或者相对客观地对其进行评估，目前来看，仍然是难题，亟待相关方共同努力制定一套具体的、具有实操性的标准和规范，指引各银行实施数据治理工作。

## 二、数据治理运营体系建设

### （一）典型案例分析

数据治理是一项复杂的系统工程，需要从组织、制度、架构、流程、平台、推广、人才培养等各方面考虑。银行业数据治理经过近五年的快速发展，在一定程度上获得较好效果的案例已不胜枚举，为了便于总结和归纳适合银行业高效的数据治理模式，本节对不同类型银行的数据治理实践情况进行了调研和分析。

（1）数据标准管理

数据标准是指保障数据的内外部使用和交换的一致性和准确性的规范性约束。数据标准管理的目标是通过制定和发布由数据利益相关方确认的数据标准，结合制度约束、过程管控、技术工具等手段，推动数据的标准化，进一步提升数据质量。

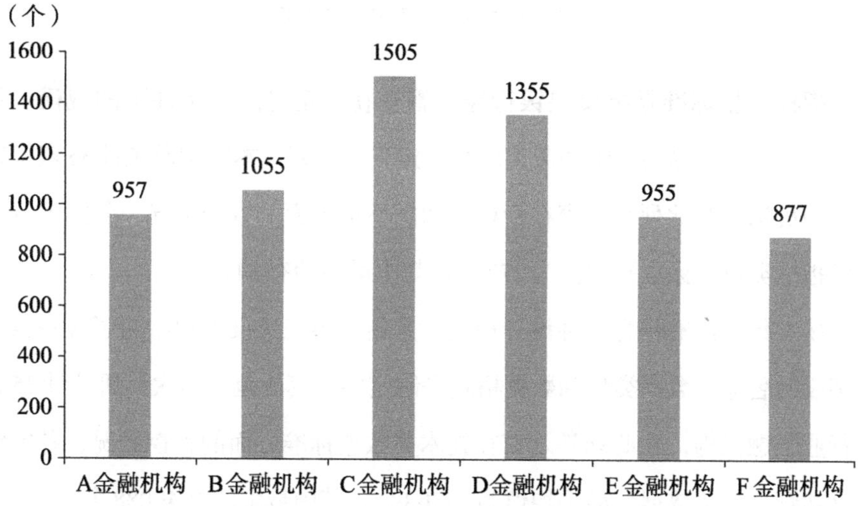


图20-1 基础类数据标准纳管情况

基础数据标准是针对非常关键的、共性比较强的数据项进行统一定义与解释。本次调研统计35家银行业金融机构，在此列举6家在基础类数据标准方面的管控情况，各家银行已纳管基础类数据标准平均值为1117个，其中最多的有1505个。

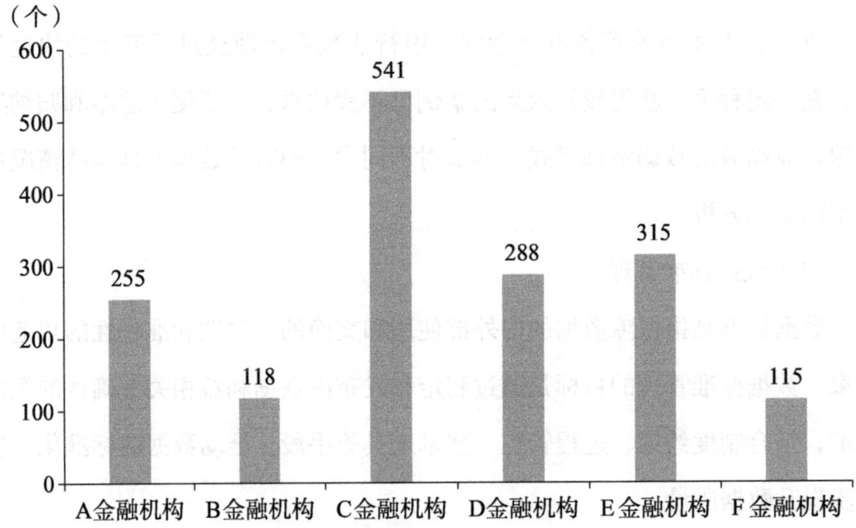


图20-2　指标类数据标准纳管情况

指标数据标准是指反映银行经营管理在一定时间和条件下的规模、程度、比例、结构等的概念和数值的统一定义与解释。本次调研统计35家银行业金融机构，在此列举六家在指标类数据标准方面的管控情况，各家银行已纳管指标类数据标准平均值为272个，其中最多的有541个。

技术数据标准作为一种设计规范，是指在系统建设过程中为了统一数据库字段的名称、数据类型和数据格式等制定的一套规范。本次调研统计35家银行业金融机构，在此列举六家在技术类数据标准方面的管控情况，各家银行已纳管技术类数据标准平均值为25308个，其中最多的有49088个。

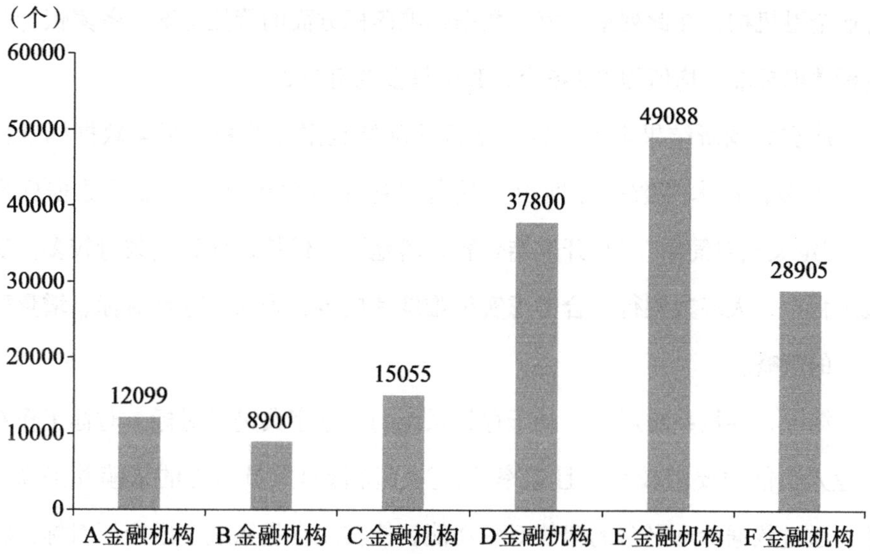


图20-3　技术类数据标准纳管情况

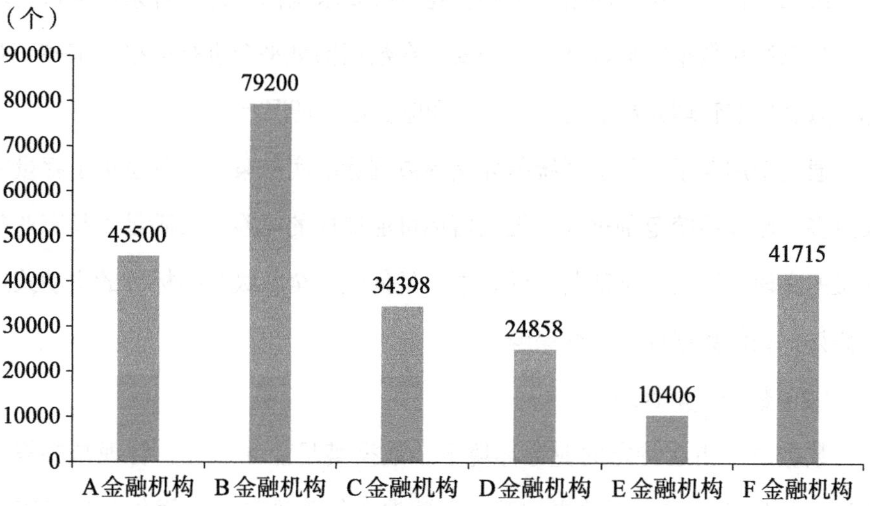


图20-4　数据标准落标情况

数据标准落标的意义在于从源头进行数据的标准化生产，加速数据的融合与统一的效率，节省大量数据应用和处理的成本。本次调研统计了35家银行业金融机构，在此列举六家在数据标准落标方面的管控情况，各家银行已落标数据标准平均值为39346个，其中最多的有79200个。

从实际调研结果来看，各家银行基础类数据标准和指标类数据标准数量并不多，技术类数据标准由于具备“管理属性相对于基础类数据标准少”“定义相对简单”“与开发结合容易落地”等优势，导致其数量较多。实践过程中，大多数银行综合考虑实施难度和成本，采取“存量对标、增量落标”的策略。

第一，存量系统对标，基于存量系统的数据字典进行对标。对标工作对专业人员能力要求较高，且效率低，为了降低对人员能力的依赖并提高效率，通过数据治理平台的智能对标功能智能实现存量系统字段全面对标，将数据标准与数据字典中的数据项建立映射关系。

第二，存量系统的新增字段和新建系统要求全面落标。各系统项目经理对新建系统从数据字典设计阶段即要求在数据治理平台进行申报、审核、对标，数据标准管理人员借助工具审核和监督落标情况。

通过采用存量、新增系统差异化的数据标准实施策略，既避免了存量字段过多、涉及系统范围过大，强制落标可能造成的风险；又满足了具有业务含义的字段逐渐实现全部落标的要求，且促进了全行级数据标准的主动式迭代修订，确保数据标准持续保鲜。

（2）数据质量管理

数据质量指在特定的业务环境下，数据满足业务运行、管理与决策的程度，是保证数据应用效果的基础。数据质量管理是指运用相关技术来衡量、提高和确保数据质量的规划、实施与控制等一系列活动。衡量数据质量的指标体系包括完整性、规范性、一致性、准确性、唯一性、及时性等。

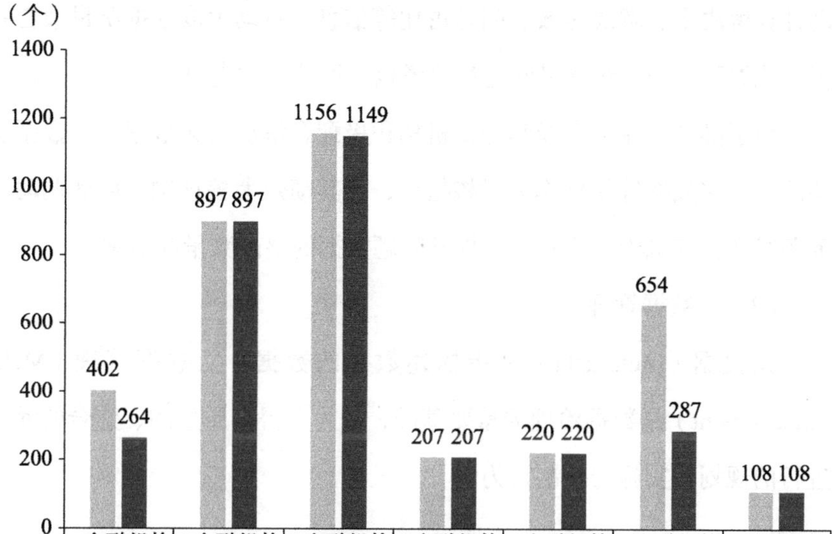


| | A金融机构 | B金融机构 | C金融机构 | D金融机构 | E金融机构 | F金融机构 | G金融机构 |
|---|---|---|---|---|---|---|---|
| 检核规则 | 402 | 897 | 1156 | 207 | 220 | 654 | 108 |
| 运行中规则 | 264 | 897 | 1149 | 207 | 220 | 287 | 108 |

图20-5　数据质量管控分布情况

本次调研统计35家银行业金融机构，列举其中7家在数据质量方面的管控分布情况，各家银行质量检核规则的平均值为474条，检核规则最多的C金融机构为1156条，当前运行中的规则1149条，累计发现数据质量问题7692万条，累计解决数据质量问题4584万条。

从实际调研结果来看，大多数银行建立了数据质量管理和问题数据解决体系。

第一，通过数据治理平台，将数据质量问题按责任部门或责任机构自动分发至对应责任人、责任角色，通过“流转”“回退”“分发”“解决”等操作，实现对问题数据处理环节的准确记录和跟踪监测。

第二，通过数据治理平台统一调度，自动比对两次质量规则检核的结果差异，实时更新问题数据状态，汇总解决情况。根据质量检核管理办法，自动计算解决率、解决时效、问题占比等信息，自动生成数据质量报告并在看板系统展示，为后续质量问题量化考核、评估提供支撑。

为了推动各业务条线和分支机构积极配合解决问题数据，将数据质量的整改率、完成率等指标作为考核指标，与其绩效考核挂钩，以此调动各个业务条线及分支机构的积极性，提升问题数据的整改数量和效率。

（3）元数据管理

元数据（Meta data）是指描述数据的数据。元数据管理（Meta Data Management）是数据治理的重要基础，是为获得高质量的、整合的元数据而进行的规划、实施与控制行为。

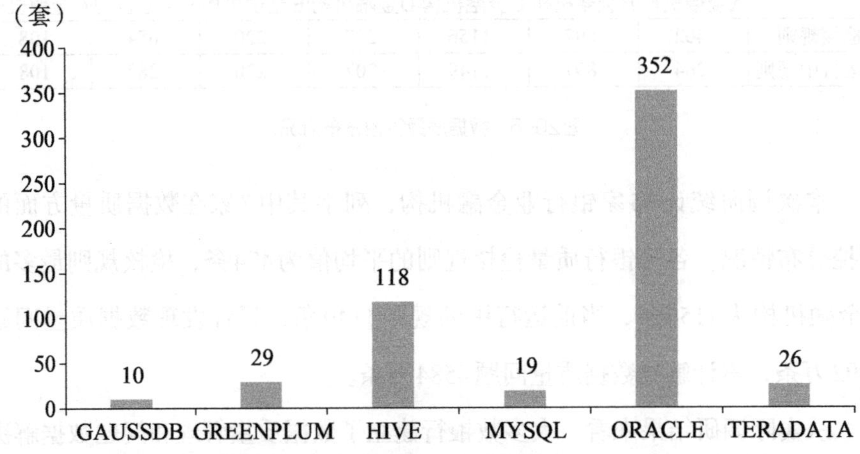


图20-6　元数据管控情况

本次调研统计35家银行业金融机构，以其中一家典型情况为例进行说明，该机构共累计完成了554套系统或平台的生产元数据采集和管控。

从实际调研结果来看，大多数银行开展了元数据的全面采集和管控，制定了元数据相关管理办法和规范，部分银行更是制定了企业级的SQL脚本、存储过程开发规范，并强制在开发过程中进行执行和管控，以达到有效解决不同系统、不同厂商、不同环境间数据处理脚本风格、写法不一致的问题，从而获得解析准确度更高的血缘关系。调查发现，大部分银行的血缘解析准确度在70%~99%之间，90%以上的银行只有不到20%，整体情况不容乐观。解析准确度不够高的主要原因有两个方面：第一，开发规范未能很好地执行，导致解析难度较大；第二，解析工具的引擎需要持续优化和完善。

血缘和影响关系是元数据的重要成果，用途较多，其中主要的应用场景如下所示。

■ 为业务人员、科技人员以及数据分析人员提供更宏观、直观的数据地图展示，实时掌握各系统、环境间的数据流向，为架构设计、数据分析应用、供数取数服务夯实基础。

■ 系统项目经理在各类需求导致的数据库结构变更流程中，在设计阶段提前分析表结构变更可能带来的影响和风险，真正做到事前管控。并在变更完成后通知到被影响的系统，要求排查及验证。

■ 对全行指标的来源、计算口径做统一流程管理，并将报表的取数依据与血缘关系相结合，帮助科技人员迅速定位报表异常数据的来源，高效解决报表问题。

■ 通过血缘关系可以全面准确地掌握数据项在全环境中的分布，基于血缘关系执行数据安全合规审计，有助于提升审计对象覆盖率、全面性、准确性以及工作效率。

（4）数据字典管理

数据字典是指对数据的数据项、数据结构、数据流、数据存储、处理逻辑等进行定义和描述，其目的是对数据流图中的各个元素做出详细的说明。简而言之，数据字典是描述数据的信息集合，是对系统中使用的所有数据元素定义的集合。

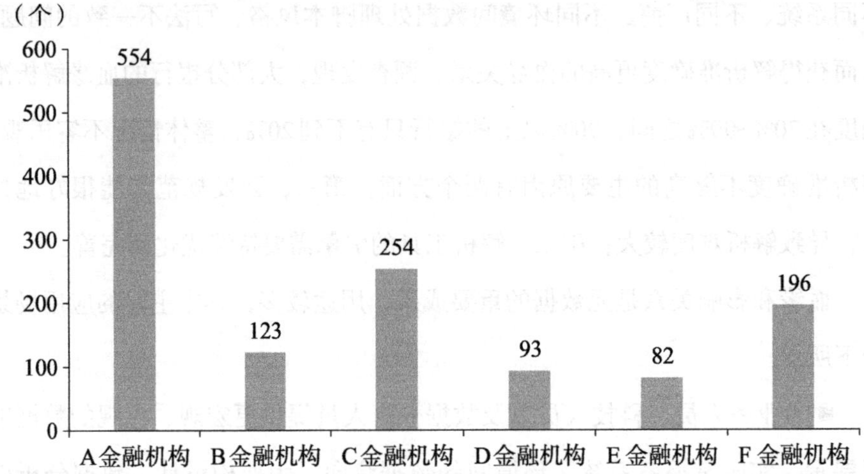


图20-7 数据字典纳管分布情况

本次调研统计35家银行业金融机构，列举其中6家在数据字典方面的管控分布情况，各家银行管控数据字典平均值为217套，数据字典管控量最多的为A金融机构554套，包含3万+张表，50万+个字段，22万+个码值项，197万+个码值明细，数据字典梳理中归纳出检核规则46条，并落地了检核、对标、审批、差异比对等的强管控流程。

从实践过程中来看，大多数银行将数据字典管控与开发流程进行了深入融合，并实现了数据治理平台与IT综合管理平台的对接，实现数据全生存周期管理，在开发的关键环节进行管控。

■ 需求阶段涉及数据项的新增和变更，需要按照数据字典管理流程执行。

■ 设计阶段各系统项目经理在治理平台中操作，并自动对数据字典质量进行检核，以及对变更的数据项执行对标和落标工作。

■ 开发及投产阶段，DDL脚本通过数据治理平台生成，并将生成的脚本直接发至可执行目录下，避免手动编写脚本。

■ 投产完成后，再次采集生产环境元数据进行差异比对，事后监测是否按照设计要求投产，若出现差异则通过邮件、短信、OA系统推送等多渠道发送至具体负责人以便及时消除差异。

（5）数据模型管理

数据模型是指现实世界数据特征的抽象，用于描述一组数据的概念和定义。数据模型管理是指在信息系统设计时，参考逻辑模型，使用标准化用语、单词等数据要素设计数据模型，并在信息系统建设和运行维护过程中，严格按照数据模型管理制度，审核和管理新建和存量的数据模型。

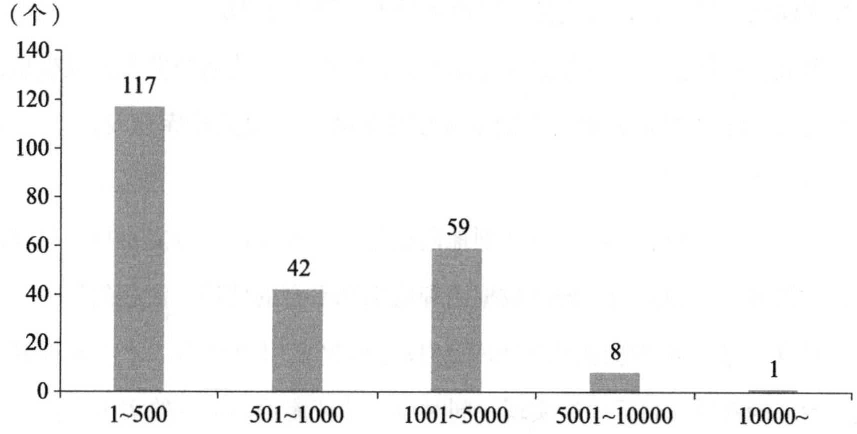

图20-8 模型实体数量分布情况

本次调研统计35家银行业金融机构，以其中一家典型情况为例进行说明，该机构累计完成227套系统的数据模型管理，包含25万+个模型实体和443万+个模型属性。

从调研统计情况来看，部分银行以数据模型设计工具为抓手，实现数据模型全生存周期的管理。主要场景如下所示。

第一，数据模型管理场景与行内开发平台对接。将数据管控嵌入软件设计开发流程，不断寻找融合点，通过数据治理的服务化，提升软件设计开发流程的效率和规范性。

第二，数据模型管理场景与开发周期结合。数据模型与开发周期结合，实现数据开发全周期覆盖，通过流程化和规范化方式实现模型高质量管理。

第三，数据模型管理场景-统一标准模型设计。数据开发人员及模型设计人员统一使用数据模型设计工具，引用数据标准库进行模型设计，实现数据标准的源头落地，源头规范和提升数据质量。

第四，数据模型管理场景-数据模型设计质量健康检查及评审。数据模型工具提供对模型的自动健康检查，以便辅助模型管理人员及行内架构师及时发现模型质量问题，并支撑其对模型开展的评审工作。

第五，数据模型管理场景-自动生成建库脚本。数据开发人员及模型设计人员灵活配置DDL模板，自动生成DDL脚本，一键式建库建表。

（6）推广应用

推广应用是指有组织、有计划地向全行各业务部门、分支机构、科技部门、数据部门等相关用户推动数据治理成果和平台的使用、流程的执行、规范的遵守。数据治理相关内容和平台只有被更多用户使用，才能发挥其价值，治理的效果和目标才能实现，同时也能验证流程和平台的实用性。

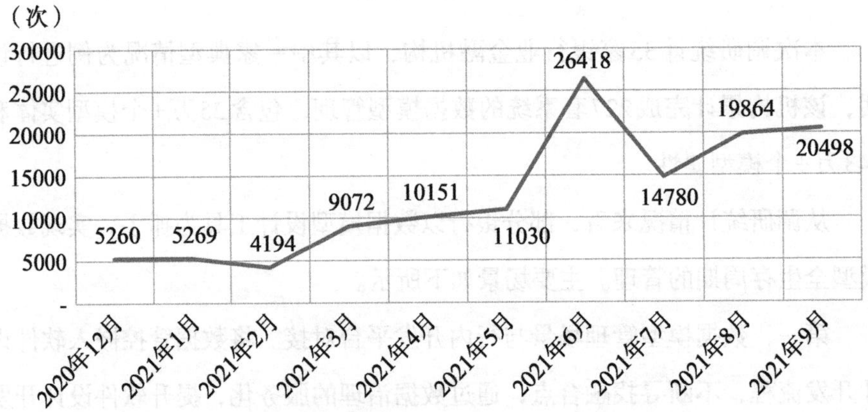


图20-9 某股份制银行每月用户登录次数

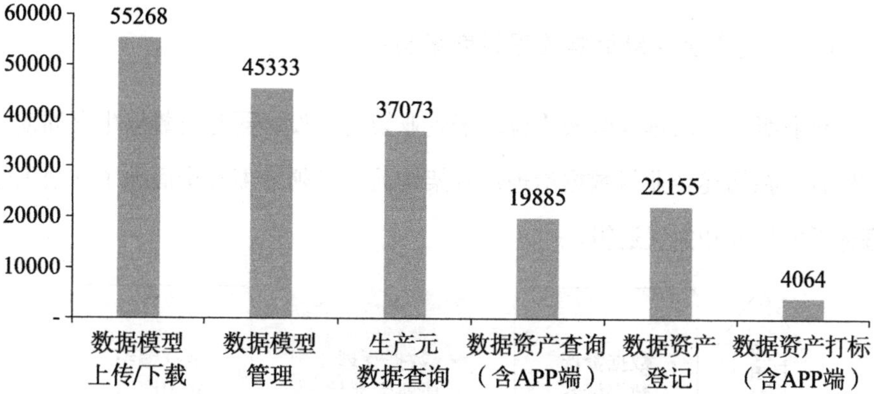


图20-10　某股份制银行使用频率高的功能TOP6

某股份制银行自2020年12月正式投产使用后，采取了全行培训、宣贯、鼓励使用、绩效加分等各种措施，推动总行及分支机构各部门应用。经过一年时间的推广，2022年平均月活为10000人次以上，2021年每月最低月活在4000人次以上，最高峰达到每月26418人次。用户登录后使用的功能主要集中在【数据模型】和【数据资产】相关的功能。

从调研统计情况来看，有一些银行未能很好地开展推广工作，平台的用户量非常少，治理的效果和目标未能如期实现，需要后继在此方面加强投入。但大多数银行均在推广应用方面开展了一系列工作，匹配了相应的推广应用规划和责任人，甚至有些银行将推广应用相关工作成绩与绩效挂钩。

通过考核体系，对各部门日常开展数据治理相关工作进行定量与定性的评估，对具体的问题责任到部门和人，配合加分机制激励全行各部门主动开展数据治理工作。将数据考核通过数据治理平台来实现，平台对治理的过程进行全流程留痕和记录，按照预设的考核模型统计和汇总工作成效，并将此结果提供给绩效部门，以便执行绩效考核。本项工作对有效推动数据治理应用具有非常重要的意义。

### （二）建立企业级数据治理运营架构

企业级数据治理运营架构应基于企业架构建设，同时与数据生存周期深度融合。在构建企业级数据治理运营架构前，必须清晰和全面地了解数据管理体系的构成和内置逻辑。

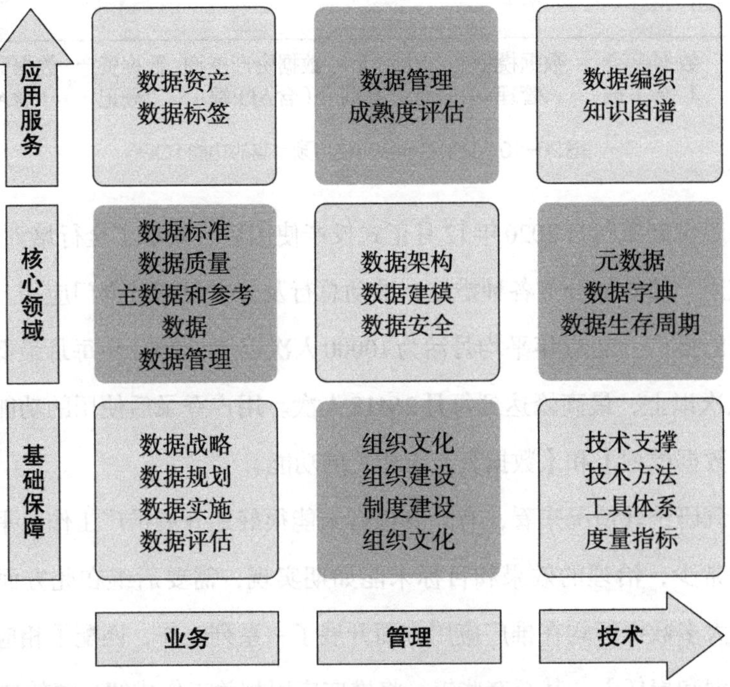


图20-11　数据管理体系九宫格

企业级数据管理体系主要由横纵三个维度、三个阶段、九个方面构建，横向是基于从业务、技术以及管理的视角和维度进行划分和定位，纵向是基于基础保障、核心领域以及应用服务的实施阶段进行划分和定位，利用纵横交叉的方式，对数据治理及数据资产管理涉及的27个方面进行了分类和定位，以便清晰地了解每个模块所处的阶段，以及由业务、技术、管理中的哪一方主导及相应的收益。

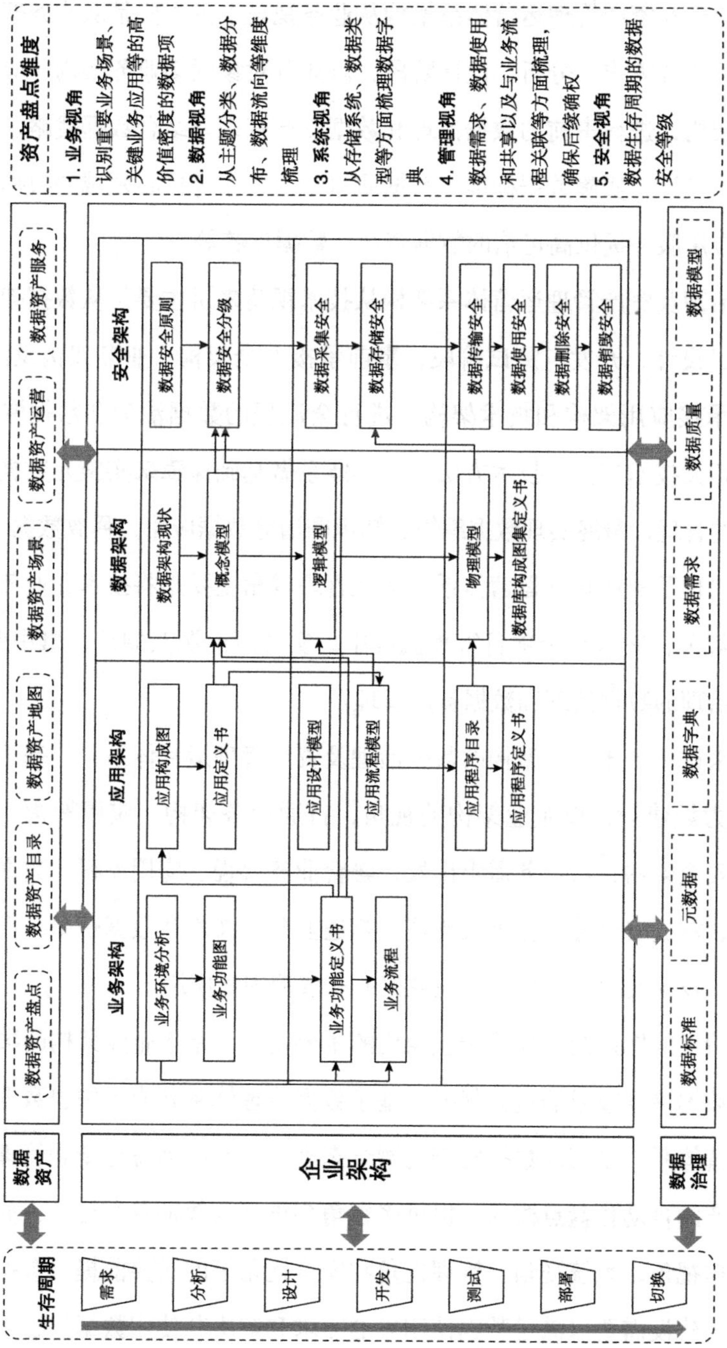

图20-12　数据治理及资产运营体系架构

数据治理及资产管理运营体系架构从业务视角来讲主要是从业务架构出发，在项目业务需求、分析、设计阶段，以业务对象联动业务架构、应用架构和数据架构，进行事前的数据治理和数据资产管理。结合数据战略、数据规划等顶层设计，实施数据标准、数据质量、主数据等核心领域的数据管理活动，为应用服务提供高可信的数据资产、数据标签等。

数据治理及资产管理运营体系架构从技术视角来讲主要是从数据架构出发，在项目设计、开发、测试阶段，事前承接安全架构、业务架构及流程，事中事后承接应用架构和技术架构，进行全流程的数据治理和数据资产管理。利用相关技术支撑、技术方法、工具体系做基础保障来实施元数据、数据字典等的管理，最终实现数据编织、知识图谱等数据应用，释放数据价值。

数据治理及资产管理运营体系架构从管理视角主要是将技术和业务等方面的管理规范，嵌入整个项目管理流程中，实现事前源头规范、事中监测、事后主动治理的数据治理和数据资产管理。

整体来讲，基于企业架构的数据治理及资产管理运营体系，是基于数据治理的能力域建设，以企业架构的视角，打通业务架构、应用架构、数据架构以及安全架构，从业务需求出发，融合业务流程、应用流程、数据模型和数据流、数据安全分级分类及规范，打通业务、技术和数据壁垒，促进数据、业务、技术的深度融合，实现数据的有效治理和应用。

数据治理的体系及成果是企业架构的重要基础，基于企业架构的数据治理是确保数据治理效果的重要保障。基于数据治理体系和成果构建数据资产管理和运营体系，是实现数据资产的测试态到生产态的动态更新和管理，构建数据资产的自动化盘点模式，提供多视角多维度的数据资产目录，如业务视角、数据视角、系统视角、管理视角和安全视角等的重要前提。数据资产运营体系的建设需要以满足数据使用方的需求和解决其使用数据过程中遇到的痛点为驱动，以可持续化的方式实现内容、用户、活动、产品等运营为模式，以半自动化、自动化、智能化的技术为工具手段，以覆盖全生存周期的动态闭环式管理和运营为引擎，以围绕业务重要场景，深化资产应用，提升业务参与度和满意度为目标，逐步实现数据资产的深度挖掘、创新促活、高效变现，达到激活数据服务、加速数据价值释放，赋能业务，为企业创造更多收益的效果。

### （三）建立企业级数据治理运营体系

遵循企业级数据治理运营架构，企业级数据治理运营体系由数据标准、数据质量、元数据、数据模型、数据资产等五个子体系构成。体系建设过程时，既要能够实现整个体系的有效闭环，同时也要确保每个子体能够可持续地、有效地运行。

（1）数据标准运营体系

数据标准是数据治理基础中的基础，直接影响着治理的整体效果。为了能够确保数据标准持续可用和可落地，建立高效合理的“标准架构”“标准应用”“持续更新”“融入流程”等体系至关重要，高效合理的数据标准运营体系的建设应包括如下几个方面的工作和原则。

第一，构建基于统一金融词库的标准体系，金融词库包括单词、数据元、同义词、构词语法等，基于存量系统数据字典和行业基础词库构建能够覆盖全业务数据项的标准库。

第二，建立针对存量和增量系统的对标和落标机制。针对存量系统尽量做到智能对标，存量新增字段做到落标，增量系统尽量做到业务数据项全落标。

第三，建立数据标准主动更新机制，数据标准只有在对标和落标过程中才能发现其不足和缺失，通过存量系统对标，存量系统新增字段落标，新增系统数据库设计或数据模型设计，发现标准的缺失或不足，以主动推动数据标准的持续更新。

第四，对标和落标融入开发流程，对存量具有业务含义的重要系统的数据项和码值进行对标，对于不论是存量系统还是增量系统的新增数据项都必须在数据字典或数据模型的更新流程中进行控制，以便达到强管控的效果。为了大幅降低对标工作的难度，提升工作效率，通过利用无监督机器学习技术，将大量历史对标经验值、金融词库、同义词、规则等提供给人工智能算法模型进行学习和训练，以便利用人工智能技术在一定程度上实现自动对标和提升自动对标正确率，减少人工依赖和人工失误。

（2）数据质量运营体系

数据质量是最能够在较短时间内体现数据治理价值和效果的领域，建立高效可持续的数据质量体系有助于增强行领导和业务部门对数据治理部门的信心，满足监管部门对数据的报送要求。高效可持续的数据质量运营体系建设应包括如下几个方面的工作和原则。

第一，建立数据质量问题反馈、定位、解决、跟踪、考核等企业级数据质量解决中心和体系。构建全流程、闭环式数据质量解决中心，让全行所有人员都能够以简单和便捷的方式反馈质量问题，后端有人工和自动问题分类处理，将不同的问题分配至不同的专业团队进行定位分析和制定解决方案及解决计划，基于解决计划和要求执行效果考核，针对整个过程进行全流程跟踪，执行过程数据留痕，并对过程和结果进行统计和汇总，为统计效果和执行绩效考核提供数据支撑。

第二，打通业务、技术、管理等壁垒，构建数据质量基础能力，并提供对外能力输出服务，快速响应业务需求。将数据质量能力变成一项服务，供业务部门进行用数质量检核，供报送部门进行报送数据质量检核，供科技部门进行开发测试质量检核，供外部数据采购部门进行外部数据POC和质量检核使用等，以开放的方式对外提供数据质量服务。

第三，利用人工智能技术，建立数据质量问题智能解决体系。数据质量问题发现后，解决质量问题是一项非常具有难度的工作，为了提高解决问题的效率，减低难度，可以借助数据标准的血缘关系、元数据的血缘关系、主数据权威属主和业务属主关系、历史数据问题解决经验等内容，结合机器学习、智能推荐等技术进行智能提示和辅助解决。

（3）元数据运营体系

元数据是数据治理最核心、工作范围最大、难度最高、见效最慢的领域，建立流程可控、质量可用、内容保鲜的元数据运营体系对数据治理工作影响深远。元数据是一切数据治理工作的基础，如果没有高质量和保鲜的元数据作为基础，其他治理工作犹如在沙滩上盖楼，难以真正支撑数据治理的大厦。高效的元数据运营体系建设应包括如下几个方面的工作和原则。

第一，利用数据标准库提升元数据质量。元数据的中文命名、含义、码值等内容通常缺失比较严重，通过利用人工智能技术对存量大量元数据、数据标准库，以及借助其他辅助工具所采集和整合的元数据内容的学习和经验积累，进行智能和自动补全，以提升元数据质量和补全效率。

第二，持续扩大元数据纳管范围，纳管范围扩充至全行绝大部分系统，逐步积累元数据知识库。坚持应纳尽纳的原则，应持续将全行各类具有业务数据项的系统中的元数据有计划、有节奏地进行纳管，逐步实现全面纳管的效果。

第三，管控流程与开发和项目管理流程深度融合。提升元数据质量，确保元数据内容新鲜的关键手段就是将元数据的新增变更深度融入开发流程，成为开展下一项工作的必经环节或项目验收的必要条件。

第四，元数据全链路打通，形成一体化元数据体系，实现主动元数据应用，实现数据编织，打通数据标准与元数据、数据模型与元数据，数据质量与元数据、数据资产与元数据、主数据与元数据等之间的一体化关系，让用户以不同的视角，实现从点到线再到面的了解和使用元数据。

（4）数据模型运营体系

数据模型是数据架构的重要组成部分，数据模型运营体系建设从一定程度上看，也是在构建和完善全行级数据架构运营体系。数据模型设计需要使用数据标准，数据模型落地将变成元数据，数据模型是数据管理的重要基准，由此可见，数据模型在数据治理运营体系中占据重要位置，建设高质量有效的数据模型运营体系尤为重要，具体应包括如下几个方面的工作和原则。

第一，将数据标准和元数据运营体系与数据模型运营体系深度融合。数据模型设计需要使用数据标准，数据标准运营体系将其所管理的数据标准作为知识库供数据模型设计使用。数据模型分主题域模型、概念模型、逻辑模型、物理模型等，物理模型将最终基于某种数据库被创建为数据库对象，即数据字典，同时也是重要的元数据。为了保障数据模型与生产环境一致，则需要周期性的与元数据进行差异比对，以便发现不一致内容，并对其进行治理。

第二，基于数据标准和元数据知识库建立模型样例库。数据模型设计需要非常专业的数据模型师或数据架构师，但这方面的人才因为培养和成长的周期非常长，导致极其缺乏。为了降低模型设计的难度和对专业人才的依赖，以及考虑到银行业务系统已经趋于稳定的现况，经过对存量系统的大量表和字段进行标准化后，将其变成可供全行使用的共享模型样例库，以便在新增和修改数据模型时简单便捷地引用。

第三，建立全生存周期的数据模型管理和运营体系。将数据模型设计和管理与全行开发深度融合，在需求、设计、开发、上线、数据入仓入湖、数据应用等环节使用模型，确保数据的开发完全基于设计态数据模型，生产态的数据字典与物理数据模型保持一致。

第四，与数据资产体系建设有效融合，对其进行内容支撑。不同层级的数据模型本身就是重要的数据资产，同时在建模的过程中对数据的主题和子主题设计也是数据资产目录建设的重要输入，基于此目录有助于快速实现资产盘点的目的。

（5）数据资产运营体系

数据资产是数据治理成果的资产化应用，数据治理是数据资产管理的基础，是高质量数据资产的保障。数据资产管理主要包括资产登记、盘点、服务、运营、评估、估值等工作。数据资产管理形成的时间比较短，体系还不成熟，仍需在理论和实践方面不断探索和完善。但从近几年的发展实践来看，数据资产管理运营体系的建设至关重要，尤其是能否构建可持续的，不过度依赖于人工的，能够为业务带来价值的数据资产运营模式显得格外重要，因为运营模式直接决定了数据资产管理的价值和成效。构建有效的数据资产管理运营体系具体应包括如下几个方面的工作和原则。

第一，构建全生存周期的数据资产管理体系，为了保证数据资产的质量和保鲜，应对数据资产进行全生存周期管理。

第二，打通数据治理与数据资产管理，数据治理是保障和内容提供方，资产管理是展示和应用方，治理和资产体系应深度融合，缺乏治理的资产将是昙花一现，不能持久。

第三，应坚持构建从企业架构视角出发，融合业务架构、数据架构、数据应用、安全架构等架构，满足业务、管理、技术等需求，以自动和智能方式为主，手动方式为辅的闭环式数据资产运营体系。

第四，坚持业务驱动原则，以解决业务痛点，降低业务用数难度，提升业务用数效率为目标。数据资产的主要使命是解决业务用数问题，为了建立有效的数据资产运营体系，挖掘业务需求至关重要，同时也是后继能否吸引更多用户使用平台和体现平台价值的关键之所在。

## 三、数据治理推广应用

数据治理工作在具体落实过程中，应以人才培养为导向，以流程强控为重点，以服务转型为关键，以场景挖掘为支撑，以绩效机制为保障，确保数据治理运营体系的持续、有效运转，充分发挥数据治理运营体系的效能，释放数据成效并实现业务价值。本讲将详细阐述如何构建行之有效的数据治理推广应用方案。

### （一）文化和意识培养

数据作为宝贵资产已经成为基本共识，各家银行已经意识到数据质量的重要性，但是并没有将数据治理提到战略高度，数字化建设的重点仍然围绕着应用系统建设和运维。开展数据文化建设，是为了能够在银行内部营造数据应用氛围，引导全体成员树立关于数据的正确认知，积极推进数据治理工作，开展数据文化建设势在必行，避免数据文化的缺失使得银行内部的业务、管理、技术等部门，对于数据治理的重要性认知产生较大偏差。

银行可以从以下几个角度进行数据治理文化和意识的培养。

第一，从全行发展战略高度认识数据支撑的重要性，深刻理解数据治理工作与国家战略规划、政策要求以及经济发展的重要相关性。坚持把数据质量作为日常工作的生命线，打牢数据治理工作的思想基础，严把数据质量关。

第二，坚持以学促思，建立日常学习制度，强化全行数据治理意识，学懂弄通各项业务规章制度。借助员工讲堂平台，对全行员工进行制度、文件解读培训，强化对数据治理管理的理解。持续加强对新业务、新产品、新要求的学习研究，充分把握当前政策形势，做好数据治理工作流程上的每一项工作，为重要战略发展提供有力数据支撑。

第三，加强人员管理，定期开展教育培训，保障数据在采集、维护等过程中的数据质量，避免人员因素导致数据质量下降。优化数据质量，从数据源抓起，对数据进行全面的收集和梳理，提升数据报送效率。落实主体责任，严格数据审核。

### （二）流程强控和推广

第一，流程是数据治理落地的重要保障，经过大量同业案例分析和比对，强管控流程比弱管控流程在相似的资源投入和推进时间内，所获得效果差异比较大，由此可见，强管控流程比较适合国内银行的实际情况。数据治理体系建设过程中涉及新增和修改的流程有20多个，主要涉及数据标准、数据字典、元数据、数据模型、数据质量、主数据等领域方面的流程。强管控流程主要是数据标准的对标和落标流程，数据字典的事前、事中、事后的管控流程，数据模型全流程管控流程，数据质量的问题分发和强制解决流程，主数据新增及变更流程，数据资产自动登记和盘点流程等。

第二，数据治理体系建设过程中虽然涉及的流程比较多，但基于大量实战经验可知，在设计和制定流程时应遵循简单实用、便于推广应用的原则，避免华而不实，纸上谈兵，无法落地和推广应用。在很多银行实施数据治理项目过程中，项目相关人员经常在设计流程时是闭门造车，总是把流程设计得非常复杂和烦琐，导致在前期流程设计、工具平台改造、不同平台对接等方面花费大量时间和精力，然而，一旦投入使用后，用户对流程的意见非常大，配合程度非常低，给推广和应用带来诸多困难，最后导致重新对其进行简化。

第三，数据治理流程推广是一件非常有难度的工作，首先，要对流程的相关用户进行充分的培训、讲解，以及引导使用；其次，需要选择合适的契机和试点项目，与流程试点团队一起做好分工，并配合充分的资源给予支持。在试点过程中遇到的工具、产出物、流程、沟通、用户体验等所有问题，都应给予及时解决和优化。因为数据治理流程本身对于其他试点项目组而言增加了额外的工作要求，如果在流程试点过程中，给对方造成了很多困扰，便会使得试点项目组的人员对其失去信心，一旦出现此种窘迫情况，下次再推广就变得非常艰难；最后，推广应从少数的几个试点项目组开始，推广应用顺利后，再逐渐放大范围继续试点。试点推广和应用一定要有步骤、有节奏、有计划地推进，一定要坚持稳中求进的原则，切勿急于求成。

### （三）全方位服务机制

以往数据治理手段更强调如何管控、如何纳管科技系统、如何管控全行标准等，更多的是需要业务和科技部门来配合数据部门进行数据治理工作，通过考核等手段来强行进行管控，导致科技和业务对数据治理理解不够，对数据治理热情不足、怨声载道。基于此建议数据团队转变管控的思想，转变自身定位，构建全方位服务机制，将数据管理者变为数据供给者和服务者。

针对构建全方位服务机制可以参考以下三点。

第一，以数据服务为导向，以共建、共享、复用的思维，组织数据治理工作。充分调研数据治理与业务和科技部门工作流程的结合点，以服务的思想为业务部门解决需求理解不一致、指标复用难等问题，从源头进行数据规范化和质量提升，为科技部门解决模型设计质量低、开发不规范、数据质量不高、口径不清晰等问题。结合数据生存周期，为存量和增量系统的各个阶段建设提供专业化、规范化、自动化、线上化的服务，以便数据治理工作切实落地，助力企业数据、科技、业务的融合，为释放数据价值打下坚实基础。

第二，以解决业务和科技痛点问题为目标，对接一切可能的数据需求者，为其提供便利的数据获取和使用服务。业务部门在取数用数过程中常常面临"取数难、用数难、不懂数据"等问题，数据部门可作为业务和科技部门的纽带，搭建全行的数据服务体系，解决业务部门"不知道数据是什么、数据在哪里、数据怎么用"的问题，同时协同科技部门明晰数据、建立数据管理规范体系，为数据使用者提供高可信数据。

第三，构建各种服务提供手段及渠道，利用数据治理的资源，拓展数据服务方法，为全行提供多样化的数据服务，如缩短业务部门取数周期、专项提升监管报送质量、构建全行统一数据字典视图等，通过提高科技和业务的工作效率，来提高其对数据治理工作的参与热情，提升其对数据治理的认知。

### （四）数据治理场景化

通过挖掘和满足银行实际的数据需求和解决业务痛点，实现数据业务价值，提高数据治理工作的质量和效率。我们可以从以下两个方面进行着手和考虑：

第一，从数据使用的相关场景出发，收集银行数据使用者最为迫切和重要的数据应用需求。例如业务部门希望将客户数据进行整合并建立企业级客户全景视图，实现对客户的全面洞察、客户的精准营销等。可以结合银行数据使用者最关心的数据场景，梳理、评估并确定该场景下需求范围和优先级，定位需求涉及的相关数据项，从数据项入手进行需求分析和梳理，确定专项数据治理的范围，从业务应用数据的场景出发，推动相关数据需求的落地，在满足数据使用场景的过程中带动数据治理实施，建立数据应用和治理的良性循环。

第二，结合银行面临的最为迫切的业务痛点和数据难点，以点带线，由线及面的进行数据治理。例如对于大多数银行而言，监管机构关注的数据质量问题（例如人行反洗钱、EAST报送等）都是很好的切入点，与监管报送质量提升为抓手，全流程监控报送质量，结合数据标准和数据质量检核工作，从源头进行质量提升，从根本上解决报关报送质量问题。通过专项治理，构建数据治理闭环管理体系，以此辐射其他系统和条线，逐步从源头解决全行的数据质量问题，提高数据治理的成效。

（四）数据治理量化考核体系

在数据治理工作中，绩效考核评估机制和体系的创建十分重要，可以激励银行数据治理工作的有序开展，提升相关人员的主观能动性、工作积极性以及责任心，实现高效高质的数据治理。在创建绩效评估机制的同时，商业银行应多参考以往的工作模式和管理经验以及行业内的经验做法，根据自身的实际工作内容和数据治理现状制定切实可行的质量评估指标，对质量评估的机制进行完善，确保评估的合理性和准确性。

例如，数据治理牵头部门应结合已有的数据标准和业务数据采集规范以及落地方案，设计相应的量化考核体系，结合业务部门和科技部门对数据治理工作的推进情况等进行合理评估。建立全行级数据治理量化考核体系，实现数据资产量化管理，建立数据资产奖惩机制。如构建数据治理工作综合考核体系（如组织架构、岗位设置、制度流程等）、数据质量考核体系（问题响应率、整改完成率、质量提升率等）等，在评估过程中，可结合银行已有的绩效考核方案，将数据治理的量化考核纳入全行绩效考核体系及奖惩机制中，切实保障相关数据治理工作的落地实施及实现效果。

## 四、总结

数据治理和数据资产管理虽有诸难，但不少银行坚持攻坚克难永不放弃的精神，在实践中获得了预期的效果，满足了业务部门使用高质量数据的目标，探索出了一条具有银行特色的数据治理和数据资产管理之道。该道路的精髓为坚持以业务驱动和解决业务问题为原则，以自动和智能化手段为主要方式，以架构打通和流程融入为保障，建立全行级可持续发展的数据治理和数据资产管理运营体系。

（刘晨、敖劲松、温鲜阳对本讲亦有贡献。）